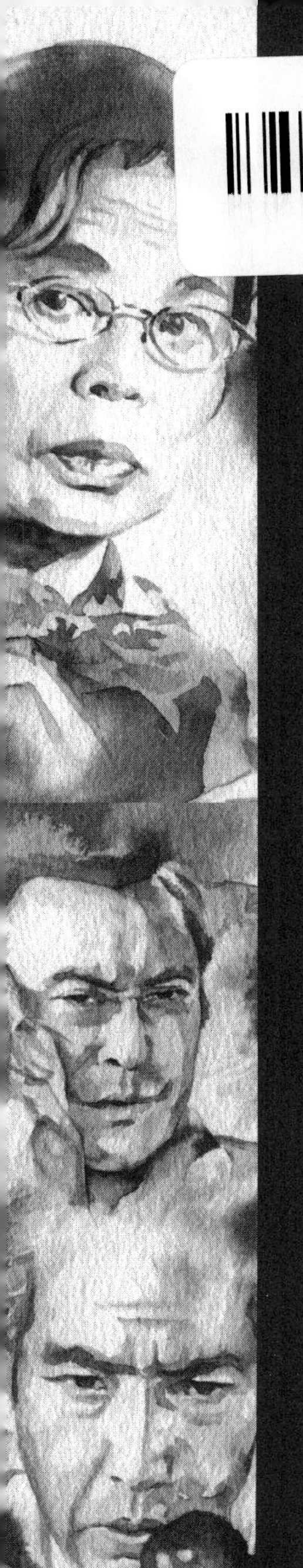

2時間ドラマ 40年の軌跡

増補版

大野茂

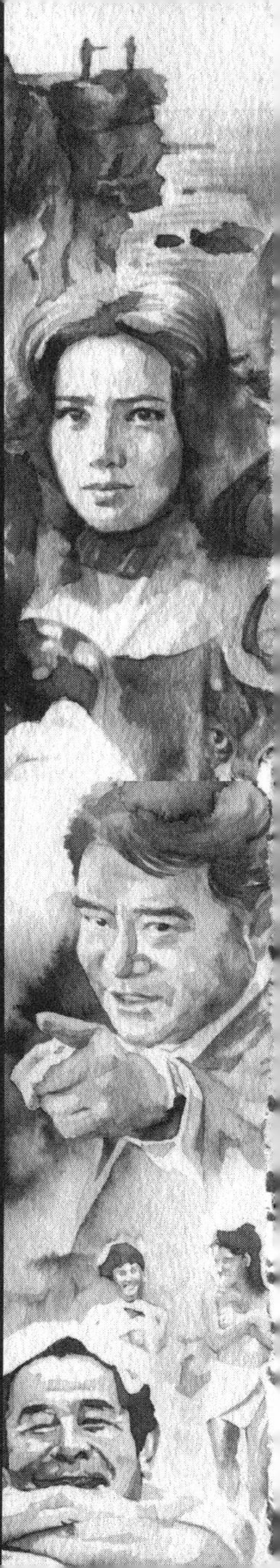

まえがき

この本を書こうと思った理由は3つある。1つは長時間ドラマ——いわゆる2時間ドラマの元祖である『土曜ワイド劇場』(テレビ朝日系)が始まってから45年近くが経っている。再放送も含め、現在でもこれだけ地上波・BS・CS・配信と放映されている('21年の東京オリンピックの裏番組は2時間ドラマだらけだったのは記憶に新しい)にもかかわらず、〝2ドラあるある〟みたいな本はあっても、番組の沿革を記した本は見当たらない。そこで、土曜ワイドを中心に、比較対象として『火曜サスペンス劇場』(日本テレビ系)を交え、この40数年間の流れを追ってみた。

そうやって調べてみると、2時間ドラマは最初から今のように推理もの一辺倒だったわけではなく、話がワンパターンだったわけでもない。それがなぜ、いつから世間にワンパターンと揶揄されるようになってしまったのか。その原因や経緯を探ってみたかった。これが2つ目。

そして3つ目が、2時間ドラマは、これだけ世間でよく知られていて、これだけ各局のタイムテーブルに組み込まれているのに、放送業界でもメディア学会でも、あまり評価されていない。どうしてもドキュメンタリーや連続ドラマが高く評価される。土ワイや火サスの初期に先輩たちがどれだけ悪戦苦闘したことか。こうした「最初に井戸を掘った人たち」の話をきちんと記録しておき、後世の人に少しでも2時間ドラマに対する見方を変えてもらいたい。取材を通じてお会いしたみなさんは一様に「オレたちはB級エンタメ作りに誇りを持っている」と胸を張っていた。

各局の特色がわかる「東西プロデューサー対談」「土ワイ・火サス座談会」に加えて、出演者側から見た2時間ドラマについて、高橋英樹さんに大いに語っていただく僥倖にも恵まれた。

本文では土ワイ・火サス中心であるが、巻末では民放5系列すべての2時間ドラマを対象とし、データの充実に力を注いだ。その際、曖昧であった2時間ミステリー／サスペンスの定義を本書なりに試みた。詳細はp249に譲るが、地上波・BS波の民放で無料放送され、原則として❶人が原因の事件・事故の❷謎解きや真相を追う❸不安・気がかりな心理描写がある❹近現代のドラマとした。その数、約6500本。特に2時間ドラマはスター・システムの典型であることから、俳優の出演回数については詳細に調査した。また、5系列の人気シリーズ一覧表は、紙幅の制約ゆえあまり触れることのできなかったTBS・フジテレビ・テレビ東京の2時間ドラマ鑑賞に少しでも役立てれば幸いである。

なお、この本は2時間ドラマを制作サイド、つまり舞台裏から眺めた本である。よって個々の作品の見どころや出演者の演技の評論については、その道の専門家にお任せしたいと思う。

では、岡田成生画伯の描いた表紙をじっくり眺めてから、高橋英樹さんインタビューへどうぞ。

高橋英樹

Takahashi Hideki

2時間ドラマを代表する長寿シリーズ「西村京太郎トラベルミステリー」で十津川警部役を演じている高橋英樹さん。多くの代表作を持ち2時間ドラマに欠かせない存在である高橋さんは、同時に映画俳優として、テレビ時代劇のヒーローとしても輝き、バラエティーでも活躍する稀有な存在だ。そんな奇跡のスター・高橋英樹さんに、2時間ドラマの魅力を存分に語ってもらった。

高橋英樹
（たかはしひでき）
1944年2月10日千葉県生まれ。1961年映画デビュー。テレビでは時代劇に多数出演し地位を確立。2時間ドラマでも多くの代表作を持つ。現在はバラエティー番組などでも幅広く活躍。フリーアナウンサーの高橋真麻は長女。

撮影＝為広麻里　協力＝（株）キャッチネットワーク

とにかく部屋の中で大人しくしていない。出演シーンは、ほぼ屋外ロケだなあ

高橋　実は、僕は2時間ドラマへの出演はだいぶ遅いんです。その前はずっと時代劇で、**『桃太郎侍』『遠山の金さん』**が毎週オンエアだから、物理的な余裕も出演オファーもなかった。でも、毎週1時間もの、正味45分くらいのばかりやっている側からすると、2時間ドラマは羨ましいなと思っていました。というのも、1時間では尺が短くて起承転結が「起」「承」「結」になっちゃう。「転」が入らない。それが2時間なら濃密に表現できる。僕が最初に出た2時間ドラマは何だろう？

――土曜ワイド劇場が森村誠一**『高層の死角』**、火曜サスペンス劇場が**『切り裂かれた時間』**ですね。これらを撮影していた'82年頃は、視聴率も安定して2時間ドラマのステータスが上がり、スターに出演依頼できるようになった時期でした。

高橋　『高層の死角』は中野良子との大ラブシーンがあってさ、前の日からニンニク避けて、何度も歯磨きして張りきって臨んだわけ。そしたら台本は何ページも激しい男女の濡れ場が続くのに、撮り始めたら俺の背中からすぐ窓の方へ**パン**

『桃太郎侍』
'76～'81年　日本テレビ
全258話
原作：山手樹一郎

『遠山の金さん』
'82～'86年　テレビ朝日
原作：陣出達朗
高橋英樹版は全198話

『高層の死角』
'83年4月30日放送
原作：森村誠一
脚本：長谷川公之
監督：松尾昭典
出演：高橋英樹・中野良子・木内みどり・村井国夫ほか

しちゃった。**監督の松尾さん**が「お前がベッドシーンをやってるの見ると照れるからさ」って。そういう意味ではラブシーンとは、とんと縁がない（笑）。

——高橋さん世代の俳優からすると、映画こそ王道で、テレビに出るのは格下だ、という風潮もありました。そもそもテレビに出ることへの葛藤はありましたか。

高橋　実際、「テレビなんか出ている役者は……」って言われたこともありました。でもね、私が日活に入ったら親戚がどんどん減ったんです。芸能界なんてまともな人間が就く仕事じゃないと。それがＮＨＫの大河ドラマ『**竜馬がゆく**』に出た途端に、親戚が微妙に増えた（笑）。テレビの影響力のすごさを感じると同時に、世間の評価は芸能界での評価とは違うと気づいた。それで吹っ切れました。

一つのものに頑なにこだわり続けるのが昔気質の映画俳優。私はいわばコンビニ俳優。世の中にコンビニがこれだけ広まっている。一つの商品ジャンルに固執するよりも、世の中のニーズがあるなら、店に並べておく。もちろん、高品質な商品を。「コンビニで買ったけど、これはすごいよね」という風になりたい。ドラマ・バラエティー・司会・趣味講座の生徒役、私は何でもやりたがりなんです。演技でも次にこんな役がきたら……と常にいろんな職業の人の仕草を観察する。その

『切り裂かれた時間』
'83年1月11日放送
原作：ビル・グレンジャー
脚本：保利吉紀
監督：大熊邦也
出演：高橋英樹・芦屋雁之助・宮本信子・畑中葉子ほか

パン
パノラミックショットのこと。カメラを左右に動かして広い範囲を映すこと。

監督の松尾さん
松尾昭典（まつお　あきのり）
1928～2010。日活で高橋英樹主演『男の紋章』を監督。テレビでは『大江戸捜査網』や松本清張作品を多く監督。

役は生涯回って来ないかもしれないけど、自分に引き出しをたくさん作っておく。

――2時間ドラマでの最初のターニングポイントは、やはり土曜ワイドの『**杉崎船長**』シリーズでしょうか。第1作は'88年3月5日の『津軽海峡おんな殺人行』。

高橋　ちょうど青函連絡船が引退するタイミングで話題作りもバッチリでね。監督は私の初めての主演映画『**激流に生きる男**』の**野村孝**さん。内容も事件の謎解きに留まらず、人生を航路に例えて夫婦や親子の関係を考えさせるいいストーリーで、結果も高視聴率。ただ、陸と違って海の上は大変でした。撮影で一番難しいのは赤ちゃんと動物と船って言われてね。津軽海峡は流れが速いから、撮影のため船のエンジンを止めていると少しの間にどんどん岸が近づいて来たり、近くにいたはずの船が

『**竜馬がゆく**』
'68年放送
原作：司馬遼太郎
脚本：水木洋子
監督：和田勉ほか
北大路欣也主演。高橋英樹は武市半平太役。

『**杉崎船長**』シリーズ
'88年～'02年　全13作
原作：今井泉
脚本：柴英三郎
音楽：坂田晃一
出演：高橋英樹・音無美紀子・船越英一郎ほか

『**激流に生きる男**』
'62年5月公開
出演：高橋英樹・吉永小百合ほか

遥か彼方に行ってしまったりする。船長のいるブリッジは一番眺めのいい場所だから窓外の風景が違いすぎると編集で画が不自然になるんです。甲板に鳥が行き交うシーンでは予め魚を撒いて鳥を集めておいたり、雨のシーンでは函館の消防署にお願いして5時間くらい放水してもらったり。今では考えられないくらい、船舶関係や地元の皆さんに協力してもらって、映画と同じくらい日数をかけました。

——そして、おなじみ、2時間ドラマ最長不倒記録の『トラベルミステリー』。

高橋　船長に就任して以降、刑事でも検事でも、あまり東京にいない役柄ばかりだね。プロデューサーの**塙ちゃん**に「**たまには山手線で**やらないか」と言ったけどダメだって。しかも、田舎に行ったら行ったで、やたらと歩き回る。

——それは、三橋達也さんから引き継いだ十津川警部役を、もっとアクティブなキャラクターに変えようとご自身が意識なさったんですか？

高橋　いや、それはスタッフ側の思惑でね。愛川欽也さんとコンビになる前に、**いかりや長介さんと**組んで3本くらい十津川警部をやったんです。その時も私があちこち捜査に行かされる脚本でした。検事役でも本当は机の上の書類だけを読

野村孝
（のむら　たかし）
1927～2015。日活で石原裕次郎や宍戸錠のアクション映画を監督。船長シリーズ13本中、12本を演出。

塙ちゃん
塙淳一
（はなわ　じゅんいち）
'63年NET入社。'66年に広島の暴力団抗争を描いた『ある勇気の記録』で芸術祭奨励賞。代表作は『家政婦は見た！』シリーズ。父は俳優の山形勲。

たまには山手線で
実は土ワイで'93年7月24日に西村京太郎原作『山手線五・八キロの証言』（主演：愛川欽也）が放送されたことがある。

んで送検するか決めればいいのに、現場に出かけては証拠品を集めたり死体を検証したり。とにかく部屋の中で大人しくしていない。出演シーンは、ほぼ屋外ロケだなぁ。まぁ僕はいろんな地方を訪ねるのが大好きだし、役者として出た以上はしんどくても頑張るけど、『**太陽にほえろ！**』の石原裕次郎さんや『**Gメン'75**』の丹波哲郎さんみたいに、部屋から部下に行けと指令して、戻って来たらご苦労さんと言うだけのボス役が俺には来ねぇのか、とちょっと思ったこともある（笑）。

――最新作のトラベルミステリーは**72本目**、土曜ワイドの作品としてはＡＢＣ（朝日放送）時代から通算すれば75本、高橋さんの出演も39本目になります。

高橋　長いよねぇ。監督の**村川透**さんは、僕が日活に入った当時はまだ助監督で、カチンコを打っていました。そこからかれこれ60年のお付き合い。あのオッさんも元気だよね。最新作は北海道の札沼線が廃止になるので、そこが舞台になったんだけど、撮影時期は新型コロナウイルスが流行る直前で何とか間に合いました。

単発でもシリーズでも僕が好きなのは、女性が罪を犯す筋書きだね。そうせざるを得ない辛さとか環境とか。男の犯罪は即物的な欲望が直結する場合が多いけど、女性の犯罪には哀しさがある。見る人もそこに感情移入しやすいんじゃない

いかりや長介さんと→
第4章P176参照

『太陽にほえろ！』
'72年〜'86年　日本テレビ　全718話

『Gメン'75』
'75年〜'82年　TBS
全355話

72本目
『北海道・JR札沼線の廃線を撤回せよ！』
'20年7月26日放送
共演：高田純次・黒谷友香・松尾諭・中村俊介ほか

かな。

——高橋さん主演の2時間ドラマは長寿シリーズが多いですが、自身の演じる主人公の性格を方向づける（＝キャラクターを育てる）際に、意識されていることはありますか？

高橋　時代とともに犯人像も変わってきますから、犯人に接する人間としてはどの部分を強調すべきか考えます。ヒーローのあり方も時代に合わせて同一シリーズの中でも変化していくもので、昭和の時代の作品のように、あまりにも突出した正義感は現実的じゃなくなっている。例えば、かつて検察官は笑わないイメージだったのを**近松検事シリーズ**では普通の人のように演じています。捜査への厳しい姿勢は変わらないけれど、冒頭やラストでのコミカルなやり取りを増やしている。時代が変われば一般の男

村川透
（むらかわ　とおる）
1937〜。
山形県出身、日活を経て独立。
代表作に『蘇える金狼』『野獣死すべし』
テレビでは『探偵物語』『あぶない刑事』
西村京太郎作品を50本以上も監督。

近松検事シリーズ
'02年〜'13年　全14作
テレビ東京
原作：高木彬光
捜査検事・近松茂道が全国を転勤する（神戸→金沢→山形→甲府→京都→長野→岐阜→津→福島→前橋→富山→新潟→岡山→秋田）。

性像だって変わるでしょう。僕らの子ども時代は、父親が食卓に着くまでメシが食えなかった。ほんの数十年前のことですよ。情報化社会では、それを分かって役柄に反映しないと、今どき風じゃない。それに主人公は、オンとオフの振幅が大きいほど格好よく見えるものです。

――時代とともに2時間ドラマも変わる部分、変わらない部分、両方がある。

高橋　最新事情を知るため警視庁にも何度も行きました。「何か事件に巻き込まれたんですか？」って事務所に電話がきたけど（笑）。よく刑事ドラマで１００人ぐらい集めて、大会議室で手帳にメモっているけど、実際には対策本部に行くと全員こう（スマホをいじる仕草）してました。正面にデッカい映像が映って。ハイテク捜査ですよ。だから十津川警部も最近はガラケーからスマホに替えました。相変わらずドラマの捜査会議はホワイトボードですけどね。警察にホワイトボードは無いですよ。それに今はもう写真を現像・紙焼きしてくれる所が少ない。でも、推理ドラマではあの手書きの関係図じゃないとダメですね。『**捜査一課長**』を見てもホワイトボードでやっているしさ（笑）。あれが無いと見ている人も困る。土曜ワイドの現場で「矢印の書き方がなってない！」って村川監督がしょっちゅ

『捜査一課長』
'12年〜継続中
土曜ワイドから始まった人気シリーズ。
出演：内藤剛志・床嶋佳子・斉藤由貴・本田博太郎ほか

精神なんです。

う怒ってる。ホワイトボードはパッと映しただけで分かるようにというサービス

――制作者の皆さん一様に誇りを持って「俺たちはB級エンタメだからさ」と、

おっしゃる。で、面白さ・分かりやすさのサービス精神こそB級の真髄だと。

高橋　サービスというと、私が一番感心するのは劇中で地方の名物や風景、すべて映すでしょ。話の筋には必要なくても旅館の入るシーンを必ず撮影する。つまり家にいながら観光ができる。情報番組の要素がありながら、ドラマ的には犯人を捕まえる快感、全て2時間に込められていて、こういう独特なフォーマットを作り上げた日本ってすげーな、と思う。杉崎船長でも十津川警部でも近松検事でも謎解きをするだけでなく、2時間で観光案内を見終えたような気持ちになる。

――米国で生まれた2時間ドラマはもともと、60年代後半にハリウッドの映画産業が斜陽になったときに余った機材でテレビ用にと撮り始めたのが始まりで、米国でもサスペンス／ミステリーが主流になったんです。そのノウハウが輸入されて、日本の場合はそこに旅やグルメやお色気が入ってきて、まるでインド発祥のカリーが日本のカレーになったように、独特な発展の仕方をしてきましたよね。

高橋　日本ならではということでいうと、僕の出演するトラベルミステリーだと、電車の正確さもあるよね。外国へ行くと電車の発着時刻が大雑把でさ。遅れるだけでなく、早まるってのが信じられない。10時発が9時50分に出ちゃったら犯人が間に合わない（笑）。西村京太郎先生の作品はすべて電車の正確さがあってこそだし、松本清張先生の『**点と線**』みたいに「このホームから遠くのホームまで見通せるのは、わずか数分間だけ」なんてトリックは日本以外では成立しない。

――日本のトラベル系は鉄道や船が多いですが、米国は飛行機が主流。日本は目的地までの旅の楽しさが描かれますが、米国は移動中のハイジャックや空港で時限爆弾が、といった設定が多い。ドラマ中の時刻またぎは日米共通だけど、日本はそこにお色気シーンが挿入される。こうした日本独特の様々なお約束が積み重なって行った。そういう面では定番の連続もの時代劇と構造が同じ。いわば2時間ドラマは現代の時代劇でもあり、そこに高橋さんが時代劇で培ったケレン味を生かした演技や決めのポーズがうまくフィットして、侍から刑事への乗り換えもスムーズに行ったのでしょうね。さらに他の俳優と違ってバラエティーの出演経験も活きている。

『点と線』
'07年にテレビ朝日開局50周年記念番組としてビートたけし主演でドラマ化。

高橋　芸人さんたちは必死で周りをかき分けて出てくるんです。僕らがしゃべる隙がないくらいにね。我々俳優にいちばん欠けているのはこのエネルギーだなと。表現しようとするエネルギーは、たとえ若手でも時にベテランをも凌ぐ。それに比べて俺たちいろんなこと手を抜いているなと感じた。ベテランって、手抜きしても見えないような技術を長年の経験で覚えている。見えないところでガツンガツンぶつかり合うようなエネルギーが最近のドラマ制作には少し欠けている。芸が稚拙か巧みかは見る人には分かりにくいけど、エネルギーがあるかどうかは画面からハッキリ伝わります。

――そこが、高橋さんが同世代の他の俳優とは異なる地位を築いたポイントなのかも知れませんね。渡瀬恒彦さんも古谷一行さんも、バラエティーにはあまり出ない。さらにバラエティーに出演する中で、そこから面白いもの・視聴者が見たいものを摑んで、逆にドラマの中に持ち帰ってうまく活かしています。例えば、『**警察医**』シリーズで、主人公が見ている朝のワイドショーの星座占いに真麻さんが出てくる。彼女が高橋さんのお嬢さんだとは皆知っていますが、ドラマ中での共演はすごくサプライズ感があるし、親子の共演を見たいという視聴者の潜在ニー

『**警察医**』シリーズ
'15・'16年　テレビ東京
全2回
脚本：田中孝治
監督：児玉宜久

ズに応えたともいえますね。

高橋　私はそういうのを面白がって真剣にやるんです。それを見て下の世代の俳優も「自分たちもバラエティーに出ていいんだ」と思ってくれたんじゃないかな。船越（英一郎）君にもロケの合間によく相談に乗ったけど、「オファーがあったら何でも全部やってみろ、自分を表現する点では一緒だ」とアドバイスしました。

今、いちばんやってみたいのは悪役。だれか悪役の台本持ってこないかな

――高橋さんは映画で俳優人生をスタートしましたが、銀幕からテレビ、フィルムからビデオと、メディアや機材が変化するのにどう対応してきましたか。

高橋　映画からテレビの世界に来て、むしろテレビの方が無駄なことしてると思った部分もありましたよ。日活の頃は予算も時間も人も足りない中で効率よく撮っていた。ところが大河ドラマではスタジオセットを毎回組んではバラしてるから、同じ背景の場面まとめ撮りしたら？　と提案したわけ。そしたら予算がえ

らく節約できるので、NHKがまとめ撮り覚えちゃって。2時間ドラマじゃないけど、『**慶次郎縁側日記**』のときなんか10本分まとめて慶次郎の家のシーンだけ。1週間来る日も来る日も石橋蓮司の顔しか見ないんだもの、お互い「もうお前の顔見たくない！」(笑)。自分で言い出したものの、流れをすべて頭の中で把握しておかないといけないから、まとめ撮りは役者にとって難しいんですよ。でも、それで脚本の読み方も深くなるし、我々は映画でそれに慣れてたから可能だった。

ビデオ撮影だと、最近はみんなでモニター覗いてリテークするとか議論するでしょ。でも、私は自分のプレビューは一切見ない。根が完璧主義だから自分の映像を見ると不満ばかり残っちゃう。そうすると反省ばかりして次のカットが気分よく撮れなくなる。だから見ない方がいい。監督がOKしたらもういい。現場で「はいプレビュー」と言ったら、サーッとどこか行っちゃう。土曜ワイドのロケでも一切見ない。だいたい村川監督がプレビューさせないしね。監督が休憩の間にまとめてチェックして、どうしても気になったところだけはやり直しするけど、それもごくたまにだね。そもそも何で撮影後にプレビューするかというと、機材の問題なんだ。昔、ビデオが出たばっかりの頃はテープの走行が安定するのに時間が

『慶次郎縁側日記』
'04年～'06年　全30話
原作：北原亞以子
音楽：川崎真弘

かかった。だから本番1分前から回していた。その名残ですよね。今は録画ボタン押したらすぐ回転は安定するし、途中でNGなんて出っこない。芝居の内容ではなく、技術的な問題。それがいつの間にか演技のチェックをするようになっちゃった。プレビュー見てからNG言い出すっておかしな話で、そりゃ撮ってる際に監督がちゃんと見てねぇのか、責任放棄だって話。だから監督がOKしたら終了。

フィルムのカメラ1台とビデオのマルチカメラ撮影との演技の違いでいうと、狭い場所で撮るときはカメラがどうしても入れないアングルとかがあるんだよね。そうすると一つの流れの芝居を複数のカメラで回して「**アップ**・**切り返し**・次は**ロング**で」なんて場合、編集で画がつながるようにカメラ切り替えのタイミングで自分が演技する角

アップ
クローズアップのこと。

切り返し
二人を交互に映すこと。

ロング
被写体の全体を映すこと。

度や位置を変えないといけない。だから会話のシーンなのに、カメラ位置を考えてお互いの顔を見ないで話をするなんてこともある。役者同士でのそういう演技での闘いも出てくる。だから僕らはカット割をすべて覚えて撮影に臨みます。

それからビデオは**焦点深度**が深いけど、フィルムは浅いので、これは演技構成上すごく大きい。後ろに写っている人にもピントが合っているのか、ボケてるのかで全然違う。フィルム、ビデオ、そしてハイビジョンと機材が変わっていくと、その辺は自分なりに意識して演技プランを作らないといけない。どのサイズでどう撮られているか常に把握してないとね。バックも映っているなら、背後の人に負けないような芝居が必要。だからフィルムのときより一層大袈裟に芝居をすることになる。『**坂の上の雲**』とか、NHKで煙をたくのが一時流行ったけど、あれは焦点深度を消すためにやってるんだよね。(煙をたくシーンは)空調を止めるから死ぬほど暑いんだ。

——これからの2時間ドラマについて、ご意見や抱負があれば。

高橋　このところ2時間ドラマが減っているのはもったいないね。新人の登竜門でもあるし。2時間ドラマで俳優が育てられているって面もあるので、今のよう

焦点深度
ピントが合う範囲のこと。

『坂の上の雲』
'09年〜'11年　全13話
原作：司馬遼太郎
脚本：野沢尚ほか
音楽：久石譲
出演：本木雅弘・阿部寛・香川照之・高橋英樹ほか

に連ドラばかりだと、若い役者が育つ場所がなくなってしまう。連ドラは大手のプロダクションじゃないとキャスティングに入れない現実もあるしね。

あと悪役をできる人が少なくなったね。昔は見るからに「このオッサン、悪(ワル)に違いない」って面構えの人がいたよね。塙ちゃんのお父さん（**山形勲**）とか。今は芸能事務所も二枚目志向ばかりで、それが演劇界を小さくしているんじゃないかな。

私が今、いちばんやってみたいのも悪役。海外だとロバート・デ・ニーロなんかは悪をやるじゃないですか。人は悪をいかに押し隠して正義の中で暮らしているのか。善かと思ったら時おり悪がふっと表面に出てくるような役をやってみたい。政界のボスとかね。私、モデルになるような人を何人も知っていますから（笑）。だれか悪役の台本を持って来るプロデューサーがいると面白いんだけどね。

この前、ある番組で周防正行監督に「高橋さん、映画やらないのですか？」と訊かれた。もう映画には出ないと決めてると勝手に思われてる（笑）。北大路欣也ちゃんもそうだけど、文句言わずにすぐハイハイとやる役者なんですよ。「えー、細かいですけど、この脚本のこの役は……」なんて難癖つけられりゃしないか心配する業界人がいるけどさ、私なんか全然うるさくない。来いと言われれば、ス

山形勲
（やまがた いさお）
1915〜1996。英国生まれ。映画『七人の侍』『不毛地帯』、テレビは『水戸黄門』のほか2時間ドラマでの悪役多数。

タジオに一番早く入るタイプ。文句は言わない、NGは出さない、ほんと使い勝手はいいよ、オレ。な〜んも言わないからね。傍らで見ていると、若手の方が結構こいつら何か生意気言ってるなぁと思うよ、モニターなんか覗いて。(小声で)でも正直言うと、昔は若気の至りであれこれ言った時期もある。プロデューサー以下スタッフ全員を集めて、徹夜で台本直ししたこともあったけど、直しに直しを重ねてコレいいよねっていう台本で撮ったのと、雑な台本だねって撮ったのと、実はあんまり変わんないということに気づいてさ(一同大爆笑)。

2021年9月22日　東京　高輪・グランドプリンスホテルにて

インタビューを通じて、高橋英樹さん自身がテレビの申し子であり、メディアの変化、撮影機材の変化、社会の価値観の変化、芸能人の変化、全てに適応して現在まで第一線で活躍されている稀有な存在であることがよく分かった。次章からはいよいよ2時間ドラマの歴史を辿っていくわけだが、本書全体を通読された後、再びこのインタビューを読まれると、高橋さんの環境適応力のスゴさ、そして高橋さんになぜお話を伺ったのかがより分かっていただけるのではないだろうか。

第1章

テレフィーチャー開幕！

「テレビ映画」という不思議なことばの響き

21世紀の今日、若い人から変に思われることばの一つに「テレビ映画」がある。放送局関係者でも不思議に思っている人が少なくない。テレビなのか？　映画なのか？　テレビ用の映画らしいけれど、では、テレビドラマとはどう違うのか。もともとテレビと映画は全く異なるメディアだ。テレビジョンとはＴｅｌｅ-Ｖｉｓｉｏｎ、遠くの視覚（遠くの音ならテレフォン）が語源だ。テレビ放送とは、カメラと電波と受像機を使って、遠くのものを見る仕組みである。放送は、文字通り送りっ放し、一回キリ。対して、フィルムに記録して何回も見るのが映画。

だから、'50年代、テレビ放送が始まった頃は、原則すべてが生放送で、予め収録しておくなどという発想はなかった。**ＶＴＲ**が当然の前提である現代の我々の感覚と、ここが決定的に違う。磁気テープに録画するＶＴＲがテレビでひんぱんに使われるようになるのは、ずっと後の'70年代に入ってからである。野球、プロレス、歌にお芝居、その場で起きる生の臨場感は、人々の目を釘付けにした。映画会社がテレビを電気紙芝居とバカにしながらも、その隆盛を大いに警戒したの

ＶＴＲ
Video Tape Recordingの略。

も事実だ。その証拠に、日本の大手映画会社が専属俳優のテレビ出演を制限したり、テレビへの劇場用作品をストップする**「六社協定」**を'58年に結んだほどだ。

とはいえ、一日の番組をすべて生で放送するのは大変。そこで時間を埋めるために、劇場用ではなく、テレビ放送用にフィルムで撮ったのがテレビ映画である。'57年11月の『ぽんぽこ物語』（10分・東京テレビ映画・現ＴＢＳビジョン制作）、'58年2月からの『月光仮面』（15分・宣弘社制作）などが国産テレビ映画の先がけとされる。放送されたのは、いずれもＫＲテレビ（現ＴＢＳ）であった。

六社協定
日本の大手映画会社6社（松竹、東宝、大映、新東宝、東映、日活）による専属監督・俳優などに関する協定。

ＮＥＴからテレビ朝日への変身

これからお話しするのは、そのテレビ映画に端を発する「長編テレビ映画」にまつわる制作者たちのエピソードの数々である。舞台は東京・六本木から始まる。この地で'59年2月、ＮＥＴテレビ、現在のテレビ朝日がオンエアを開始した。

ＮＥＴとは、正式社名の日本教育テレビの英語Nippon Educational Televisionの略称。つまり元はテレ朝は、ＮＨＫのＥテレと同様の教育テレビだったのだ。国から与えられる地上波の放送免許には「総合」「教育」の2種類がある。ＮＨＫが「総合テレビジョン」というのはその名残りである。ＮＥＴは教育局として免許を受けて誕生したのである。映画からテレビへ進出を目論んでいた東映と、受験参考書で有名な旺文社、ラジオの日本短波放送を持つ日本経済新聞が三大株主。朝日新聞はフィルムによるニュース配信が主な役割で、局の経営には関与していなかった。株主からの出向者に加え、現場にはＴＢＳや映画会社からの転職組が交じり、局内は混沌とした状態だったという。

また、教育番組では視聴率も悪く、スポンサーがつかないので、教養番組という名目で国産テレビ映画や外国映画を放送するのがＮＥＴの特色となっていった。

そうしたなか、’61年10月に始まったのが、日本初の60分の連続テレビ映画『特別機動捜査隊』である。企画をしたのは、東映出身の**斎藤安代**を部長とする「邦画部・企画者集団」という部署。斎藤はのちに制作局長として『土曜ワイド劇場』の誕生に関わる。また、土曜ワイド40年の歴史でもっとも多くの作品をプロデュースした**塙淳一**も’63年に新人としてこの班へ配属されている。

’60年代前半には東映の**大川博**社長がＮＥＴの社長を兼務し、東映が得意な時代劇やアニメーション、特撮などに力を入れた。スポーツやバラエティーの日テレ、

斎藤安代
（さいとう　やすのり）
1927〜2005。’63年に東映からNETへ転身、のちに同社常務。東映時代の’58年、東海テレビで放送された東映初の刑事ドラマ『捜査本部』を制作した。

塙淳一
（はなわ　じゅんいち）
P10を参照のこと。

ドラマと報道のTBSと比べ、NETは年寄りと子ども向けという印象が強くなり、そのイメージ払拭に同局は’70年代後半まで、しばしば苦労することになる。

東京オリンピック後の’65年に、東映と旺文社の対立が深刻になり、東映に味方をした朝日新聞が、争議後に東映から株を譲り受けて結果的に主導権を握った。その際に、朝日新聞から送り込まれてきたのが、のちに「テレビ朝日の怪物」とまで呼ばれた**三浦甲子二**である。そのケタ外れの実力から、後世の評価は賛否両論だが、彼がテレビ朝日にもたらした功績が二つある。その一つが、教育局から総合(一般)局への免許変更だ。’73年にNETは一般局として再スタートする。

もう一つが、’75年4月に実現した東京と大阪の系列ネット局の組み合わせの変更、いわゆる「ネットワーク腸捻転の解消」だ。これは、それまでの「NET〜MBS毎日放送」と「TBS〜ABC朝日放送」の東京〜大阪の組み合わせを、朝日と毎日の新聞社の資本系列に合わせて交換しようというものだ。TBSとABCは老舗局どうしで20年間提携しており、当時のABCは関西で最強の放送局であった。これをNETが系列におさめた意味は大きかった。時の総理大臣・田中角栄の「かつて自分が郵政大臣として放送免許を交付した各地のテレビ局を、新

大川博
（おおかわ　ひろし）
１８９６〜１９７１。鉄道省を経て’51年に東映社長になり経営危機を救う。時代劇、アニメの東映を築いた立役者。プロ野球、東映フライヤーズの社長も務めた。

三浦甲子二
（みうら　きねじ）
１９２４〜１９８５。元テレビ朝日専務。自民党の河野一郎、中曽根康弘と親密な関係を築く。’80年のモスクワ五輪では日本での独占放送権を獲得。

聞社ごとの系列にまとめたい」という思惑を三浦がうまく使った結果であるが、放送免許の変更、ネットワークの変更、どちらも、政治記者として自民党と太いパイプを持っていた三浦だからなし得た大仕事といえる。そして、その仕上げが'77年4月のNETから「全国朝日放送・通称テレビ朝日」への社名変更だった。

しかし、三浦の豪腕をしても、クセ者だらけの社内をまとめるのは一苦労だったようだ。編成本部長に就任した'77年の社内報では、ABC・営業要請・東映と3つの難題に頭を悩ませている様子もうかがえる。かつてビデオリサーチ相手に「低視聴率のデータを、なぜ金を出して買うのだ？　もう脱退！」とケンカしていた御仁が、「13％が及第点、それ以下は落第」と全社にハッパをかけ出した。

映画からテレフィーチャーへ

三浦が政界工作をしていた頃、NETの現場では何が起きていたのか。東映が力を入れた結果、しみついてしまった時代劇と子ども番組のイメージを打ち破るため、'66年から〝M・Mライン〟という方針が掲げられた。この2つのMは、ミスとミセスの略称で、女性層を狙おうというものだ。'64年に『木島則夫モーニングショー』、'65年に『アフタヌーンショー』を開始。日本で初めてワイドショーという金鉱脈を見つけたNETは、土曜夜9時に日本のテレビ界で初めての2時間枠になる『土曜洋画劇場』(半年後に日曜に移動)を'66年10月にスタートさせた。解説に**淀川長治**を起用したのも話題になり、高視聴率をマークする人気番組となった。この成功を他局が黙って見ているわけがない。

'68年に**東京12チャンネル**の『木曜洋画劇場』が続き、その後も参入が相次ぎ、'72年には民放5局すべてが洋画枠を編成するようになる。各局の映画獲得競争は激しくなり、買い付け対象は米英だけでなく、フランス、イタリア、東欧諸国からソ連、果ては香港、台湾の映画まで手を伸ばした。劇場未公開はもちろん、時には洋画枠で邦画を放送することすらあった。

'69年からNET外画部で洋画の購入を担当することになった**高橋浩**は、面白いことに気づいた。日本ではテレビで放送するハリウッド映画が不足すれば、ほかのいろんな国の作品に手を出すが、アメリカは違う。映画は輸出するもので、他国から受け入れるものではないという文化があり、テレビ局は映画が不足すると、映画会社にテレビの2時間枠で放映するためのオリジナル映画を作らせるように

淀川長治
(よどがわ　ながはる)
1909～1998。日本の映画解説者の草分け的存在。NETで放送された海外ドラマ『ララミー牧場』の解説で脚光を浴びて『日曜洋画劇場』の解説者に。番組の最後の「サヨナラ、サヨナラ、サヨナラ」の名台詞で知られる。

東京12チャンネル
現在のテレビ東京。

高橋浩
(たかはし　ひろし)
'67年NET入社。のちに編成部長。『暴れん坊将軍』『ドラえもん』『セーラームーン』などを手がける。'02年東映アニメに移籍、翌年から社長を務めた。

なった。これは〝Made for TV Movies〟と呼ばれ、放送でも通常の映画より視聴率を稼いでいた。調べてみると、なかなか優れた仕組みだというのが分かった。

まず、テレビ用にジャストサイズの長さで作るので、劇場用映画のように放送時間枠に合わせて、編集で尺を調整した結果、ストーリーに無理が生じることがない。そればかりか、視聴者を逃さないために、途中で何度もヤマ場を入れられる。CMのタイミングもそれと一緒に効果的に使える。画面もテレビの画角に合わせているので、左右が切れたりしない。題名も放送するときに決めればいいので、新聞のテレビ欄で思わず見たくなるようなタイトルにできる。そして、当時は劇場公開から4〜5年しないとテレビ放映できなかったが、こちらは作ればすぐ放送できて新鮮である。高橋はこうした作品を和製英語で「テレフィーチャー」と名付けて研究を始めた。

まずは試しに'71年5月の日曜洋画劇場枠で、日本で初めてテレフィーチャーを放送にかけた。MCA(ユニバーサル映画)の『**サンフランシスコ大空港**』で、米国の放送からわずか8カ月後だった。視聴率も15・9%と合格点であった。

高橋がテレフィーチャーへの可能性を感じ始めたある日、米国の『バラエティ』

『サンフランシスコ大空港』(原題:SAN FRANCISCO INTERNATIONAL AIRPORT)
空港の仕組みを紹介しながら、そこで発生する犯罪や事故を描く。1回100分のドラマ。監督:ジョン・リュウェリン・モクシー

という業界紙を見ていると、小さな記事が目にとまった。「カリフォルニアの大学を出た25歳の若者がＭＣＡでテレビ用の映画を撮っている。内容は自動車の追いかけっこ」と書いてある。飛行機や列車など乗り物系のテレフィーチャーは高い視聴率が期待できるし、その年齢の若さにも惹かれたので、高橋はさっそくＭＣＡにその作品のプリントを送ってくれるよう要請した。しばらくして届いた16ミリのフィルムを試写して、高橋はその迫力に腰を抜かした。それが、スティーブン・スピルバーグの出世作『**激突！**』だった。同じ頃、テレフィーチャーの第2弾『**夜空の大空港**』が20・7％をマーク、他局も、その存在を意識し始めた。高橋は「テレフィーチャー・傾向と対策」というレポートを書き、社内に配布、上司へ〝テレフィーチャー専門の放送枠〟を提案するなどＰＲ活動を始めた。『激突！』は配給会社の要望もあって、劇場公開が先になったが、その代わりＮＥＴは格安で放送権を購入、'75年1月に映画の公開から2年という短期間でオンエアが実現。22・1％を記録し、社内外からテレフィーチャーへ熱い視線が注がれるようになる。直後の4月、高橋は外画部から編成開発部へと異動した。

『激突！』（原題：Duel）
リチャード・マシスンの短編小説の映像化。運転中に追い抜いたトレーラーから執拗に追跡されるセールスマンの恐怖を描く。

『夜空の大空港』（原題：The Doomsday Flight）
'66年制作。旅客機に爆弾を仕掛けた犯人とＦＢＩの駆け引きを描く。ロッド・サーリング脚本による時限爆弾ものの古典的名作。

国産テレフィーチャーへの挑戦

外画部の高橋が異動した編成開発部は、刑事もの・時代劇・アニメ・特撮など邦画フィルム番組の開発、つまり国産テレビ映画の新番組を企画立案する部署である。番組が軌道に乗れば、あとは制作局へ引き渡し、また新たな企画を考える。

この部署でまず高橋たちが取り組んだのが、国産テレフィーチャーの実現と、そのための上司への説得だった。洋画の放送権は高騰し、人気映画と抱き合わせで買わされるB級作品の当たり外れも大きい。ならば、いっそのこと、その金で「国産テレフィーチャー＝国産長編テレビ映画」を作れないものか。それを後押ししてくれたのが、TBS出身のベテラン、役員待遇の**田中亮吉**であった。

田中は、TBSの『**東芝日曜劇場**』の初代プロデューサーで、「ドラマのTBS」のキャッチコピーを発案した人物でもある。NET開局の際に請われて入局していた。田中は、テレフィーチャーのよき理解者で、編成本部長である常務の中須幹夫に、高橋が直接プレゼンテーションする機会を作ってくれた。だが一度目は却下。そして再び中須へのプレゼンの機会を田中が作ったのは、高視聴率のプロ

田中亮吉
（たなか　りょうきち）
1920〜2003。俳優と作家を独占することでドラマのTBS時代を築く。'58年NETへ移籍、のちにテレビ朝日調査役。息子の亮一郎は第一交通産業社長。

東芝日曜劇場
'56年から現在まで60年以上も続くTBSの看板ドラマ枠。'02年まで東芝の一社提供。

北代博
（きただい　ひろし）
TBSを経て'58年NETへ入社。同社初の大ヒットドラマ『氷点』のディレクター。'75年に編成局長に就任。

井塚英夫
（いづか　ひでお）

野球巨人戦が雨で軒並み中止になり、視聴率1ケタが続いていた、まさにそのタイミングだった。高橋たちは、雨に左右されない邦画テレフィーチャーは安定した数字を稼ぐ番組になりますよ、とたたみ掛けた。その甲斐あって二度目でなんとか中須を説得することができた。放送枠には、B級作品の消化用だった土曜夜9時からの90分枠『土曜映画劇場』をリニューアルして対応すると決まった。

国産テレフィーチャーの企画が通り、当時の編成局長だった**北代博**と、制作局長だった斎藤安代の協議の結果、実行部隊の責任者として白羽の矢が立てられたのは、編成開発部の**井塚英夫**であった。井塚も『激突！』を見て、いち早くテレフィーチャーの可能性に気づいた一人で、みんなも見るべきと社内中に言って回ったほど。ただし、制作畑ではあるものの、ワイドショー出身で、ドラマ制作の経験があるわけではない。にもかかわらず、井塚は中心となる若手メンバーにあえてドラマの未経験者ばかりを選んだ。学校放送から**宇都宮恭三**、外画部から高橋浩、ワイドショーのディレクター**関口恭司**などである。東映出身の**白崎英介**も助監督の経験しかない。日本初の国産テレフィーチャーの仕事だから、固定観念のないほうが良い、というのが表向きの理由だが、実際には苦肉の策だったよ

1934～2009。『デン助劇場』の中継や『アフタヌーンショー』のディレクターを担当後、土ワイの初代チーフプロデューサー。のちに編成局長、制作局長を経てWOWOW理事。

宇都宮恭三
（うつのみや　きょうぞう）
'63年NET入社。'75年から編成開発部。代表作に土ワイ第1作の『時間よ、止まれ』『トラベルミステリー』など。のちに審査部長。

関口恭司
（せきぐち　きょうじ）
'61年NET入社。2代目チーフとして土曜ワイド黄金時代を築く。のちに制作局長・役員待遇を経てテレビ朝日クリエイト社長。

うだ。制作局の現場からは、そんなものできるはずがないと一笑に付された。

仕方なく、企画、制作の仕組み作りから運用まで編成でやることになった。通常、編成は番組の並べ方や予算の決定、新企画の採否をするが、制作実務までは手を広げない。初の国産テレフィーチャー制作は異例のスタートを切った。

はぐれ者たちの逆襲

初めは井塚の部下たちもこのプロジェクトを不安視していた。関口恭司の証言。「僕は社内の何でも屋・便利屋で、ダメな枠を渡されて…というのがしょっちゅうあった。テレフィーチャーへ行けって言われたけど、何だかさっぱり分からない。とりあえず適当に番組作って、いずれまた別の番組へ行くのかと思ってたくらい。でもね、テレ朝の数少ないヒット、**『モーニングショー』**や**『アフタヌーンショー』**は、組織からはみ出した人間が集まって作ったんですよ。〝今に見てろ〟って気概があった。**『23時ショー』**とかもそうですよ。ウナギぬるぬる美女大会とか、オカマ水泳大会とかね、化粧が全部落ちちゃうんですよ。プールから上がってくると誰だか分かんない。そんなのを俺は担当してたから（笑）、はぐ

白崎英介（しらさき　えいすけ）
東映の助監督を経て'63年NET入社。代表作に『トラベルミステリー』『はぐれ刑事純情派』『名奉行遠山の金さん』『鉄道捜査官』など。

『モーニングショー』

元NHKアナウンサー木島則夫を司会に、'64年4月に始まった日本初のワイドショー。


『アフタヌーンショー』

モーニングショーの成功を受け'65年に開始した昼のワイドショー。やらせリンチ事件で'85年10月に終了。


『23時ショー』

'71年4月～'73年12月にNETで放送された深夜のアダルト向け娯楽ショー。裏番組の日本

れ者だからさ。でも、何かやってやろうというのが現場にはありましたね」。

このとき井塚たちが幸運だったのは、当時映画産業が坂道を転がり続けており、設備やスタッフが大量に余っていたことだ。予算はTBSの1時間ドラマよりも安い金額だったが、仕事がないよりはマシ、というので採算度外視で引き受けてくれる会社がいくつも見つかった。映画用35ミリのフィルムをテレビ用に16ミリにすれば、映画の機材がそのまま使えて減価償却できると歓迎された。

うまく時代の追い風も吹いた。海外での成功事例もあり、テレフィーチャーに適したジャンルはミステリーやサスペンスだろうと井塚たちは考えていたが、'76年から'77年にかけて角川書店が文庫と映画で仕掛けた**横溝正史**や**森村誠一**などの推理小説ブームで下地ができた。では、さらにどんな特色を出していくべきか。

当初に井塚や宇都宮らが考えたポイントはこうだ。まず、現代人の三大欲望＝金銭欲・名誉出世欲・性欲をドラマの中に盛り込み、その葛藤を描く。話の筋も、女性にとってなるべく悲劇的にし、主婦に「まぁ可哀想、それに比べれば私は幸せだわ」と思わせ、その悲劇の中に殺人事件が起きるようにする。犯人を当てることだけが目的ではなく、女性の心理の満足、感情移入を狙う。

テレビ『11PM』に対抗するため過激な内容に走り、系列の大阪MBSからネットを打ち切られたことも。

横溝正史
（よこみぞ　せいし）
1902～1981。代表作は金田一耕助の『獄門島』『八つ墓村』『犬神家の一族』など。複雑なトリックと日本の土俗的な要素が入り交じった、おどろおどろしい世界観が特徴。

森村誠一
（もりむら　せいいち）
1933～
代表作は『人間の証明』、『棟居刑事』『牛尾刑事』シリーズ。ホテル勤務の経験を生かし、超高層ビルや空港などを舞台にした作品も多い。

しかし、画面は明るくする。もともとサスペンスは暗い画になりがちだし、それを好む監督も多いが、チャンネルを回したときに暗い画面ではお茶の間では受けない。それに、土曜の夜だから裏番組はナイターが多い。ナイターは明るいから、比較してサスペンスが余計暗く見えてしまう。真っ暗な映画館の中と、電灯が点いてる家の中では画面の見え方が違う。我々は電気紙芝居で結構、どこの家庭のテレビでもよく見える、明るい作品を目指す。

旅へなかなか行けない主婦に旅情を味わわせるために、観光地でロケをするときは必ず地名のスーパーを入れるようにする。当時は**ディスカバー・ジャパン**の時代。新幹線が在来線と結びつき、数年後には東北や新潟にも新幹線が延びる計画で、国内旅行ブームが起きていた。それらを背景に、'70年代前半にディスカバー・ジャパンから生まれた**「アンノン族」**で、結婚後も、旅を渇望している女性を番組の視聴者として想定していた。

企画の選び方もユニークで、各人がすべての企画書を読み込んだ上で競馬の予想になぞらえ、本命◎、対抗○、単穴▲、複穴△、注目×と印をつけ、投票して、総合得点で競わせる。井塚が発案した手法だ。最初に十数社から集まった300

ディスカバー・ジャパン
国鉄が'70年代に個人旅行の増大を狙って仕掛けたキャンペーン。電通の藤岡和賀夫がプロデュースし、巧みなメディア戦略で史上最も成功した広告キャンペーンの一つとされる。

アンノン族
『an·an（アンアン）』と『non-no（ノンノ）』が何度もグラビアで国内各地への旅行を特集した結果、これらの雑誌を手に多くの若い女性が観光地に押しかけたことから、アンノン族と命名された。

12本の作品
ホリ企画『野菊の墓』
山口百恵
円谷プロ『怪奇！巨大蜘蛛の館』
中山仁・小川知子

の企画のうち、そうやって通ったのは全体の1割であった。

『土曜ワイド劇場』としてスタートする直前の'77年6月、井塚がテレビ朝日の社内報に「テレフィーチャー開幕前夜」と題して制作の方針を紹介している。

・メインターゲットは20～35歳の女性、特に映画館に行かない子持ちの女性
・娯楽性・話題性を最優先、脚本に特に力を入れる
・現代性のあるもの、風俗、流行も反映
・裸（健康的なお色気、美しい映像）はＯＫ
・ハートのある作品が強い、茶の間の涙と感動も無視できません

そして「競作！　あなたはどの銘柄をえらびますか？」と**12本の作品**を掲げた。

だが、一歩カメラの後ろにさがると、綺麗ごとですまない世界が待っていた。

ベテラン映画人と若きテレビマンのぶつかり合い

'77年7月2日の夜9時、土曜ワイド劇場の第1弾『**時間（とき）よ、とまれ**』（主演・渥美清）は、予定の4月より3カ月遅れてブラウン管に映しだされた。裏にはＴＢＳ『Ｇメン'75』や日本テレビ『**テレビ三面記事　ウィークエンダー**』など強

吉田事務所『人それを情死と呼ぶ』佐久間良子
C・A・L『夏の海にご用心』谷隼人・大谷直子
国際放映『愛情の証明』坂口良子・篠田三郎
大映テレビ『白い野望のメス』中村敦夫
渡辺企画『危険な童話』大原麗子
日活『追いかけろ』原田芳雄・倍賞美津子
俳優座・大映『昭和怪盗傳』仲代達矢
東映『新幹線殺人事件』大空真弓・天知茂
松竹『消えた私』岩下志麻
テレパック『時間よ、とまれ』渥美清

力な番組が並んでいたが、視聴率16・8%と健闘した。けれども、その制作現場ではとんだドタバタ劇が展開されていた。

『時間よ、とまれ』の脚本は、NHK大河ドラマも手がけた超大物の**早坂暁**、対するテレ朝の担当はドラマ制作が初めての宇都宮恭三である。担当として何か意見を、と思った宇都宮は「このセリフ、私〝は〟を〝が〟に直したらよろしいのでは…」と恐る恐る言ってみた。すると早坂は松山弁で「〝は〟を〝が〟に直すんだったら、ワシの作品は全面書き直しや」とすごんだ。遅筆で有名な早坂に書き直しなんてさせたらとんでもないことになると宇都宮は発言を引っ込めた。しかし、2人が同じ松山東高校の出身だと分かってからは態度が柔和になり助かった。

撮影現場で脚本を変えるのもザラだった。『**悪夢**』という作品での関口の体験談。

「脚本が黒澤(明)組の**菊島隆三**、監督が**須川栄三**。菊島さんの台本(ホン)に対して須川さんも不満を持っているわけですよ。で、俺に言うの、こんなのじゃ撮れないよ、って。それで代弁して書き直しを要求したんですよ。そしたら、お前誰に向かってモノ言ってんだ。俺を誰だと思ってるんだ、ってガンつけられた。そんな感じだったんですよ、昔は。須川さんも面と向かって何も言えないのよ。そのと

『時間(とき)よ、とまれ』
'77年7月2日放送
脚本:早坂暁
監督:橋本信也
出演:渥美清・小林桂樹・高橋洋子・市原悦子・ガッツ石松ほか
時効寸前の殺人犯を追う万年平刑事の執念を描く刑事ドラマ。'95年8月5日には、矢沢永吉が主演のリメイク作品が土曜ワイドで放送された。

『テレビ三面記事 ウィークエンダー』
'75～'84年 毎週土曜に日テレ系で放送された深夜のワイドショー。性犯罪や殺人事件の再現フィルムが名物。泉ピン子はリポーターとして有名に。

きに思ったのは、あぁ、映画界の上下関係ってすごいんだなと」

そこまで苦労しながら、視聴率は回を追うごとに下がっていった。1ケタになることも珍しくなく、関口が脚本家に脅されてまで作った例の作品は週刊新潮に〝風前の灯〟と叩かれた。**記事**には「アメリカのテレビムービーに匹敵する劇映画を日本でも作ってみせる！というフレコミで七月にスタートしたテレビ朝日『土曜ワイド劇場』〝看板番組〟どころか、局内でも〝お荷物〟扱い。（中略）最新作の『悪夢・恋人たちの25時』では、主演の北公次が全編を通じてやたら怒鳴りまくるだけ。ドラマそのものにヒダがない。心理描写も薄っぺらなら、サスペンスの面白さにも欠ける。（中略）掛け声ばかりで空回りしているこのシリーズ、もはや〝風前の灯〟のようである」と辛辣な言葉が並ぶ。タイトル通り、『悪夢』である。

局内でも、先輩社員と若手メンバーとがぶつかった。営業からは、サスペンスじゃ視聴率は稼げないのでメロドラマはどうだ、と口出しされる。途中でプロジェクトに入ってきたベテラン社員にも試写でケチをつけられる。血気盛んな関口は大先輩を前に啖呵を切ったこともある。現場の苦労を知ってか知らずか、チーフの井塚は平然と若手にキツイ要求をしてくる。頭にきた職場の若手メン

早坂暁
（はやさか　あきら）
1929〜2017。脚本家。代表作は『天下御免』『夢千代日記』など。

『悪夢』
'77年11月5日放送
脚本：菊島隆三
監督：須川栄三
出演：竹下景子・北公次ほか

菊島隆三
（きくしま　りゅうぞう）
1914〜1989。『蜘蛛巣城』『隠し砦の三悪人』『用心棒』『椿三十郎』『天国と地獄』など黒澤明映画の脚本を手がける。

須川栄三
（すがわ　えいぞう）
1930〜1998。監督代表作に『野獣死すべし』『けものみち』『螢川』など。

バーたち全員でストライキをしたこともあった。それでも、若手たちは土曜ワイドが可愛くて、執着心があった。ある回の数字が下がっても、次の週でほかの人が挽回する。誰かの作品が悪いとき「次は迷惑かけない」「俺がカバーする」と連帯感が生まれた。しまいには数字データで締め上げてくる井塚の話が監督たちの耳にも入り、**斎藤武市**監督などは「あの井塚め！」と若手と一緒になって愚痴るようになった。白崎英介はこんな見方をする。「でも、老若をぶつけるのも井塚さんの深慮遠謀でね。彼は根回しの達人。局内あちこち走り回っていましたよ」。

そうやっていろんな所で小競り合いを繰り返しながら、若手のテレビマンたちは映画人をテレビの土俵に引きずり込んでいった。

たとえば白崎が担当した『**東京空港殺人事件**』での飛行機が墜落してバラバラになるシーン。それを見た脚本の**新藤兼人**は「映画でやったら何億かかるか分からないけど、テレビの小さい画面だと安くてもそれなりに見えるんだね。これは発見だ」とテレビの特性に気づいたという。ベテラン監督たちの中でも、テレビの世界で生き残った者は、テレビマンの言い分を聞いたほうが視聴率が上がると分かると、柔軟に対応するようになった。そんな監督たちのために、ときにはテ

記事
「週刊新潮」'77年11月17日号「〝風前の灯〟テレビ朝日の『土曜ワイド劇場』」

斎藤武市
（さいとう　ぶいち）
1925〜2011。日活で小林旭『渡り鳥』シリーズや吉永小百合の『愛と死をみつめて』を監督。

『東京空港殺人事件』
'77年8月27日放送
原作：森村誠一
脚本：新藤兼人
監督：斎藤武市
出演：由美かおる・目黒祐樹・岡田英次ほか

レビマンが一緒に脚本家を説得することもあった。やはり新藤が脚本を書いた松本清張原作の『**風の息**』。有名な「もく星号墜落事故」を扱った話で、監督の貞永方久は原作を大胆に解釈し、アメリカＣＩＡの謀略をうかがわせる演出をした。ところが試写が終わるやいなや、脚本の新藤が「これは清張先生の原作と違う！」と大声で主張し始め、一歩も引かない。間に入った白崎が「原作には、そういう噂もあったと一言だけ書いてありますし…」と必死で説得し、渋々認めさせた。

監督・脚本家・音楽家の冒頭での顔出し紹介もレギュラー化した。裏方が画面に、しかも冒頭に出るのはそれまで前例がなく、初めはみんな嫌がっていたが、強引に入れた。スタッフにも光を当てると同時に、彼らに責任を持たせる理由もあった。そのうち池広一夫監督や村川透監督のようにノリノリで小芝居をする者も現れ、土曜ワイドの名物にもなった。徐々にスタッフの一体感が出てきた。

土ワイ初ヒット！　美女シリーズの登場

番組がスタートして数カ月、ミステリーを中心としながら、文芸もの、青春もの、メロドラマと模索が続いた。中には、年配のベテラン社員が提案し、若手の

新藤兼人
（しんどう　かねと）
1912～2012。代表作に脚本『ハチ公物語』、監督『濹東奇譚』など。98歳まで映画を撮った。

『風の息』
'82年4月10日放送
企画：野村芳太郎
原作：松本清張
脚本：新藤兼人
監督：貞永方久
出演：栗原小巻・関根恵子・根津甚八ほか

反対を押し切って放送した結果、ギャラクシー賞選奨になったコメディー『**昭和怪盗傳**』（岡本喜八監督）もあったが、最初の年は、第1回放送『時間よ、とまれ』の16・8％を一度も越せなかった。あと一歩、ブレイクのきっかけがつかめない。くすぶっていた土曜ワイドが不振を打ち破る契機は、怪奇とエロスだった。

年が明けて1発目、'78年1月7日放送の『**江戸川乱歩**の美女シリーズ』第2作、天知茂主演『**浴室の美女**』が初めて20・7％と大台を突破した。これが土ワイの方向を決定づけた。特にこの『浴室の美女』は、原作の乱歩と友人だった監督の**井上梅次**のセンスがいかんなく発揮された。いきなりヒロインの夏樹陽子の入浴場面から始まり、猟奇的なムードを脇役の荒井注のギャグで和ませ、明智役の天知茂にどこまでもニヒルに演じさせる。夏樹はヌードも吹き替えなしで体当たりの艶技だった。企画の松竹プロデューサー・**佐々木孟**によれば〝局側の要請で〟毎回裸の女性が殺されるシーンを入れたが、そうした役は日活ロマンポルノの女優たちが喜んで演じてくれた。監督の井上は、これが当たって以後3カ月に1本のハイペースで第19作まで美女シリーズを量産する。もっとも、昔気質の井上はスタッフに厳しいことでも有名で、耐えかねた助監督が後ろから石を投げたとい

『昭和怪盗傳』
'77年11月19日放送
原作：加太こうじ
脚本：廣澤榮
監督：岡本喜八
出演：仲代達矢・田中邦衛・神崎愛ほか

江戸川乱歩
（えどがわ　らんぽ）
1894〜1965。近代日本の推理小説の元祖。'23年に『二銭銅貨』でデビュー、『人間椅子』『屋根裏の散歩者』『陰獣』など傑作は数知れず。明智小五郎や怪人二十面相を生む。

『浴室の美女』
'78年1月7日放送
原作：江戸川乱歩
脚本：宮川一郎
音楽：鏑木創
監督：井上梅次
出演：天知茂・夏樹陽子・西村晃ほか

うエピソードもある。もちろん、本人に当たらないようにだが。

娯楽ミステリー路線に活路を見出した土ワイは、視聴率が高い作品のシリーズ化に踏み切った。単発作品の中からヒットが出たら、それをシリーズ化するというのは、実は映画業界がやってきた手法である。ただし、最初からシリーズ化を狙うのではなく、あくまで自然発生的にゆだねた。『乱歩の美女シリーズ』に続いて、田中邦衛の『**迷探偵幽霊シリーズ**』、十朱幸代の『**女弁護士・朝吹里矢子シリーズ**』、渥美清主演の土ワイ第1作『時間よ、とまれ』から『田舎刑事シリーズ』などが生まれ、番組開始から丸2年が経つと、全体の3割がシリーズものになった。

視聴率も最初の3カ月平均は10・3％だったのが、'79年1〜3月の平均は14％まで上昇した。当時のテレビ朝日のプライムタイム（夜7時〜11時）が平均11％だから、すでに土ワイはテレ朝の看板番組になっていたことが分かる。

さらに驚くべきは、少し後のデータだが、開始から2年半後の**'80年1月の調査**で個人視聴率が男20〜34歳で13％、女20〜34歳で18・7％を記録している。いわゆる**F1層**の、スポンサーがもっとも欲しがる視聴者ゾーンで、2位の日テレを4・6％も引き離して圧勝。土曜ワイドの「ヤングミセスに人気」は見事に証明さ

井上梅次
（いのうえ　うめつぐ）
1923〜2010。代表作は石原裕次郎の『嵐を呼ぶ男』。早撮りで有名で、監督作品数は映画110本・テレビドラマ150本を越える。

佐々木孟
（ささき　はじめ）
代表プロデュース作に『新・三匹の侍』『影の車』『白い滑走路』など。

『迷探偵幽霊シリーズ』
第1作
'78年1月14日放送
原作：赤川次郎
脚本：長野洋
監督：岡本喜八
出演：浅茅陽子・田中邦衛・内田朝雄ほか

れた。もちろん、世帯視聴率でも18・7%とTBSの『Gメン'75』を抑え、堂々の1位となった。土ワイはたくさんの若い女性に見てもらっている番組だったのだ。

波紋を投じた実録犯罪ドラマ『吉展ちゃん事件』

土ワイ40年の歴史で、いくつかのターニングポイントがあったが、どうしても触れない訳にはいかない作品がある。'79年6月30日放送の『**戦後最大の誘拐・吉展ちゃん事件**』だ。ギャラクシー賞や芸術祭賞(優秀賞)など数々の賞を受け、それまでの土ワイの最高視聴率となる26%を記録した。'63(昭和38)年に東京・入谷で起きた幼児誘拐殺人事件のドラマ化だ。ただし、制作の裏側は混乱を極めた。

まず提案の段階で社内で大反対が起きた。事件発生から16年しか経っておらず、被害者・加害者の双方の関係者がまだ多く存命していたからだ。企画の**福富哲**は学校放送から異動してきたばかり。娯楽番組の経験はゼロだった。考えあぐねた福富は、編成の土ワイ担当・高橋浩を訪ねる。本田靖春の原作本を渡し、感想を求めた。本を読んだ高橋は中立の立場で「陰惨な話だが、ドラマとしてはあってもよい」と制作を勧め、上司には土ワイにふさわしくなければ、特別枠で放送

『女弁護士・朝吹里矢子シリーズ』
第1作
'78年6月3日放送
原作:夏樹静子
脚本:野上竜雄
音楽:大野雄二
監督:中平康

'80年1月の調査
調査実施:ビデオリサーチ

F1層
Female1の略。20～34歳までの女性の視聴者層。

『戦後最大の誘拐・吉展ちゃん事件』
'79年6月30日放送
制作:福富哲・吉津正・中村和則
原作:本田靖春
脚本:柴英三郎
音楽:廣瀬量平
監督:恩地日出夫

する許可もとっておいた。するとその直後に、ふだんは優しい土ワイの吉津正が、いつになく強い口調で「高橋、あれだけは絶対やめてくれ」と訴えてきた。

現場も異常だった。監督の**恩地日出夫**は徹底して「再現ドラマ」を撮ろうとしていた。ロケ撮影をすべて実際の犯行現場で行う凝りようで、犯人の生家やその近所、墓場でもカメラを回した。撮影した上田正治によれば、昭和38年を忠実に再現するために照明は薄暗く、小道具も当時のものだけ、局から明るくプリントするよう指示されたが無視したという。編集でも犯人の音声録音テープや実際の報道の新聞紙面、ニュース映像が使われた。何から何まで、異例ずくめである。

不思議なことに、土ワイのチーフ・井塚だけは「ホンがいいから大丈夫」と平然としていた。井塚が全幅の信頼を置く、**柴英三郎**が脚本を書いていたからだ。結局、心配した吉津もプロデューサーとして監修し、土ワイ枠での放送となった。

オンエア後の評価も、社の外と内とで180度正反対だった。評論家が絶賛する一方で、「確かに数字も賞も獲ったが、まるでNHKの暗いドキュメンタリーのようで、果たして土ワイの方針と合致していたか？」という疑問も大いに残った。

ただ、この作品で誰しもの評価が一致するのが、主役の泉谷しげるの演技である。

出演：泉谷しげる・市原悦子・芦田伸介ほか

福富哲
（ふくとみ　てつ）
'61年NET入社。外務省機密漏洩事件を描いた『密約』（'78）や大地康雄が犯人役を怪演した『深川通り魔殺人事件』（'83）など主に実録ものを制作。

恩地日出夫
（おんち　ひでお）
1933〜
代表作に映画『新宿バス放火事件』（'85）『四万十川』（'91）
テレビでは『傷だらけの天使』（'74〜'75）
竹宮惠子原作のアニメ『地球（テラ）へ…』も監督。

何人もの役者から断られた末、犯人役にキャスティングされたのが泉谷だった。

泉谷は実際の犯人と同様にハンディキャップがあり、脚を引きずって歩く姿は、犯人に生き写しのようであったという。ただ、さすがの泉谷も、殺害シーンまで同じ場所、同じ時刻に行おうとする恩地に「アンタには人の心があるのか！」と詰め寄った。しかし、「そういう君にはあるのか」と返されて折れたそうである。

この後、泉谷は性格俳優として映画やドラマから引っ張りだこになり、本業のミュージシャン活動にも好影響をもたらした。今もバラエティー番組で、彼の歯に衣着せぬ発言が視聴者から好評なのは、こうした下地があってこそである。

企画者の福富は、この作品を最後に、実質一本だけで土ワイ班を去る。この作品は一人のミュージシャンとテレビマンの人生を大きく変えた作品でもあった。

だが、一体なぜ、この厄介な役を泉谷は引き受けたのか？　泉谷によれば、突然ある日、会ったこともない**向田邦子**から電話があり「オマエ、この役をやれ！」と強引に説得されたという。けれど、向田の名はこの番組のどこにもクレジットされていない。それはなぜか？　取材でその理由は分かったが、ここには書けない。真相を明かすには、もうしばらく、時が過ぎるのを待たねばならない。

柴英三郎
（しば　えいざぶろう）
1927～
脚本家。戦後テレビドラマの創世記から活躍。『三匹の侍』『水戸黄門』『家政婦は見た！』など執筆多数。

向田邦子
（むこうだ　くにこ）
1929～1981。
脚本家・随筆家・小説家。第83回直木賞受賞。NET『だいこんの花』、TBS『時間ですよ』『寺内貫太郎一家』、NHK『阿修羅のごとく』など'70年代を代表するドラマ作家。'81年に飛行機事故で死去。

第2章

露天風呂から殺人案内まで

関西パワーの参戦

『土曜ワイド劇場』が大きく浮上したきっかけとして、関係者の誰もが第一にあげるのは、'79年春にABC朝日放送が合流し、2時間枠へ拡大したことである。

さかのぼること4年前の'75年、**東阪のネットワークが変更**になり、大阪のABCはTBSと別れて新たにNET(テレビ朝日)と組むことになった。

同じ頃、テレ朝とABCの編成は土曜夜10時半からのABC発全国ネットの30分枠について頭を悩ませていた。何をやっても視聴率が取れない魔の時間帯で、'75年4月のネットワーク変更時に、それまで日曜夜に放送のABCの名物番組『**夫婦善哉**』を無理矢理はめ込んだ。ところが、その長寿番組がわずか半年で打ち切りの憂き目に遭い、その後も3カ月ごとに番組が変わる体たらく。何か抜本的な解決策が必要だった。テレ朝は、この際思い切ってこの枠を撤廃し、土ワイの90分と合体させてはどうかと提案し、ABCも応諾した。合わせて2時間=30分×4本で、ABCが4回に1回、制作を担当することになる。CMを除いた番組本編が約100分なので、初期は「テレフィーチャー100」と呼ばれていた。

東阪のネットワークが変更
第1章のP27参照。

『夫婦善哉』
'55年6月から'75年9月まで放送されていた視聴者参加型トーク番組。司会はミヤコ蝶々。

大熊邦也
(おおくま くにや)
'58年朝日放送入社。『東芝日曜劇場』『必殺仕掛人』『天皇の世紀』『松本清張・昭和史』などドラマ、ドキュメンタリーの名作多数。

土曜ワイドが拡大して、再び大阪でも全国放送のドラマが作れると聞き、ABCの**大熊邦也**は奮い立った。それも2時間という映画並の長い尺の中で、しかし映画とは異なる、独自のテレビ的な演出ができるのでは、と期待したからだ。

「それまでは百坪の狭いスタジオでの撮影だった。そうすると、どうしたってアップが多くなる。僕はNHK大阪の**和田勉**とも親交があったけど、**BK**のスタジオも狭いからアップしか撮りようがないんですよ。だけど、TBSの**実相寺昭雄**たちが京都松竹でやっているのを見て、自分なら広い空間の中で、テレビの小さなブラウン管にどう効果的な映像を撮るかを考えてましたね。僕はあまり映画を見てなかったので、テレビならではの演出を編み出したかった。黒澤明とかテレビの画面で見ても、ダイナミック過ぎてお茶の間に伝わらないんですよ。新人の頃からベテランになるまで終始一貫、ブラウン管を意識して作ってました」

『京都殺人案内』秘話

土ワイが2時間になってからは視聴率も大幅アップ。ABCが合流した直後の3カ月の平均は17・4%で、多くの人気シリーズが生まれたが、関西発の最初の

和田勉（わだ　つとむ）
1930～2011。元NHKの名物ディレクター。通称「ワダベン」。テレビ演出でアップを多用したことで有名。

BK
NHK大阪放送局の別名。コールサインJOBKの略称から。

実相寺昭雄（じっそうじ　あきお）
1937～2006。TBS、映画監督を経て東京藝術大学教授。監督作に『ウルトラマン』『帝都物語』『D坂の殺人事件』。京都では松竹の時代劇『風』や円谷プロ『怪奇大作戦・京都買います』などを監督。火サス'86年11月4日放送『青い沼の女』の演出も手がけた。

人気シリーズが、'79年4月開始の藤田まこと主演の『**京都殺人案内**』である。

当時、関西にはABC制作の『**部長刑事**』以外に刑事ドラマがなかった。そこで京都を舞台に、時代劇『**必殺**』**シリーズ**で人気爆発の藤田を起用して〝関西弁がふんだんに聞ける〟現代の捕物帖が企画された。その頃、ABCの新人見習いとして松竹撮影所に出入りしていた森山浩一は、『必殺』のスタッフが「今度は現代劇で藤田さんを男にするんや！」と意気込んでいたのをよく覚えている。森山は、1時間でも大変なのに、2時間のドラマなんて作れるのかなぁと思ったという。

さて、マニアには知られた話だが、このシリーズの第1作目だけは、主人公の名前が「狩矢三郎」になっている。共演するヒロインの名前も「キャサリン」…そう、原作が山村美紗の『花の棺』なのである。これが後々、問題の火種になる。

メガホンを執ったのは工藤栄一。ロケの中心は京都だが、結末の場面を札幌に移して撮影された。犯人の女は真っ白な雪の中をひたすら逃げ、服毒自殺を謀る。

しかし、この雪中での美しいラストシーンにご立腹の人が一人だけいた。**山村美紗**である。原作には札幌など出てこない。勝手に話の舞台を変えるなんて絶対許せない！　怒り心頭の山村はABCのチーフ・**山内久司**を怒鳴りつけたらしい。

『**京都殺人案内**』
第1作
'79年4月21日放送
原作：山村美紗
脚本：国広威雄
音楽：柳ジョージ
監督：工藤栄一
出演：藤田まこと・シェリー・いしだあゆみ
視聴率18・2％

『**部長刑事**』
'58年から'02までABCで放送された関西ローカルの刑事ドラマ。

『**必殺**』**シリーズ**
制作：ABC・松竹
'72年から続く時代劇。金をもらって弱者の恨みを晴らす闇の仕事人たちを描く。

らしい、と書いたのは、山内自身はこのことについて、さして気にも止めない風で他人にもあまり話さなかったからだ。ただし、同僚の大熊が別件で山村に電話したとき、彼女から30分ほど山内への罵詈雑言を聞かされ、難儀したという。

山内久司という男も、独自のテレビ論を持ち、それは多くの後輩に影響を与えている。彼のテレビ制作哲学は「テレビ的な、オリジナルなもの」へのこだわりである。『必殺』で**深作欣二**が演出をしたとき、主人公が悪人を退治して暗闇に消えていく場面で終わろうとすると、「一晩明けて、ダメ亭主と嫁姑の寸劇を必ずつけてくれ」と注文した。「非日常から茶の間と同じ日常へ、視聴者を戻してやらなければいけない、それがテレビだ」というのが理由だ。また、ABCが制作していた『必殺仕掛人』の元ネタになった『仕掛人・藤枝梅安』の原作者・池波正太郎から、梅安役の俳優・緒形拳が原作のイメージとそぐわないと難色を示されると、交渉の末、もう梅安の名は使いません、ただし「必殺」という単語はテレビオリジナルなので、これだけは継続して使います、と話をまとめた。文豪の池波を手玉に取った山内にしてみれば、いわんや山村をや、の心境だったのだろう。山内は「雪見障子の和室を密室とは言わんやろ」と山村への皮肉も口にしていた。

山村美紗
（やまむら　みさ）
1931～1996。中学教師を経て'74年に『マラッカの海に消えた』で本格デビュー。京都を舞台にした作品が多い。娘は女優の山村紅葉。

山内久司
（やまうち　ひさし）
1931～2014。元ABC朝日放送専務。『お荷物小荷物』『必殺』など斬新な演出でABCの看板番組を数多く制作。後輩指導にも熱心で、社内外に多くの信奉者がいる。

深作欣二
（ふかさく　きんじ）
東映を代表する監督。代表作に『仁義なき戦い』『柳生一族の陰謀』など。

この諍いが原因で、契約済みだった残り3本の作品を消化した'80年5月以降、山村美紗の作品はABCには一切、許諾が下りておらず、1本たりとも作られていない。そして後には、〝あの作家〟の作品の許諾にも影響が出てくるのである。

『京都殺人案内』は**第2作**から主人公の名前だけを「音川音次郎」に変えて、ほかは基本設定そのままに、**和久峻三**の原作として30作以上も続くことになる。

定番のシーンは、クロード・チアリがつま弾く哀愁のギターの旋律をバックに、音川刑事が鴨川のほとりをさまよい歩く情景だ。第4話で、帰宅中に雨が降り、駅まで傘を持ってきてくれる途中だった女房がトラックにはねられて死ぬ。以来、音川はいつも形見の折り畳み傘を女房と手をつなぐつもりで持ち歩いている…という泣ける設定が、視聴者の気持ちをドラマに没入させる。

実はこのシーン、映像の尺が足りないときや、オーバーしたときのための調整用として撮り始めた。藤田が毎度「もうええやろ、勘弁」と音をあげるくらいに何パターンも歩かせる。それが結果的に京の風情を醸し出す。情景カットがふんだんに入れられるのが、2時間ドラマの醍醐味。1時間ではこうはいかない。

シリーズの人気はもちろんだが、視聴率は西高東低で、最高23・5%(関東)

第2作
『呪われた婚約』
'80年2月2日放送
原作:和久峻三
脚本:保利吉紀
音楽:クロード・チアリ
監督:山根成之
出演:藤田まこと・加藤治子・真行寺君枝ほか
当初の台本の表記は『京都観光殺人案内』。
視聴率20・5%

和久峻三
(わく しゅんぞう)
1930~2018。中日新聞の記者を経て弁護士となり、推理作家に。『赤かぶ検事』シリーズはじめ法律の知識を生かした作品が特徴。

34・2％（関西）。東海道新幹線の中で揉め事があったとき、「あんた刑事やろ。出番やで」と藤田に乗客から声がかかったという、関西らしいエピソードもある。

密室から露天風呂へ

ＡＢＣが放った、もう一つの人気シリーズが**『混浴露天風呂連続殺人』**である。この企画の前身は、'79年5月にＡＢＣ発の土曜ワイド第3弾として制作された**『ピンクハンター』**という作品で、カーター・ブラウン原作の都会的で洒落たコメディータッチの推理もの。タイトルから分かるように、映画『ピンクパンサー』のもじりである。原作題は『変死体』だから、すでにテレビ用タイトルからしてお色気シーンがあることは予想される。しかし、温泉とは、何の関係もない。

このシリーズが2作続いたところで、制作が一旦ストップする。元が翻訳ミステリーなのだが、洒落たセリフや話の展開が日本の視聴者にはもう一つ響かない。視聴率も14・2％、17・9％と悪くはないが、飛び抜けたものではない。

制作会社のテレパックは、主役の古谷一行＆木の実ナナのコンビを活かした形で別の企画の検討に入った。そんなある日、テレパックの篠原茂らが、「混浴露

『混浴露天風呂連続殺人』
第1作
『婚前奥伊豆旅行　私を鬼女にしたのは誰』
'82年10月16日放送
脚本：石川孝人
監督：小野田嘉幹
出演：古谷一行・木の実ナナ・常田富士男ほか

『ピンクハンター』
『ピンクハンター（1）』
'79年5月19日放送
『ピンクハンター（2）』
'80年11月22日放送
原作：カーター・ブラウン
脚本：窪田篤人
監督：福本義人

天風呂連続殺人」という最強のキラーワードを思いついた。それを耳にしたABCの山内久司は「これぞテレビ的だ！」とすぐさま乗った。10時またぎでシャワーシーンを無理やり入れる不自然さも、混浴露天風呂が舞台ならごく自然にできる。山内の部下で『混浴〜』の初代プロデューサー・ABCの杉本宏の口ぐせである「ウエルメイド・エンタテインメント」を正に具現化したのがこの作品だった。サブタイトルに明るく堂々と「ヌードギャル」と謳った大胆不敵さも話題となり、果たせるかな、『混浴〜』は常時20％を越す、ABCの代表作になった。

一方で、関西系だからABCの作品はいつもお色気ものばかり、という先入観を植え付けることにもなってしまった。「温泉で殺人事件が起きるドラマをやると、関西の視聴率がはね上がる」という噂も生まれた。ただし、根拠のない話でもなく、たとえば'98年11月の『混浴〜』第19作は、関東の18・2％に対して関西は23・5％だった。他局の2時間ドラマでも同様で同年12月のTBS『函館湯けむりツアー殺人事件』は、関東15・8％なのに、関西では24・5％。東西で約10％もの開きがあった。もっとも、お色気に関係なく、**関西では2時間ドラマがより好まれている**のも事実で、たとえば'02年に日テレ・TBS・フジ・テレ朝の

関西では2時間ドラマがより好まれている
元YTV松山浩士によれば、これは'90年代にYTVを筆頭に、ABC、MBSが2時間ドラマを大量に再放送していたことも大きく影響しているらしい。

民放4局の2時間ドラマ枠で、視聴率20%を超えた回数は、関東9回に対し、関西は35回。気楽に見られるエンタメ路線のニーズが西で高いのは確かなようだ。

変化球で勝負するABC

土ワイに合流した直後のABCの作品群の特色として、京都・お色気のほかに、ホラー系の作品が多かったこともあげられる。**『蝶たちは今…冥土からの手紙・死者からの電話』**（'79年7月14日）、**『吸血鬼ドラキュラ神戸に現わる』**（'79年8月11日）、『現代怪奇ばなし・**嵯峨野に生きる九百歳の新妻**（京都妖怪地図シリーズ第1作）』（'80年8月23日）などである。ただし、のちに山内久司は「推理ものはリアルな人間の姿を描いているので、設定に妖怪とかファンタジーの要素を入れてしまうと、結局ファンタジーがうまく活きへんのや」と反省の弁を述べている。

それにしても、ABCの作品がどれも個性的なのはなぜなのか。東京への反骨精神もあるだろうが、それだけで正統派からの踏み外し方がここまで極端になるとも思えない。ABCの森山浩一の意見では、「土ワイという枠に対する考え方の違いではないか。枠のコンセプトを維持せねば、というテレ朝と異なり、僕ら

『蝶たちは今…冥土からの手紙・死者からの電話』
原作：日下圭介
脚本：七条門・日下圭介
監督：石井輝男
出演：田中健・樋口可南子・林寛子ほか

『吸血鬼ドラキュラ神戸に現わる』
脚本：大原清秀
監督：佐藤肇
出演：岡田真澄・岸本加世子ほか

『～嵯峨野に生きる九百歳の新妻』
原作：上田秋成
脚本：保利吉紀
監督：田中徳三
出演：宇津宮雅代・三田村邦彦ほか

は、推理ものに関係なく、純粋にドラマがやりたいという気持ちが強い。全国放送のこのチャンスに、前から持っていた企画を何とか実現しようとするので」と言う。加えて、大映テレビに代表される制作会社も、ＡＢＣだからあえて反則っぽいことをしようという風潮がある。ノリのいい関西人はスグそれに乗っかってしまう。『混浴〜』が制作者たちの温泉巡りへの夢から始まったのも、事実だ。

ただ、番組の企画がロケーションを発端にして始まるのは珍しいことではない。正統派の推理ドラマを作るので、ＡＢＣの中では逆に異端だった大熊邦也も、昔の笑い話として、自分が演出した『**フランスグルメ殺人事件**』（'87年8月22日）の成立経緯を教えてくれた。「東京・渋谷の高級レストラン〝シェ松尾〟が大好きでして、何とかしてここでロケして番組が作りたいなぁと思って、強引に企画を通したの（笑）。主演の多岐川裕美よりも、料理のほうに夢中になっちゃってね」。

ついでに、もう一つ、今だから云える大熊のエピソード。

「'90年頃かな、ＡＢＣと山城新伍との間がギクシャクしたことがあった。山城のレギュラー番組を打ち切っちゃったとかでね。しかし、ＡＢＣとしては何とか山城との関係を修復したい。で、彼と僕が親しかったから、会社が僕に頼んでき

『フランスグルメ殺人事件』
'87年8月22日放送
脚本：田上雄
監督：大熊邦也
出演：多岐川裕美・平田満・中条きよしほか

た。山城にどうしたら機嫌直してくれる？って聞いたら、『大熊さん、オレ監督やりたい』って言うんだ。それで彼にドラマを撮らせることにしたわけ」

それが、ABC制作・山城新伍監督・山本陽子主演の『**未亡人探偵**』**シリーズ**である。ちょうどその頃、ABC大阪本社から東京支社に転勤し、土曜ワイドに関わるようになったのが、かつて太秦の撮影所で『京都殺人案内』のスタッフを端から眺めていた森山浩一である。着任早々、熱海での山城の手伝いに駆り出された。ロケ現場の島に一行が乗った船が着岸すると、すでに陸のほうからカメラで撮っている。「さすが東京のドラマは段取りがいいな」と感心していたら、ある政治家と主演の山本のスキャンダルを追うワイドショーの取材陣だった。

ABCのユニークな作風はしばしばスポーツ新聞の芸能欄に話題を提供した。'87年には、他局の人気番組の名を連想させる『**独眼竜政宗ひょうきん連続殺人**』でちゃっかり24・8％もの高視聴率を獲得。翌'88年にも叶和貴子・三田村邦彦・ガッツ石松ら同じ顔ぶれで『**武田信玄なるほど連続殺人事件**』がオンエアされた。なお、ABC関係者に言わせると、「パクリやない。便乗や!!」とのことだそう。

『**未亡人探偵**』**シリーズ**
'91年5月18日放送
『銀座クラブママ殺人事件』
'92年5月16日放送
『熱海芸者連続殺人事件！』
脚本：岡田正代
監督：山城新伍
主演：山本陽子

『**独眼竜政宗ひょうきん連続殺人**』
'87年9月19日放送
脚本：柏原寛司
監督：原田雄一

『**武田信玄なるほど連続殺人事件**』
'88年5月21日放送
脚本：石川孝人
監督：原田雄一

トラベルミステリーにまつわるミステリー

土ワイに関する「謎」のうち、関係者に取材しても、判然としないのが、看板シリーズである『トラベルミステリー』の大阪→東京への制作局の移動である。**西村京太郎**原作によるこのシリーズは、当初、ABCと大映企画・大映京都の制作で始まった。第1作は『**ブルートレイン寝台特急殺人事件**』('79年10月20日)。脚本は佐々木守、監督は黒田義之。主演は三橋達也、ヒロインは樋口可南子で、スタッフ、出演者ともほかのABC作品以上に本格的であり、現場的に問題は見当たらない。翌'80年10月に同じ顔ぶれで制作された第2作が放送されている。

ところが、それとオーバーラップするかのように、'81年に東京・テレビ朝日で『**終着駅殺人事件・上野〜青森ミステリー特急ゆうづる**』が制作されている。この作品のプロデューサー・宇都宮恭三によると、だいぶ前から西村本人と交渉していたが、なかなか首をタテに振らず、許諾まで時間がかかったという。西村はその頃、東京都内の中央線沿線に住んでいたが、急に京都に引っ越すと言い出した。理由を聞くと、京都は地震がないから、とのこと。あまり説得力がないな、

西村京太郎
(にしむら　きょうたろう)
1930〜
'78年『寝台特急殺人事件』がベストセラーに。日本にトラベルミステリーというジャンルを確立した。著作は630を越え、累計発行部数は2億部といわれる。

『ブルートレイン寝台特急殺人事件』
'79年10月20日放送
視聴率18・8%
第2作
『幽霊船の謎・消えた乗組員』
'80年10月18日放送
脚本：佐々木守
監督：黒田義之
出演：三橋達也・樋口可南子ほか
視聴率20・4%

と思っていたら、ほどなくして、西村と山村美紗が京都の旅館を買い取って共同生活を始めた。宇都宮は、西村に「ドラマ制作の前に山村美紗に会ってくれ」と頼まれて、彼女に謁見している。宇都宮いわく「まるで女王のように僕らの前に現れましたね」。この頃から山村の意向が西村に大きく及んでいたようである。山村は『京都殺人案内』でＡＢＣとの確執があった後である。ただし、東京と大阪は別々に動いていた。宇都宮たちの交渉相手はあくまで原作者の西村であり、ＡＢＣとこの件については話していないし、する筋合いでもない。２人の関係は本人たちにしか分からないが、西村が山村の意思を忖度してもおかしくはない。

いずれにせよ、ＡＢＣでは'82年の『**北帰行殺人事件**』以降、西村京太郎作品も、山村美紗作品も、一本もドラマ制作されていないことだけは、事実である。

テレビ朝日が担当して『トラベルミステリー』を制作するにあたり、ＡＢＣと同じく十津川警部には三橋達也が選ばれた。すでにＡＢＣ版が視聴率20％を記録しており、役柄のイメージができていたこともあった。ただし、テレ朝版では切り口を変えて、脇役だった亀井刑事を軸にストーリーを描くことにした。候補に愛川欽也の名が上がり、さっそく本人と会ってみることになった。亀井は青森

『終着駅殺人事件・上野〜青森ミステリー特急ゆうづる』
'81年10月17日放送
脚本：猪又憲吾
監督：長谷和夫
出演：愛川欽也・三橋達也・風吹ジュン・風間杜夫ほか

『北帰行殺人事件』
'82年4月17日放送
脚本：佐々木守
監督：帯盛迪彦
出演：三橋達也・樋口可南子・沖雅也ほか
視聴率14・4％

津軽の出身という設定なので、宇都宮たちは配役を人選しながら、「できれば東北の人がいいな」と考えていた。内容を説明しながら訊ねた。「愛川さん、ご出身は？」「東北です。でも、東北は東北でも、京浜東北線の浦和ですけどね」。

撮影では普通のロケとは異なる苦労も多い。元プロデューサー・白崎英介の話。

「列車ものは大変なんですよ。人も機材もそんなに入らない、狭い客車内で撮るし、トンネルもあるから、ココとココの間は何分何十秒って、ロケハンで予め時間を計っておく。役者も慣れてないと困っちゃう。レギュラーじゃないと無理ですね。駅に着いたら、急いでホームの撮影をして、トンボ返りで出発なんてこともある。ほかのお客も大勢いるところで、荷物から何から発車する前にドドッと詰め込む。てんやわんやの大騒ぎです。だいたい役者とスタッフで50人ぐらいいるからね。場合によっては一車両を貸し切るんですよ。だからプロダクションも東映みたいな大きなところじゃないとできない。最初の頃は、操車場で止まっている列車を使ったこともあるんですよ。ただそれは国鉄に迷惑かけるのでやめました。監督も村川透さんみたいに手際のいい人じゃないとね。彼は苦労人だから、絶対に文句言わないし、自分で車も運転しちゃう。シリーズ後半はほとんど彼だったでしょ」

今だから…何でも話せる！
スペシャルインタビュー

土曜ワイド劇場
東西プロデューサー対談

大熊邦也さん ●元ABC朝日放送
×
関口恭司さん ●元テレビ朝日

「土曜ワイド劇場」は、東京のテレビ朝日と大阪のABC朝日放送が一緒になって作ったドラマ番組。ほかの2時間ドラマ枠にはない特色を持つ当番組のそれぞれのテレビ局の制作の違いや、番組スタート時のエピソードなど、ざっくばらんにお話しいただいた。

――お2人が最初に顔を合わせられたのは、いつ頃なんでしょうか？

大熊　正確に何年ということは、覚えてないけれども、関口さん、土曜ワイドはいつから始まったんでしたっけ？　関口さん最初から関与されてたでしょ？

関口　ドラマが始まったのが、昭和52（'77）年。でも90分時代はＡＢＣとの関係はなかった。'79年に2時間の枠になって、そのときがお会いした最初ですね。

大熊　土曜ワイドが始まったときに、定例会議というのがあった。テレビ朝日とＡＢＣで、場所はあちこちその都度違っていましたが、そのときにお会いしてるんですね。会議は1時間少々、宴会無制限（笑）。東京だと毛利庭園の和室で2次会は中華料理が多かった。大阪はフグとか食って翌日は淡路島でゴルフとかね。

関口　ＡＢＣとウチで毎月かな、2カ月に1回かな、結構な頻度でやってました。お互いに、こういうの作ります、俳優はどうします、って報告し合って。そういうのウチの井塚（英夫）が好きだったから。

大熊　あぁ、そうでした、そうでした。井塚さん、懐かしい。

関口恭司さん
'37年生まれ

関口　ドラマに関してはですね、ＡＢＣのほうが進んでたんです。『**お荷物小荷物**』とか、いろんなドラマがありましてね。テレビ朝日はドラマについては後進国だったんです。最初にＡＢＣと会ったときに、我々はある種羨望のまなざしで接していましたね。ドラマの専門家がたくさんいらっしゃって。俺たちは本当にね、ドラマやってたって言っても、白崎（英介）なんか東映の助監督ですからね。宇都宮（恭三）なんかも学校放送。で、俺はワイドショー出身でしょ。いないんですよ、ドラマの経験者が。

大熊　関口さんは、それまでドラマの演出はやっていませんでしたっけ？

関口　１本だけ。でも、基本的にはバラエティー、ワイドショーの出身だったんです。人が失敗した枠を、即来週から「お前コレ、企画立てろ」って、押し付けられたり。木曜夜８時のあの魔の枠は３本くらいやりました。ひどい枠でね、裏がＴＢＳの『**ありがとう**』とか、ＮＨＫの歌番組とか。計算すると２％ぐらいしか獲れない、どう頑張ったって。２％は獲れるんですよ。獲れるんだけど、

大熊邦也さん
'35年生まれ

『**お荷物小荷物**』
'70年10月から'71年2月まで放送。プロデューサーは山内久司でブラックユーモアや時事問題を巧みに取り込み、シュールな演出から脱ドラマと呼ばれた。

『**ありがとう**』
'70年から'75年に放送された平岩弓枝脚本、水前寺清子ほか主演のホームドラマ。'70年代のＴＢＳを象徴する作品。

怒られてね。そういう意味では、ＡＢＣさんイイな、ドラマの専門家がこれだけ集まっててすごいなと思いましたよ。

大熊　だけど、本当はね、大阪の代表なら、山内久司が出て来ないといけないんですけど、数年前に亡くなりましてね。彼も元々はドラマじゃなかったんですよ。ラジオの公開録音で歌謡曲のプロデューサーをやってました。芸能系の制作、イロモノ上がりだったんですよ。公開録音でね、劇場にお客さんを集めて前説で拍手して（笑）。彼が生きてればここに出て来るのが筋だったと思うんだけれども。

関口　亡くなっちゃったんだからしょうがない、ウチの井塚の場合と一緒ですよ。会議やっても井塚と山内さん、水と油で大変なんですよ。井塚は理論武装するんです。山内さんはやらないじゃないですか、本能的なもので。両方の意見を合わせるのに苦労しましたよ。私が真ん中に入って。

大熊　井塚さんと山内は意見が合わないでしょうなぁ（笑）。

関口　だってさ、知ってる？　井塚が発言しているときにさ、山内さんマンガ描いてたんだよ、へのへのもへじとか。井塚の意見なんか聞かないで。

大熊　そうそう、そうでした。

関口　会議が終わると、「関口ちゃん、あれはこうしようぜ、ああしようぜ」と裏で2人で相談する。

大熊　わざとやってるんですよ。だけど、権力志向はすごかったですね。僕なんか嫌われた第一号で、最後まで合わなかった。でも、昔はコンビだったんですよ、TBSの『東芝日曜劇場』でドラマをやってた頃は。彼がラジオの公開録音やってて、僕のほうがテレビに早く来てね、彼にあなたテレビドラマやる気ないの？って誘って。あの人は時代劇、歴史が好きなんです。堺屋太一みたいに何でも歴史に例えてモノを言う人で、僕がテレビに必要だと上司に推薦して、本人も希望して異動してきて、それからドラマをやりだしたんです。そしたら、口の上手なのと寝技がうまいから、アッという間に主導権を握っちゃってね。それでもうそこからABCのドラマの不愉快な歴史が始まったんです（一同大爆笑）。

関口　僕にはすごく優しかったですよ。とても仲良くしてもらった。

大熊　関口さんとはフィーリングが合ったんですよ。それ反動だな。井塚さんと波長が合わないんですよ、堅苦しそうな方とは。だから関口さんのほうに行ったんじゃないですか。やはり番組づくりの感性が合うというのでね。

——当時のテレビ朝日はＡＢＣに憧れの眼差しを向けていた。一方、ＡＢＣ側はどう見ていたのですか？

大熊　僕はずっとドラマで来たんですけれどもね、それまでＡＢＣはＴＢＳとネットだったんですよ。「ドラマのＴＢＳ」というキャッチフレーズがありましてね。僕は『東芝日曜劇場』などをＴＢＳと交替で作っていました。ＴＢＳにはスターディレクターがたくさんいました。それがテレ朝と系列が一緒になったときに、果たして大阪には全国放送のドラマがなくなるんじゃないかと思ってたんですよ、僕たちは。テレ朝はあんまりドラマ作ってなかったでしょう？

関口　作ってたんだけども、カビ臭いものばっかり。「組紐屋の女主人」とか「お茶屋の女主人」とかそんなのばっかりだから視聴率が上がらないわけですよ。

大熊　一つ当たったのあったじゃないですか、北海道の。

関口　**『氷点』**か。あんまり好きじゃないけど。40％行ったの。でも、あれぐらいですよ。あれだってディレクターは北代（博）ですからね、ＴＢＳ出身の。

大熊　まぁ、そんなんで、この系列ではドラマはもう作れないかと思ってた。

関口　ドラマの制作環境でいうと、土曜ワイドやるとき、井塚が三浦甲子二さん

『氷点』
'66年1月〜4月放送
原作：三浦綾子
脚本：楠田芳子
演出：北代博
出演：新珠三千代・内藤洋子ほか
継母による継子いじめ、義理の兄妹の恋愛を描く。
最高視聴率42.7％

に呼ばれてね、「制作費いくら要るか言え。出してやるから俺が」って言われた。そのときに、1本4000万円って言やぁよかった。それが「1800万でできます」だもの。1800万もなかったかなぁ。「それで本当にできんのかお前?」って言われて、できますと答えちゃった。そういう体質があるんですよ、安上がりで作ろうっていう。それが90分から2時間になったときにね、また呼ばれて、三浦さんにね。「2時間なんだから、必要なだけ出してやる」って、そのときもまた言わないの。言わないから、じゃぁ…っていうことで制作費が決まっちゃったのね。はぁ…情けねぇなぁ、と思ったけどね。その時に1億って言ったら、出してくれたかもしれない。そしたらもっといい俳優つかまえられたかもしれないのに、これでいいです、って。なが〜い低視聴率の体質が染み付いちゃってたんだね、社員に。貧乏根性がね。

大熊　映画よりずっと安い制作費でよくやったなと思います。まだ30分のドラマがふつうの頃。映画も今は2時間半ぐらいだけど、当時は1時間半。土曜ワイドは毎週、映画を1本作っているような感覚だったもの。ただ、撮影所に行くと分かるけど、映画はいろんな無駄な人と金をいっぱい使ってますよ。昔と同じような数のスタッフを集めてやるでしょ、単価が安いのかもしれませんが。無駄なことしてるなと思いましたよ、当時はね。今は知りませんけれども。それに比べてテレビの2時間を作るのは非常に合理化されていますよ。

そして機材の軽量化、進化。昔はテープをカミソリで切ってたんだもの。1カ所1万円。それを予算計上していました。それが今は電子編集で簡単にできるでしょ。昔はヤマ勘でカミソリで切ってたんだもの。遠い昔の話ですけど。

関口　女優のワガママも聞きましたよ。僕がまだADのときの話だけど、銀座のワシントン靴店からね、ものすごい額の請求書が来たの。明細見たら嵯峨三智子さんお買い上げ。この列からこの列までちょうだい、って。それを経費で落とすのが大変でした。それぐらい映画俳優って特別扱いだったの。そんな女優を借りに行くのに書類が要るんだよ、出演依頼。

大熊　僕も行きましたよ、松原智恵子で。日活へ。スター時代は懐かしいね。でも土曜ワイドが始まるまでは、日本にはレギュラーの2時間ドラマ枠はなかった。民放もNHKも30分やせいぜい1時間で。僕らが最初興味津々だったのは、2時間という尺で、映画的なものを作れるんだな、ということ。その気持ちはものすごくありましたね。尺の長い作品をね。僕らがテレビのドラマをやりだした頃は、スタジオで大きなカメラで一つの部屋を、舞台中継じゃないけど、部屋の壁を取り外して、そこから芝居をどう撮るかというのが基本ベースだったんですよ。ところが2時間になると、映画みたいに細かいディテールまで、空間もスタジオ一つだけでなく、いろんなロケーションに対応して新しいことができるなという興味がものすごくあった。だから、テレビ朝日が2時間ドラマに踏み切ったというのは、テレビ業界に大きな影響を与えたと思います。

関口　だからこそ続けて欲しかったね。しようがない。始まりがあれば終わりがある。僕らはね、始まってしばらくはプロデューサーって名称を使えなかったんです。使っちゃいかんと言われて。何でかと言ったら、お前ら口出ししちゃダメだよと。映画界で活躍してた人たちを呼ぶわけで、シナリオライターも監督も映画界の人の力を借りるんだから、何も知らないのが出しゃ張るんじゃないって。

——その方針は井塚さんの方針ですか？　株主の東映の影響ですか？

関口　当時の編成局長の北代さんですね。僕は北代から直接に言われました。お前らあんまり口出すなって。で、与えられた名称が「制作担当」って言うんですよ。だから、最初はね、あー、そうかい、とやってたんです。でも視聴率が上がらない。上がるはずがないわけ、テレビと映画の世界は違うからさ。現場に文句言うなっていうから、じっと我慢して、出来上がって来たものを試写したら、「こんなもの作って、お茶の間の視聴率は上がると思ってるのか！」と怒られる。だったら、ちゃんと俺たちにも発言の機会を与えてくれよ、となった。「冗談じゃないよ、俺たちは演出部に所属してて、制作担当部じゃねえんだ」と声を上げたのね。で、了解を得ないままね、「プロデューサー」にしちゃったの。

大熊　自発的にやっちゃったわけだ。

関口　映画界の人たちを救済する事業。それを終えるのに1クールかかったからね。プロデューサーという肩書きをクレジットするようになったのは、2時間になってから。もうその頃にはシビアに、監督なんかも淘汰して、シナリオライターもこの人はダメ、とやった。映画が衰退したっていう理由がよく分かったね。やっぱり茶の間のリアリティーを知らないんですよ。変なストーリー作ってきたりね、演出したりするんで、やっぱりダメなんですよ。そんなに大したことないんです。たとえば**黒木和雄**監督に頼むわけですよ。『**危険な童話**』って作品。カメラマン

黒木和雄
（くろき　かずお）
1930〜2006。岩波映画を経てATGで『竜馬暗殺』『祭りの準備』などを監督。他に宮沢りえ主演の『父と暮せば』など。

『危険な童話』
'77年10月22日放送
原作：土屋隆夫
脚本：田辺泰志・矢野梅市
監督：黒木和雄
出演：大原麗子・高岡健二・佐藤慶ほか

は勝手に撮れ、役者は勝手に芝居をしてくれと言うだけで、自分は何にもやらないんだもの。自分のシナリオライター連れて来るんだけど、これが書けない。何にも書けない。クランクインも近づいているのに参ったよ、分からんなあ、あの人は。ひどいもんでした。こっちもさ、黒木和雄さんだっていうから、ワクワクしてたのに。結局、あの人はドキュメンタリーなんだ。

大熊　いや、ドキュメントもダメなの。僕はドキュメント一緒にやったことあるんだけど、何にもできないんだもの。だって周りのカメラマンが怒り出すんだもの。何も指示もなけりゃ、イメージもないんだもの。あれで日本の映画史に残る監督とはよく言うよ。勝新太郎さんがよく黒木さんを使ってたのは、自分が好き勝手にやるから傍にいてくれるだけで良いのが理由。周りに彼を使ってるということを見せれば、みんな納得するからね。

関口　私はシナリオを取り上げましたよ、ダメって。で書き直したけど、長尺のドラマを2日で書き直すの難しい。後で聞いたら、原作者も怒ってたって。それでも90分の頃はあまり中身にはタッチできなかった。2時間になってABCと枠を共有するようになってから本格的に。それまでは危機感がありました。

大熊　それに映画はテレビをバカにしてましたからね。本編の方々は。映画の人から見たら、なんだスタジオ撮影しか経験していない奴が我々の真似しやがって、自分らの分野を侵されたみたいな気持ちがあったと思う。僕らスタジオドラマ出身の者からしたら、映画にはすごい憧れがありましたね。しかも当時は全部フィルムの仕事だったでしょ。土曜ワイドは。機材も納品もフィルムで。土曜ワイドより前にもフィルムでテレビドラマを撮ることはあったが、尺は短かった。

——'70年代の終わり、まもなく'80年代でもそんな状況ですか？　その頃はテレビはすでにメディアの王様になっていた時期ですよね……。

関口　だからなんでしょうね、娯楽の王座が映画からテレビに移ったっていうのを彼らも完全に知ってて、でもやっぱり虚勢を張りたかったんじゃないかな。そんな気がしますね。だいぶやられましたよ、そういうの、90分時代に。土曜ワイドが2時間枠になってからは、ようやくその傾向は減っていきましたね。2時間枠になってからは、監督も脚本家も放送局側が選んで、台本の直しもぜんぶ局サイドでやるようになりました。

大熊　しかし、2時間枠がスタートして、そのプロセスは、そんなにスムーズにスッと行きましたかな。

関口　あのね、土曜ワイド初めての2時間ものの1発目が、天知茂さんの江戸川乱歩シリーズで、えらい高視聴率が出たんですよ。初めてでね、やはり尺が長いのはイイって喜んで、それから雪崩をうって変わっていったんですよ。それが起爆剤になりました。面白い監督がいましてね、東宝に。わりかし尺がピッタンコの台本作ったんですよ。これ充分時間があるから、全尺入れてくださいって言って。分かりましたとOKしたんだけど、出来上がったら10分くらい足りないの。どうするんですかって言ったら、放送時間を縮めてくれって(笑)。ビックリしましたなぁ。オンエアするという認識がない。映画監督だから。石原慎太郎の小説の映像化(**『恐怖の人喰い鱶　鱶女』**'80年8月9日放送)。女がフカに化ける。それを夏樹陽子でやったんですよ。すると10分少ない。さぁ大変、それから、どうしたかっていうと、第1**ロール**の終わりの3分を、第2ロールの頭にくっつけたの。CM前の部分を丸々3分リピートしたわけ。さらにフカの画はありますかって聞いたら、撮ってないって言うから、フカの泳いでる画をあちこちに行って借りて来てさ、継ぎ足して、それで何とかした。もう二度と使わないその監督(笑)。

『恐怖の人喰い鱶　鱶女』
'80年8月9日放送
原作：石原慎太郎
脚本：田村多津夫
監督：松森健
出演：夏樹陽子・大和田獏ほか
水中特撮を使った幻想怪奇ドラマ。

ロール
番組本編をいくつかに分けたもの。2時間ドラマの場合は3〜5つくらいに分ける。

冗談じゃないって（監督：松森健）。

もう一つ、逆に長いのがね、田中邦衛が主演でさ、ある監督が**30分長かった**の。有名な監督さんなのに、信じられないですよ。「関口さん、俺自分で切れない。全部可愛いから」って。「可愛いって言ったってダメですよ」「ダメかぁ。30分番組買えばいいんでしょ」「そうだけど、ネットワークとかもあるし、後ろの番組もあるし、できないですよ」「分かりました、ちょっと考えます」って言って。30分カットしてくるかと思ったら、**西武グループの堤さん**（その監督の都立十中・旧制成城高・東大の同級生）、お兄さんのほうに電話して「オマエちょっと30分買ってよ」って。ビックリした営業から問い合わせが来ましたよ。「関口さん、西武百貨店に30分買ってくれって言ったんですか？」って。言わねーよ。いやぁ、参った。

――すごいなぁ、豪快伝説がいっぱいありますね。

関口　その監督の話の顛末、「関口さん切るから教えて」「じゃあ無情に切りますからね、これカット、これもカット」「えーっ、いっぺんにそんなに切っちゃうんですか」と言うから、「ちょこちょこカットしたって30分もどうするんですか」、パカーッと取っちゃった。

30分長かった
『結婚　結婚サギ師が手玉にとった5人の女！』
'84年6月30日放送
原作：井上光晴
脚本：大野靖子
監督：富本壮吉
出演：田中邦衛・風吹ジュン・梶芽衣子・小林桂樹ほか

西武グループの堤さん
堤清二（つつみ せいじ　1927～2013。西武セゾングループの代表であると共に、辻井喬（つじいたかし）のペンネームで文壇でも著名だった。

大熊　話はつながりましたか？

関口　つながった。思い入れたっぷりに撮ってあったけど、短くしてかえっていい作品になりました。大映の『野菊の墓』を撮った監督（**富本壮吉**）ですよ。

大熊　2時間枠にしたのは、テレ朝としては経営的にプラスだったんですか？

関口　プラスでしょう。だって売れたんだから、全国ネットでね。**当時のスポンサー**のクレジット見ても、フルで埋まっている。営業としてはセールス楽だったみたい。それが（自分たちの担当していた）20年も続いてたんだから、結構なもんですよね。今はどうか知らないけど、いろんな番組の説明は営業がしてたのに、土曜ワイドが始まってから営業はオブザーバー。スポンサーに行って説明するのは全部こっち。局長になってから、あらゆる番組の説明に行きましたね。営業は何やってるのって悪態ついたら、怒っとったねぇ。スポンサーといえば、東芝。土曜ワイドの最初の大口提供でした。放送開始した当初は視聴率が悪くて、怒られた。朝8時半頃には東芝に呼びつけられるの。机バンバン叩いて「いつになったら視聴率上がるんですか！」って。最初は井塚が行ってたの。そのうち「ちょっと関口ちゃん、一緒に行こう」って。ネチネチ東芝の重役にやられるんですよ。

富本壮吉
（とみもと　そうきち）
1927～1989。代表作は『家政婦は見た！』シリーズ

当時のスポンサー
東芝、ユニチャーム、電信電話公社、オッペン化粧品、藤沢薬品、ダイハツ、PGサンホーム、大塚製薬、ブルボン、キリンシーグラム、ホーユー、丸高産業など（順不同）

——その東芝から、今やテレビ事業がなくなるという…。

関口　うちはこれに大金をかけてるんだ、視聴率1％いくらだと思ってる？って延々とやられるんですよ。そうすると井塚がね、真面目だから、何月頃に上げるって言えないのね。「できるだけ上げるように全員頑張ってます」と同じことを5回も6回も言うと、ついに怒るわけ東芝も。「さっきから同じことばっかり！もう、あんたなんて来なくていい！」って、それで次から俺一人だよ。

大熊　いやぁ、僕も『東芝日曜劇場』のとき、何度か呼び出されましたよ。それで有楽町のビルで、電通の担当者ともども怒られました。「テレビを定価より安く買った」というセリフがあったんですよ。うちはテレビを安売りしてないって。それで呼び出されてね、番組の放送後に。東芝の製品とは言ってないんですよ。

関口　俺はガスコンロの会社に呼び出された。ガス自殺で。この頃はガスでは死なないんだって。何勉強してんだ、ってね。

大熊　やっぱりそういうのがあるんですね。東芝はうるさかったなぁ。

——面白いのは、ＡＢＣの1作目は山口瞳の原作なんですよね。『**けっぱり先生、仰げば尊し**』。ＡＢＣの20周年記念で土曜ワイドの枠でやったんですけども、こ

『けっぱり先生、仰げば尊し』
'79年2月3日放送
脚本：小野田勇
監督：脇田時三
出演：森繁久彌・近藤正臣・香山美子・檀ふみほか
卒業式で「仰げば尊し」を歌わせなかった名物校長の実話ドラマ。

れだけ異色なんですよね。2作目からサスペンスものになって。

大熊　制作がテレパック。これは僕らが出した企画じゃないですね、多分。テレパックが持ってきて、無理やり土曜ワイドの枠に入れたってことですね。

——ABCがやるものに関しては、東京のテレ朝側は無条件で、完尺で納品したら、即オンエアだったのですか？

関口　そうですね。それは自主性を重んじて。テレビ朝日側がABC側の中身については一切口出ししない。

——ということは、完パケした段階で、初めて試写する？

関口　**試写**はしてません。だから、本当にオンエアで初めて見る。大阪制作のときは送出はABC側で、そこから全国にネットする。お金もその回はぜんぶABCに入って、**電波料**もABCから各ネットワーク局へ分配される。月に1回、その週だけABCがキー局になって**マスター**から出して、東京側は受け局になる。

——だから作品の内容についてはテレビ朝日からは一切の口出しはないんですね。

関口　そのせいか、なぜか第1作がこの『けっぱり先生』。これはきっと土曜ワ

試写
制作の途中で行う映像チェックのこと。

電波料
広告主がCMを放送するための代金。

マスター
主調整室。放送局から電波塔や人工衛星に電波を送り出す部署。放送の心臓部。

イド用ではなく、他の目的で作ってたんでしょう。どこか放送する枠がないか探してて、いいタイミングだったので、土ワイの枠に押し込んだんでしょう。

大熊　俳優の顔ぶれを見ても、森繁さんですもんね。推理ドラマではないですね。

——ABCも2作目の『**ゼロ計画を阻止せよ**』から初めて推理ドラマになりますね。当時、ABCでは関西らしい個性を出そうとか、何か方針はあったんですか？

大熊　一つの枠を毎週違う制作会社が受け持つというのも初めてのケースでしょ。制作会社が固定されていないので、いろいろな企画も脚本も監督も役者も選べる。その先駆者ですよ、土曜ワイドは。まぁ、それをめぐってABCではややこしいこともたくさんありましたけどね（笑）。僕はどちらかというとオーソドックスに、事件があって、推理があって、実は…というちゃんとした推理ドラマのセオリーを踏んでいくのがドラマの特徴だと思ってたけど、温泉シリーズなんかは何も考えてなかったからね（大笑）。

——ここにABCだけの作品リストを作ってあります。タイトル一覧を見ると…。

大熊　温泉ばかりでしょ。多分テレビ朝日さんが、大阪がなんか訳の分からん温泉だとか裸とかあんなのばかりやってるなと、推理ドラマになってないっていう

『ゼロ計画を阻止せよ』
'79年3月3日放送
原作：西村京太郎
脚本：長田紀生・志村正浩
監督：斎藤武市
出演：黒沢年男・長谷直美・児玉清ほか

声はあったと思いますよ。簡単に言ってしまうとね、山内久司という人がいて、この人が温泉が好きだったんです（笑）。それでね、まぁたとえば、今回は北陸の温泉に行って、次は信州の温泉に行って…と自分の好きな温泉を言うわけですよ、そしたら制作会社が企画も何もないのに、温泉に連れて行って、作家が言う通りに本を書くんですよ（笑）。毎回テレパックは温泉シリーズでしょ。それで条件は、温泉と女の裸。おかしな話ね、制作会社は山内を連れて行くための制作費が必要だった。温泉宿に泊まって、何やかんやしたら40～50万円かかるじゃないですか。そこで番組で経費として、企画のために行ってると言う名目で精算してね。**シナハン**と称して作家と温泉に浸かりながら、じゃぁこうするかって決める。後は「京都」という名前で数字が取れる時代でしたから、『京都殺人案内』。

関口　これは藤田まことさんを押さえていたのがヒットの要因でしたね。

大熊　それと『**赤かぶ検事**』これは初めは1時間の連続ドラマで僕がプロデューサーやってて、最初の主演はフランキー堺です。倍賞千恵子と。その後に2時間の土曜ワイドで『**新・赤かぶ検事**』で橋爪功になった。『京都殺人案内』と『赤かぶ検事』は京都の撮影所でやって、後の温泉関係は、山内の好きな温泉へ行ってロ

シナハン
シナリオハンティング。脚本を書く前にイメージをふくらませるため、舞台となる場所を訪れ調査すること。

『赤かぶ検事』
『赤かぶ検事奮戦記』
連続ドラマ'80～'85・'92年　全53話　出演：フランキー堺

『新・赤かぶ検事』
『新・赤かぶ検事奮戦記』
第1作
'94年12月17日放送
原作：和久峻三
脚本：篠崎好
監督：杉村六郎
出演：橋爪功・根本りつ子・藤田弓子・姿晴香ほか

ケだね。彼が趣味で作った番組が、内容はともかく、結果的に非常に高視聴率を獲った。ちょうど温泉ブームだったんですよ。温泉と裸を抱き合わせたら、コレは行けるぞと。テレビ朝日としては何をやっとんねんと思ったかもしれない。

関口 すごいですよ抗議の電話が。なんであんなものやってんだって(笑)。でも、抗議が来るってことは、視聴率がいいってこと。そういえば乳頭温泉って初めて聞いたの山内さんからだなぁ。「ニュウトウ温泉ってどういう漢字を書くか分かるか?」って。その頃は乳頭温泉なんて知られてないから、サブタイトル見ただけで何だろう? と思うよね。

——その第5作の'86年オンエアの『田沢湖から乳頭温泉』が関東28・6%、関西36・3%。土ワイで関東が歴代3位、関西では歴代1位。

関口 私ね、『23時ショー』というのやっててさ、お色気番組。上役から「11PMをやっつけろ」って言われて。結局、頼るのは裸なんだ。真夜中に番組が終わって、電話がかかって来る。昔は視聴者コールセンターとかないから、**サブ**に直接電話が来ちゃう。そしたら、中学の同級生で「お前、テレビ局に入ったと思ったら、こんなひどい番組作ってんの」って。その後にまた同じようにABCの温泉シリー

サブ
サブコントロールルームの略。スタジオの副調整室。

ズで「お前、土曜ワイドやってるらしいけど、こんなのやってるの」って言われた。でもやっぱり面白かったよ、あれ。正統派サスペンスじゃないけど。

大熊　逆に気楽に酒飲んで見てるぶんにはいいかもしれないけど、やっぱり良くないですよ、今思えば。まぁ数字を取ったら良いということかもしれないけど。

関口　ただし、あれは女性からものすごい反発食らったね。ストーリーに必然性があって裸が出るのはいいけど、取り敢えず見世物として、もう美術セットみたいに出すということが多々あったんですよね。当時の制作局長で斎藤というのがいましてね、僕が男の裸、背中をパンしたんですよ。そしたら呼びつけられましてね。「おまえ裸を出すんじゃないって言ったろ！」「あれ男です」って言ったら「男でも女でも裸出すな！」って。テレビ局でも嫌いな人は嫌いなんですよ。

――当時の新聞記事を見ても、人気女優が次々裸になるって、それが売りみたいになっている。この記事が'80年、ちょうどABCが合流した頃ですね。タイトルが**「脱がせ上手な土曜ワイド劇場」**（笑）。

関口　夏樹陽子が出てる、江戸川乱歩シリーズですね。これがね、泣いたよ、彼女が嫌だって。撮影が大変だった。監督が井上梅ちゃん。

「脱がせ上手な土曜ワイド劇場」
'80年12月14日付。東京中日スポーツより。その他にも「お色気合戦二時間ドラマ」（'82年8月28日付毎日新聞夕刊）など同様の記事は多い。

——ここに井塚さんのコメントが載ってて、番組の制作方針に「お色気とサービス精神」そして「今や裸のない土曜ワイドなんてクリープのないコーヒーと同じです」と語っています。

関口　彼も管理職だから呑気なこと言えるのよ。現場の方は大変。ロケ撮影に突然呼び出されるんですから。「脱ぐの嫌だって言ってる、浅茅陽子が怒ってる」って。ここの記事にもあるけど、浅茅陽子は最後まで脱ぐのを嫌がった。全裸で出たから、**岡本喜八さん監督で**。風呂場でパカっと湯舟から上がるの。何回も行きましたよ、僕、現場に。女優が「もう帰る！」って言ってるのを説得しに。江戸川乱歩シリーズの叶和貴子も泣いたんですよ。もめごと処理は本当に嫌でした。

大熊　関口さんは部全体を仕切ってたから、余計大変でしたわなぁ。

関口　抗議が来て内容を変更したってのが、実は1本ありましてね。意外にも、『家政婦が見た！』シリーズ。関連団体を名乗る者や、個人の家政婦から何本も抗議が来たの。「あたしたちはそんなに悪いのか」って。それで次の作品から変えた。たまたま僕が電話を受けてね。「なんで私たちを悪者にするのか」って、すごかったですよ。「土曜ワイドでは政治家だって、学校の先生だって、悪いことするよ

岡本喜八さん監督で
『迷探偵幽霊シリーズ』のこと。

うになってるんだから、何も家政婦だけ悪いことしているんじゃないんだ」って答えたら「あんたうまいこと言うねー」って。脚本の柴英三郎さん呼んで、「悪いけど毎回ペナルティーつけてくれ」って頼んだ。笑ってふつうに終わるんじゃなくて、主人公の彼女にラストにちょっとした天罰が下るよう2作目以降も脚本を変更したんですよ。柴さんも「へぇー、そんな電話があるの」と驚いてました。

——土曜ワイドの初期の段階は、東映よりも、松竹がかなり入ってますね。テレ朝の大株主である東映はほんのちょっとで、思ったほど入ってない。

関口　松竹はね、企画書の作り方がうまいの。プロデューサーの佐々木さんが企画書がうまい。それで脚本家の**吉田剛**を抱えてたからさ。佐々木孟さんと吉田剛と2人で企画書を書いて。

大熊　吉田剛の嫁さんは京都の有名な料理屋の娘さんで。ご飯処という、祇園の一力茶屋の隣に演劇関係の人がよく行ってた飲み屋があったんです。それで吉田剛さんと僕も付き合いがあったんです。剛さんは企画書が上手でしたね。

——脚本家や監督の話が出ましたが、東京と大阪で内容の違いはありましたか？

大熊　どちらかというと、東京のほうは本格的な作家に頼んでるケースが多かった。

吉田剛
（よしだ　たけし）
1935〜2018。松竹で小林正樹・野村芳太郎らに演出を学んだ後、脚本家に。代表作は『必殺仕事人』シリーズ。

関口　あのね、ABCのやり方と違うのはね、ウチは1クールは1クールで制作費がプールされてんの。そうすると、その中でやりくりができるんですよ。こっちが良い俳優が出たから予算足して、こっちは脚本が安く済んだから減らしてって。ABCは一作一作バジェットが決まってるの、いくらって。だから自由が効かなかった。かわいそうだなと思ってた。

大熊　本数が年12～13本だからやりくりができないのね。だからどうしてもそんな著名なライターとか俳優とかに頼めないことも事実でした。

関口　だからうまいことキャスティングのバランスを工夫してましたよ。主役のキャスティングが弱いかなぁ、というのは見てて正直言うとあった。あったけど、レーティング的には大した差は出なかった。

大熊　温泉とか飛び道具で補って(笑)。

関口　脚本の詰めが甘いことが多いなとは思った。ABCの作品になると視聴率が落ちる、うちがまた上げて。4週に1回落ちるんですよ。それはみんな口には出さないけど、思っていましたね。何よりもシナリオライターがテレビ朝日では3稿、4稿作るけど、ABCは一発でOKになるから楽だって。

大熊　まぁ、それは事実でしょう。だって主導権持ってる方（山内）が、これでいこうと言って、その通りに書いたらＯＫなんだから（笑）。企画が通らない脚本をじゃあテレビ朝日に持って行って良いですかというシステムもなかったからね。だから脚本的には非常にまずいのが多かったけど…ふっふっふ（笑）。

関口　でも番組に勢いがあったからね。それもできた。

大熊　20年前とは熱気が全然違いますよ。辞めたから言うわけじゃないけど。

関口　そうそう、15周年記念で作った『**仮面法廷**』って作品で、3時間の脚本を書いてきちまったのが、橋本綾（脚本家で映画監督でもある橋本忍の娘）ちゃん。気が強い女性でね。2時間で入らない、3時間も入らねえってのに「（短くするのに）勝手に切って」なんて帰っちゃった。昔はね、自分が原作ものをやるときは、長編は嫌だった。短編、これが2時間になるのかいな、ってのをどうやって膨ませていくかに興味があった。原作が長いものはほとんどやっていないですね。そのほうが創作部分が多いからいい。

大熊　しかし、今はああいう個性的な人を活かせる局も番組もないですなぁ。

関口　俺も、生意気だったからね、ダメな作家とかはすぐ交代、監督も次にはも

『仮面法廷』
'87年10月10日放送
原作：和久峻三
脚本：橋本綾
監督：池広一夫
出演：露口茂・岡田茉莉子・岡江久美子ほか

う使わない。ひどいときには有名な監督さんでしたけど、「俺の意見を取るのか、この台本やるのかどっちだ、決めろ。今から30分やるから」って。やり合いましたよ、そういうこと。そうするとね、俺のほう取るに決まってらぁな、次の仕事に関係するから。「じゃあ、関口さんの台本で行きます」って。そういうのやった。だからそういう意味では嫌がられた、監督や脚本家に。あるライターが来たとき、たしか**鴨居（達比古）**かな、脚本直しに一切応じないから更迭しちゃった。いらないって。あんた俺の言うこと聞かねぇじゃねぇかって。そしたら別の作家がね、「どうか鴨居を拾ってあげてください」って。でも、こっちも命かけてんだ。打ち合わせして変わらないなら、しようがねぇだろ。そういうのしょっちゅうやってましたよ。だから「業界の三悪人」の一人に入ってるのよ、俺。知ってます？東海テレビの昼ドラの**出原弘之**、日テレの火サスの**小坂敬**、テレ朝の土ワイの関口って。これが「民放ドラマの三悪人」。小坂に初めて会ったとき「お前か！　関口ってぇのは、三悪人の！」って。お前さんもでしょ、ってね（笑）。

——関口さんは、『**津軽・青森ロマンチック殺人街道**』や『**北海道婚約旅行殺人事件**』や『**三陸海岸婚約旅行殺人事件**』など作品に雪国ものが多いのですが、ご出身

鴨居達比古
（かもい　たつひこ）
1943〜2001。代表作に『ハレンチ学園』『新・女囚さそり』『大空港』など。土ワイではABC制作『女親分は名探偵』（黒木瞳主演）や『運命の銃口』（田中邦衛主演）を執筆。

出原弘之
（いではら　ひろゆき）
1935〜2006。東海テレビの名物プロデューサー。'64年〜'16年まで50年以上も続いたフジテレビ系の昼のメロドラマ（ドロドロ愛憎劇が特色）を企画した人物。

小坂敬
（こさか　たかし）
日本テレビで火曜サスペンスを企画したプロ

が北のほうですか?

関口　いいえ埼玉県です。カニ食うのが好きでね。原作者に北陸や東北に舞台移していい?って聞いて、いいよって言うから、北へ行ってカニ食って帰ってくる(笑)。さっきの山内さんの温泉話ね、俺も笑ってられないのよ。そういえば、『トラベルミステリー』、これなんで制作が大阪から東京に来ちゃったの?

大熊　やっぱりあれでしょ、山村美紗がABCに、山内に噛み付いたことがあるの。初めの頃の作品『花の棺』で。原作の内容を変にいじられたと山村美紗が怒って、山内に噛み付いて。もうABCに著作権を下ろさないということになったんでしょ。1時間ぐらい電話で山内の悪口を言ってました。それで山村・西村の関係もあってテレ朝に行っちゃった。もしABCのほうにトラベルミステリーがあったら、ドル箱になってましたよね。だけど、この当時は、山村美紗の原作をそんなに評価してなかったんじゃないかな。このうるさいオバさんの作品がね、そんなにヒットするとは思ってない。何やっても当たっていたじゃない、京都ものなら。で、実際には西村京太郎が書いてるんですよね、かなりの部分を。家が隣同士だけどつながってるとこに住んでて。

デューサー。本書の3章より登場。

『津軽・青森ロマンチック殺人街道』
'89年3月4日放送
脚本:小森名津
監督:小沼勝
主演:島田陽子

『北海道婚約旅行殺人事件』
『北海道婚約旅行殺人事件・幽霊列車に紅い血が散る』
(婚約シリーズ1)
'85年7月27日放送
原作:辻真先
脚本:長野洋
監督:斎藤武市
出演:林隆三・石川ひとみほか

大熊　みんな行かされましたよ、パーティーに。山村美紗主催の。

関口　そうでしょ。

大熊　花を持って行ったんでしょ？　胡蝶蘭。京都の指定された店で鉢を買って。

関口　うちは、メロン（笑）。

大熊　僕も1回だけ行きました、謝りに、怒られに。塙（淳一）君に何持って行ったら良いか聞いて、アホくさいと思いながら**千疋屋**で木箱のメロンを2つ買って。

関口　そうなの、千疋屋のメロンじゃないと受け取んない。他の店のを持ってくと、その辺へパッと置いちゃう。

――関口さんは、土曜ワイドがうまくいった理由として「やさしい謎解きに徹した」と言っていますが？

関口　犯人が分かんないとダメなんです。一度最後まで犯人が分かんないように作ったら、えらく視聴率が悪かった。ダメなんですよ、こうやってテレビ見てて（指差しながら）あれ！　って視聴者が分からないと。満足感がないんだよね、自分が当てたっていう楽しみがね。

――それと特徴的なのは、照明の当て方。土曜ワイドは画面が明るめでしたね？

『三陸海岸婚約旅行殺人事件』
『三陸海岸婚約旅行殺人事件・みちのくローカル線に死神が宿る！』
（婚約シリーズ3）
'87年7月25日放送
原作：辻真先
脚本：長野洋
監督：山本迪夫
出演：小野寺昭・川島なお美ほか

千疋屋
東京・銀座の高級フルーツ店。

関口　画面を明るくするのは井塚の命令でね、とにかく画面を明るくせよ。暗い夜道とかダメ（笑）。ベタ明かりにしろってしょっちゅう言ってた。で、監督に言うとね、嫌がるね監督が。陰影つけたりなんかしたいからね。

大熊　そりゃ、TBSの山田太一が脚本のドラマとかは芸術家には評価される。でも、テレビの娯楽性を大事にしたのは土曜ワイドが先駆者ですよ。

関口　真面目なシリアスなドラマほど、作るのがやさしいものはないよ。楽しくさせるのは難しい。だけど、俺も土曜ワイドで山田太一のドラマとか作ったことあるのよ。テレビ朝日の開局30周年記念の『**夢を見たくて**』という作品。主演が大竹しのぶ。これは推理というより、青春群像劇みたいなもの、深町さん演出のドラマ。**深町幸男**とはね、偶然に飲み屋で会ったの、彼がまだNHKのころに、六本木で。何でこの飲み屋に来てるのかと思ってずっと見てたら、ママさんに惚れてんだよね。で、そのママさん、俺に惚れてんだよ（一同大爆笑）。それでさ、（テレビ朝日のある）六本木は俺の縄張りだから、来るなって思うんだけど、しょっちゅう会うわけ、深町幸男と。そのうちに「関口さん、俺NHK辞めんのよ」「あっそう、じゃNHK辞めたら最初に俺の持ってる枠でやろうよ、スケジュール空け

『夢を見たくて』
'88年4月9日放送
制作：関口恭司
脚本：山田太一
監督：深町幸男
出演：大竹しのぶ・柴田恭兵・早見優ほか

深町幸男
（ふかまち　ゆきお）
1930～2014。元NHKで『夢千代日記』で知られる名ディレクター。

といてよ」それで2～3本撮ってもらった。**松坂慶子が主演**のやつとか。

――先輩からだと辛口のコメントが多くなるかもしれませんが、2時間ドラマを含め、今のドラマ全般をどのようにご覧になりますか？

関口　他局の話をしますとね、フジテレビがダメでしょ今。ある会合でね**遠藤（龍之介）**くんがね、関口さーん、って来たの。視聴率の取り方を教えてくださいって（笑）。こっちは昔はものすごく後塵を拝していたわけでしょ。フジには絶対勝てないって。それがハ～ッとこういう時代もあるのかなとつくづく思ったんだけど、結局フジが今ダメなのは冒険しないからなんですよ。あの頃のフジテレビはすごかったもんね。こんなもの番組になるのかい、ちゅうものをね。**横沢彪**さんなんかその代表だったね。フジはもっと新しいものをやらないと。『料理の鉄人』を復活させたりさ、『若者たち』をリメイクでやったりさ、バカじゃないのと。本当にもっとやることあるだろうと。

ともすると、それが今の土曜ワイドにも足りないんですよ、冒険しようって気が。これこれやったらこんなもんができるだろう、それが俺たちの後の世代なんだ。僕らはね、これやったらヤベェかなって思うようなものに突っ込んで行くん

松坂慶子が主演
『長崎異人館の女』
'89年5月30日放送
脚本：市川森一
監督：深町幸男
出演：松坂慶子・鹿賀丈史・片岡鶴太郎ほか

遠藤龍之介
（えんどう　りゅうのすけ）
フジテレビ取締役副会長（'21年9月現在）。父は小説家の遠藤周作。

横沢彪
（よこざわ　たけし）
1937～2011。元フジテレビプロデューサー。『笑っていいとも！』『オレたちひょうきん族』などを企画。たけし・さんま・タモリのビッグ3を育てた。

ですよね。突っ込んで行って、あ、これ許された、許されない。まさに温泉がそうですよ。これ許されたっていうね。今は冒険心がない。だからダメなんだよね。思い出した。昔、ある事情で番組に穴が空いたんですよ。そのときに急遽、関口ちょっと来い、って上司に呼ばれて、「お前、1時間ドラマ、3日か4日埋めろ、帯で」「今からですか？」って。そんなこと言ったって後1カ月。そのときに苦し紛れで作ったのが『**女ざかり、三人旅**』ですよ。松原敏春の脚本で。俺も、よしゃぁいいのに、反骨するんだよね。できっこないんだけど、やれっていうから。ふつうにドラマ作ればいいのにさ、ABCの山内さんの真似して脱ドラマ作っちゃう。女3人が九州に行って、宮崎牛のステーキ食って突然そこからドキュメンタリーになるの。女優3人が素になって美味しいわねって、はしゃぐ。で、ふっとまたドラマに戻る。真船（禎）ちゃんが現地から電話をかけてくる。「どうやって撮りゃいいの？　どうすんの、このキッカケは？」「適当に撮りゃいいでしょ、そんなもの」って返事して。それが意外に視聴率獲っちゃった。夜11時からの放送で16％とか。それ見てフジとか他の局も真似するようになった。地方局にも番組販売で売れましてね。何回も再放送された。後悔はしていない。楽しかった。

『女ざかり、三人旅』
'86年4月1日～3日放送
企画：関口恭司
脚本：松原敏春
監督：真船禎
出演：酒井和歌子・香山美子・岡江久美子ほか

――大熊さん、今のＡＢＣのドラマについてご意見は？　後輩たち耳が痛いかな。

大熊　土曜ワイドは40年のうち20年は僕らがやってきたけど、もうフィルムで撮らなくなったでしょ。今は殆どビデオ納品で。その辺から弾みがなくなったのかな。それと世の中にドラマよりもっと面白いものがたくさん出てきた。もう一つ言えるのは、先輩のノウハウを引き継いでその上に新しいことを築いていくなら良いんだけど、そうでなく、過去の技術や伝統を無視して新しいことをやろうとして、結果的に空回りしてるケースも多い。これはイカンことやなと思います。

関口　難しいところですね、そこはね。土曜ワイドが終わっちゃったのは寂しいけど、やっぱり俺たちが作ってたような熱気を画面から感じないね。

大熊　40年も続いたのが不思議なぐらいで。制作環境でいうと、番組予算は、20年くらい前から比べると減っているなんてことはないんですか？

関口　僕が局長の時には減らさなかったけれど、その後に減ってるみたい。それも影響しているかもしれませんよ、番組に魅力がなくなってきているのは。フジなんかも完全に減ったでしょ。

大熊　人材もテレ朝はテレパックにいた**藤田明二**とか、ドラマの作れる途中入社

藤田明二
（ふじた　めいじ）
『黒革の手帖』『わるいやつら』など松本清張作品を演出。昼ドラ『やすらぎの郷』『越路吹雪物語』でも演出を担当。

小田　久栄門
（おだ　きゅうえもん）
１９３５～２０１４。元テレビ朝日取締役。久米宏の『ニュース　ステーション』、討論番組『朝まで生テレビ』を企画した。

の社員を採ってるんですね。

関口　俺が入れたの。テレパックからと、フジの子会社からと。'90年代の初め頃は自社でドラマを作ってなかったんです。ドラマ要員がいない。**小田久栄門**のやり方は、ドラマは東映から買えばいい。それじゃマズいでしょ。テレビ局のお祭りがあるでしょ、どの局でも。24時間だ、27時間だ。そのとき、自社で作っているからタレントが集まる。ウチみたいに外部に発注していたらテレ朝の玄関をくぐってないんだから愛着がない。それじゃダメなんだって言って、自社制作のドラマをもう一回復活させようということになった。そうなったのは良いんだけど、人がいやしない。途絶えちゃってるから。それでテレパックとフジの子会社から**黒田徹也**ってのを採用して、この2人は成功したのよ。後は社内だけど**五十嵐文郎**とか**内山聖子**とかが出て来ました。五十嵐は編成にいたのを引っ張って来て。内山は秘書課にいるのを引き取って。『相棒』の**松本基弘**ってのも私の部下でした。

——関口さんたちが播いた種が、年を経て、今、花開いてるって感じがします。

関口　まぁドラマに関しては、テレ朝は他局より少しは冒険心があるかな。今の視聴者ニーズに合ったドラマをやってるように思う。『相棒』も、『ドクターX』も

黒田徹也
（くろだ　てつや）
『特命係長・只野仁』『時効警察』などのプロデューサー。

五十嵐文郎
（いがらし　ふみお）
テレビ朝日役員待遇。同社のドラマ全体を統括する。

内山聖子
（うちやま　せいこ）
『ドクターX』プロデューサー。

松本基弘
（まつもと　もとひろ）
大ヒットドラマ『相棒』の企画者。エピソードは第4章のP177参照。

いつまで好調が続くかは知らないけど。『相棒』は最近、少しつまんなくなったって噂を聞くけど…でも今日びスペシャル（**『相棒』放送300回記念**）は珍しく金かけてたなぁ。ハッハッハ。

――今日お2人が顔を合わせるのは、お久しぶりですか？

大熊　東京もあんまり来ないからね。十数年ぶりかな。

関口　変わり者同士、波長が合ったの。

――お2人とも権威に屈しないタイプで、上司にゴマを擂らない。

関口　でも娘には社長のカバン持たなかった話（社長の京都出張に何人かで同行した際、自分だけカバンを持たなかったら、後で社長から皮肉を言われた）をしたら、バカだね～って言われましたよ。それを持ってたら副社長になったかもしれなかったのにって（笑）。

大熊　まぁ、関口さんのお話は包み隠さず本音で言ってくれてると思うし、僕が聞いていても気持ちいい。だからいい時代だったんですね。

2018年1月31日　東京　東銀座・東京ニュース通信社にて

『相棒』放送300回記念
'18年1月24・31日放送

第3章

2時間ドラマ
戦国時代

民放2番目のレギュラー2時間ドラマ

初の国産テレビ映画レギュラー枠『土曜ワイド劇場』の成功に、民放各キー局も「長時間ドラマの放送専用枠」への対応を真剣に考え始めた。

まず動いたのは日本テレビの系列だった。'80年4月開始の『**木曜ゴールデンドラマ**』である。夜9時2分からのこの番組は、従来の1時間の連続ドラマ2枠の垣根を取り払い、2時間枠の単発(1話完結)ドラマを毎週放送することになった。当時、夜9時台と10時台はそれぞれネットワーク局が違っていたが、大阪・読売テレビが中心となり、系列各局を調整して21局の同時ネットでスタートした。

4月3日の第1回放送は、水谷豊主演で大人気となった連続ドラマ『**熱中時代**』のスペシャル版『**水谷教授の華麗な冒険**』というアクション・コメディー。1億2千万円の制作費をかけてケニア、フランス、アメリカと3カ国で40日あまりにわたって海外ロケした豪華なもので、2時間のうち日本のスタジオ収録場面はわずか15分にも満たない。水谷は、キリマンジャロを背にバイオリンを奏で、夜のパリで浅野ゆう子とのラブシーンを演じ、ローマ時代の円形闘技場で闘牛を

木曜ゴールデンドラマ
松竹・東宝・東映・日活・三船プロ・国際放映・テレパックなどが参加。日本テレビも年間10本ほど制作を受け持った。

『熱中時代』
'78〜'81年放送
第1・3シリーズでは小学校教師、第2シリーズでは刑事が主人公。
平均視聴率27%、最高40%を記録。

『水谷教授の華麗な冒険』
'80年4月3日放送
脚本:布勢博一
監督:田中知己
出演:水谷豊・浅野ゆう子・藤岡琢也・宍戸錠・細川俊之ほか
提供:ライオン・ブルボ

し、マイアミで時速120キロのボートから海に飛び込み、ニューオーリンズではカーチェイスを繰り広げる。文化人類学者と国際盗賊団の一人二役で、水谷豊の魅力が全編にあふれた。視聴率も19・9%の好発進であった。

　第2弾の4月10日は松坂慶子が主演で川端康成原作の『雪国』、以後17日は竹下景子と千葉真一が共演のパニックムービー『東京大地震マグニチュード8・1』、24日はチェコでの撮影を敢行した石坂浩二と夏目雅子の『国境の固き約束』などビッグスターによる作品が続々登場。いずれも制作費が1億円前後で、スタート当初の局側の力の入れ方も尋常ではなかった。

　ただし、**ジャンルを固定せず**、多様なものが放送されたが故に、視聴率は想像以上に波があった。なぜか〝根性もの〟と〝お涙頂戴もの〟にしか人気が集まらなかったのである。社会派とか問題作と呼ばれるものはほとんどが低視聴率。たとえば、第二次世界大戦中にイタリアに駐在していたある日本の新聞社の支局長をモデルにした『国境の固き約束』(第4弾に放送)は権威ある月間ギャラクシー賞に選ばれるも、視聴率はわずか4・5%。そのほか史上最大の保険金詐欺殺人事件を扱った『**逃亡の果て**』、五・一五事件の秘話をつづった『**チャップリン暗殺計**

ン・メナード化粧品・積水化学・富士重工・三協アルミ・金鳥・タカラスタンダード・シェル石油・日本楽器・UCCコーヒー

ジャンルを固定せず
推理もの・SF・時代劇・文芸もの・ホームドラマなど多岐にわたる。

『逃亡の果て』
'80年5月1日放送
原作:佐木隆三
出演:マリオ高倉・荻島真一ほか

『チャップリン暗殺計画』
'80年7月3日放送
脚本:市川森一
出演:根津甚八・夏目雅子・川谷拓三・宇津宮雅代ほか

画』などの〝実録もの〟は総じて不調。

反対に、大阪の繊維問屋街を舞台にした菊田一夫原作の根性ドラマ『丼池』(主演・山本陽子)や大正から昭和の歌謡界で数々のヒット作を生んだ詩人・西条八十の半生を描いた『花も嵐も踏み越えて』は、裏番組のTBS『ザ・ベストテン』をものともせず、20%を越えた。また、動物ものの『名犬ゴローの冒険』や後に民放連賞・年間ギャラクシー賞・芸術祭賞を総ナメにした『ガン回廊の朝』(主演・丹波哲郎)といった闘病ものの視聴率が良かった。

開始後数カ月でミステリー、サスペンスに特化していった土ワイに対し、木曜ゴールデンは、当初こそ多様なジャンルを扱っていたが、子だくさん母ちゃんの奮闘記やら難病ものやらが20%台の視聴率を稼ぎ、次第に〝愛と感動路線〟へ傾倒しつつあった。ただし、日本テレビ系列の2時間ドラマ枠は木曜ゴールデン一つしかなかったので、ラインナップの中にサスペンスも混在せざるを得なかった。視聴者は〝あの火曜夜9時の番組〟までには1年半を待たねばならなかった。

さらなる新しい2時間ドラマ枠へのニーズ

日本テレビが2時間ドラマの制作に乗り出したのは、'80年の『木曜ゴールデンドラマ』からだが、制作の中心は大阪・読売テレビである。これはいわば親戚の軒先を借りて商売しているようなもの。大阪・読売テレビがキー局となるので、スポンサーからの売り上げは一旦すべて読売テレビに入り、そこから関東エリアに該当する電波料だけが日本テレビへ配分される。つまり、仕切り役は大阪で、東京はほかのローカル局と同様にネット局の一つでしかない。制作費用についても当然ながら日本テレビが担当した作品に、予め決まった予算が支給されるのみ。

そうではなく、日本テレビが主導権を握り、国産テレフィーチャーに本格参入する枠が、制作からも営業からも必要とされていたのである。

水面下の動きは、実はもっと前からあったらしい。テレビ朝日の土曜ワイドの編成担当者・高橋浩の業務日誌には、こんなメモが残っている。'78年8月31日の社内会議、外部プロダクションから知らされた日本テレビの情報だ。

「日テレも**P**を立て、テレフィーチャーの制作に入る様子。（昭和）54年3月から

P
プロデューサー／制作統括のこと

水曜ロードショー枠でトライの予定」

まだ土曜ワイドは90分サイズで低視聴率にあえぎ、国産テレフィーチャーの先行きが危ぶまれていた時期である。劇場用映画の放送枠に国産テレビ映画を入れようという大胆な試みだ。

その日テレの企みは3年遅れで形を変えて実行される。新たな2時間ドラマの放送は、'81年度の秋からと決まった。オンエアは火曜の夜9時。系列内で既存の木曜ゴールデンとどう住み分けするか。これは明確で、以後、木曜は大阪・読売テレビ制作の人情もの、火曜は東京・日本テレビ制作の推理もの専門枠になった。

日テレのドラマ制作事情

企画を担ったのは、日本テレビ放送網・制作局の映画放送部の面々だ。筆頭は**岡田晋吉**。『青春とはなんだ』『太陽にほえろ!』などのプロデュースで知られる。そして、火曜夜9時の2時間ドラマ枠のコンセプトを考え、陣頭指揮をしたのが小坂敬である。石立鉄男が大ブレイクした『パパと呼ばないで』の企画者だ。

もともと岡田や小坂の所属する映画放送部は、外国から輸入したテレビ映画の

岡田晋吉
(おかだ　ひろきち)
'57年日本テレビ入社。『飛び出せ!青春』『傷だらけの天使』『俺たちは天使だ』『太陽にほえろ!』『あぶない刑事』などヒット作多数。

『パパは何でも知っている』(原題:Father Knows Best)
'49～'54年制作。当時のアメリカの理想の家庭を描いたホームコメディー。日本では'58～'64年に放送された。

日本語吹き替えをしていた。草創期の日本のテレビ局は、放送時間を埋めるために主にアメリカのテレビ映画を数多く購入していた。日テレでも『**パパは何でも知っている**』『**ボナンザ**』『**ディズニーランド**』などがヒットした。しかし、東京オリンピックを境に外画の輸入は激減し、代わりに国産テレビ映画の開発に乗り出す（やり方は違うが、同時期にＴＢＳも映画部を設け、**飯島敏宏**・実相寺昭雄ら自局ディレクターを円谷プロや松竹へ派遣して特撮や時代劇を撮らせている）。テレビのカラー放送も始まり、カラーフィルムでの番組作りは好都合でもあった。

日テレは開局以来、プロレスや巨人戦のスポーツ中継、『シャボン玉ホリデー』『ゲバゲバ90分！』などのバラエティー番組に強みを持つが、ドラマについては外注に頼る割合が多かった。事実、'70年代の日本テレビのヒットドラマは、ほとんどが外部プロの手によるもので、自ずとドラマ制作のノウハウは小坂たち映画担当者に蓄積されていった。反面、自局制作のスタジオドラマが減り、週に1本しかないので「ニホンならぬイッポンテレビ」と社員が自虐ネタにするほどだった。

小坂は、『火曜日の女』（'69～'73年）という1時間の連続ドラマを企画していた。一つのストーリーが4回～6回で完結する、本格的な推理・サスペンス系の連続ドラ

『ボナンザ』（原題：Bonanza）
'59年制作。ボナンザは大当たりの意味。西部開拓時代のゴールドラッシュにまつわる人間模様を描く。日本では'62年～'65年に放送された。

『ディズニーランド』（原題：Disneyland）
'54～'58年制作。日本では'58年～'72年まで放送。ウォルト・ディズニー本人が案内役の子ども番組。

飯島敏宏（いいじま　としひろ）
'57年KR（現TBS）入社。『ウルトラマン』メイン監督としてバルタン星人を発案。時代劇も多数演出。'83年に制作の『金曜日の妻たちへ』は社会現象に。

マである。しかも演出には映画界の監督を起用し、制作も東宝・大映・松竹・日活・国際放映などに外注する。つまり、推理もののテレフィーチャーに対応するノウハウがすでに充分にあったのだ。いきなりワイドショーや学校放送の出身者が訳も分からず映画界と対峙したテレ朝とは、事情がいささか異なるといえよう。

『子連れ狼』『桃太郎侍』をプロデュースし、小坂の部下として火曜サスペンスを放送開始から支えてきた**長富忠裕**は、その独特なノウハウをこう説明する。

「外注なんだけど、日本テレビらしい番組って、確かにあるんです。制作会社の特徴は出ても、局の特徴が出ていないとダメです。そのために社内で継承されてきた方法論がある。たとえば、プロデューサーはドラマにとってベストの人選を常に心がけなければいけない。時と場合によっては、煙ったい脚本家、大先輩の監督、横柄な役者を選ぶことがベストかもしれない。その時は嫌がらず、あえてその人たちを選ぶ勇気をプロデューサーは持たねばなりません」

長富忠裕
(ながとみ　ただひろ)
'67年日本テレビ入社。火サス2代目チーフ。『子連れ狼』『桃太郎侍』『西遊記』プロデューサー。

先行する土ワイ、追う火サス

'81年9月、首都圏の電車通勤客たちは、異様な車内吊り広告に目を奪われた。

大地から裸の脚がニョキニョキと立ち上がり、大きな岩を持ち上げている図柄。『火曜サスペンス劇場』のタイトル。その上には、「生きてりゃ美しい」『生きてる途中がドラマになった」のコピーが躍っている。番組企画者の小坂敬のオリエンテーションを受けて、コピーを書いたのは当時広告界の鬼才と称された**川崎徹**である。一見、サスペンスドラマとも思えないこの文言こそ、これから始まる番組の精神そのものだった。

『火曜サスペンス劇場』は、どうやって先行する『土曜ワイド劇場』と差別化を図るべきか？　なにせ、この頃の土ワイは絶好調。前年の'80年の平均視聴率が18・4％。さらに'81年に入ってから平均視聴率は驚異の20％台を達成。まさにほかを寄せつけない、王者だった。

そこで小坂がたどり着いた答えが「ミステリー&サスペンスの面白さ」と「人間ドラマの感動」の二つだった。つまり、「犯人は誰で、その手口はどうなのか？」の面白さに加えて、「なぜ、この人物は罪を犯したのか」をもう一つの大きな柱にするのである。極限状態に追い詰められた人間を描くサスペンスこそ、真の人間ドラマではないか。複雑な現代の社会組織の中で必死に生きようとする主人公

川崎徹（かわさき　とおる）
1948～
CMディレクター。金鳥「ハエハエカカカ」富士フイルム「それなりに」などを演出。日テレ系『天才・たけしの元気が出るテレビ!!』にもレギュラー出演した。

（たとえ被害者であれ、加害者であれ、犯人を追う刑事・名探偵であれ）の悲しみ、苦しみ、喜び、愛と涙、それらを克明に描き出すことで共感や感動を呼ぶ作品になると小坂は考えたのである。「哀しくなければサスペンスじゃない」が制作メンバーの合言葉になった。

また、二つの番組には、「曜日」によるターゲットの違いもある。

土ワイは、週末の夜に1週間の仕事の疲れをいやすための、大人に向けた娯楽番組だった。まだ週休2日制は定着しておらず、土曜夜9時はナイター中継の後、働く男性がやっとくつろげる時間である。最初は女性を狙った「お茶の間映画館」のつもりで始めたが、お色気シーンやアクションが人気となり、結果的に男性が楽しむ娯楽作品が多くなっていった。

それに対し、火曜サスペンスの視聴者は、平日の夜に家事を終えて、ひと息ついた主婦層である。彼女たちに受け入れられるために、女性を意識したテーマや演出が選ばれた。ベッドシーンのどぎつさを抑え、女が男に復讐するストーリーなど主婦が感情移入できる、等身大のドラマを目指した。

土ワイとは異なる火サスの制作方針

看板を「サスペンス劇場」と銘打つからには、ミステリーとサスペンスの違いも意識した。ミステリーは、犯人やトリックの「謎解き」をしていく作品である。シャーロック・ホームズや金田一耕助などの探偵ものがそれに当たる。一方、サスペンスは、観賞する側に犯人や真相が明かされていて、解決までの「緊張や不安」がテーマだ。犯人をいかに追い詰めるか、登場人物はその過程でどんな恐怖や緊張感を味わうかが主軸になる。ヒッチコックの作品がその代表だ。火サスは犯人さがしやアリバイ崩しよりも、登場人物が背負っているもの、葛藤、愛が憎しみに変わる瞬間、といった人間ドラマに重点を置くことにした。

企画の選び方も土ワイとはひと味違った。

先に紹介したように、土ワイの企画選びは、競馬予想のように作品を評価し、投票集計の後にプロデューサー全員で意思統一をする。ところが火サスのやり方は、提出された企画の評価や改善案を全員でディスカッションするが、最終決定は多数決ではなく、チーフプロデューサーの独断と偏見で決める。チーフ個人の色を濃く出すということもあるが、これによりプロデューサーどうしの馴れ合いや貸し借りを防ぎ、一貫性を保つという裏の狙いもあった。もちろん、どちらの選定法にも一長一短はある。

作品の撮りだめ(ストック)もしない。風俗流行、季節感などが放送時期とズレないようにするためだ。他局は20本程度ストックがあるのに、火サスの場合は4~5本で、常にギリギリの納品だった。チーフの小坂に言わせると「制作に入るのは、放送日が決まってから。そのほうが現場の熱気が違う」ということになる。実際、第1回の放送日が9月29日なのに対し、クランクインは8月26日。ほかの作品もおおむねオンエアの1カ月前になってから初めて撮影に入った。

音楽にこだわる

そして、ほかの番組との差別化にもっとも重視したのが、音楽の活用だった。まず、番組の冒頭に視聴者を引き込むため、その回のハイライトシーンを無機的なイメージ画像と細かく組み合わせて、フラッシュで見せる。そこに**木森敏之**の作曲による、あの有名な火サスの音楽を流したのだ。これは第1回の放送から

木森敏之
(きもり　としゆき)
1947~1988。作曲家・編曲家。'80年代にドラマ・映画のテーマ音楽を数多く手がけるも40歳で早逝。

の決まり（すでに初回にして番組フォーマットが完成されていることに驚かされる）で、その結果、視聴者はこの「ジャン、ジャン、ジャーン！」のメロディーを聴けば、「アッ、火サスだ」と思うようになった。

このわずか1分足らずの音楽を、小坂は納得するまでコンマ何秒の修正を求めて何度も録り直した。凝りに凝って2パターン作ったが、最終的に一つに絞った。エンディングにも仕掛けがあった。番組独自の主題歌を作り、毎回番組の最後にオンエアすることにした。内容も出演者も制作スタッフも異なる、本来バラバラの単発作品を、一つのイメージにくくり、2時間の「枠」を「レギュラー番組」と認識させ、「火曜の夜9時は火サス」という視聴習慣を作り出すことを狙ったのである。今までのテレビ番組にない試みだった。

テレフィーチャー、テレビ映画というからには、主題歌もサウンドトラックにふさわしい高品質さが必要だ。しかも、小坂としては、せっかくオリジナルで作るのだから、この曲はこの番組でしか聴けないというのを意図していた。

先に番組のイメージに合わせたメロディーを作り、**山川啓介**に作詞を依頼、最後に歌手を見つけるという珍しい順番だった。

山川啓介
（やまかわ　けいすけ）
1944～2017。ドラマ『飛び出せ！青春』の主題歌『太陽がくれた季節』や矢沢永吉『時間よ止まれ』などで知られる作詞家。『北風小僧の寒太郎』など子ども番組の曲の作詞も多い。

女性の共感を得るには女性歌手がいい。若いけれど歌がうまいという理由で、岩崎宏美が候補に浮かぶと、小坂は岩崎の全曲を集め、幾度となく聴いた。「岩崎宏美でいこう」という決断を下すのに、3カ月もかかった。

録音当日、岩崎本人は「一度歌って、ハイご苦労さま。そういうお仕事」だと思ってスタジオに入った。レコード化の予定はなし。持ち歌として客の前で歌うこともないのである。ところがスタジオに入ると、どうも思っていたのと違う。譜面を見ると、メロディーは音域ギリギリ、歌詞には「戦士」とか「戦場」とか、今までの自分の歌にはない単語が並んでいる。一度きりの仕事のわりには、面倒な曲だわ、という印象だった。どう歌うか戸惑い、しばし悩んだ。

小坂は岩崎に向かって祈るような心持ちだった。彼女にとっては一度きりでも、小坂にとってはこの後ずっと付き合わなくてはならない。番組の命運はこの曲とともにあるのだ。

が、それは杞憂だった。抜群の歌唱力で彼女は歌い上げてくれた。火曜サスペンス劇場・愛のテーマ曲**『聖母（マドンナ）たちのララバイ』**の完成である。

この主題歌に込めた意味を、長富は小坂からこう教えられた。

『聖母たちのララバイ』
作詞：山川啓介
作曲：木森敏之
ジョン・スコット

「これはマザコン・ソングなんだ。どんな大罪を犯した人でも、最後はちゃんと母親が抱きしめてくれる。最後は母の前で素直になって泣きつく。そういう気持ちを込めて歌詞を書いて欲しいと、俺は山川さんに注文したんだ」

ドラマは殺人という重いテーマを扱っているが、あの曲が流れることで、生命の尊さ、生きている素晴らしさ、人間愛の美しさに転化する。これが狙いだ。

音楽へのこだわりはほかにもある。劇伴音楽の予算を制作会社に渡さずに局側で管理したことである。劇伴音楽は収録が終わって、仕上げの段階で作るのだが、予算を計上していても撮影の費用に回されてしまうことがよくある。そうなると貧相な劇伴音楽しか作れなくなったり、既存の曲でしのごうとしたりする。番組のクオリティにも影響してくる。制作会社の発注金額に音楽費を含めず、局側で音楽費の管理をすれば、毎回、作曲家がオールラッシュを見て、その作品用に、内容にふさわしい劇伴音楽をつけることができる。どれも新しい試みだった。

『火曜サスペンス劇場』の開幕

’81年9月29日、いよいよ『火曜サスペンス劇場』がスタートした。この日は原作者の松本清張までが特別出演する力の入れようであった。第1回の放送作品は松本清張原作の『**球形の荒野**』。内容は、戦争中にスイスで死んだはずの外交官野上(三船敏郎)が、24年も経って日本に現われ、半信半疑で彼を追う娘の久美子(島田陽子)の周辺で不可解な殺人事件が続くという話だ。重厚なテーマながら、視聴率はビデオリサーチが17・1%、ニールセンが18・4%だった。

制作スタッフは、視聴率が20%を達成するまで3カ月はかかると思っていたが、早くも8回目の赤川次郎原作『**ママに殺意を**』(出演・市毛良枝、坂上忍)で20%を突破。以後、ほぼコンスタントに20%台、時に25%超を記録するようになる。

看護学生が巻き込まれる『**白衣の天使殺人事件**』(出演・岸本加世子)は27・9%、校内暴力を扱った『**狙われた女教師・校内暴力殺人事件**』(出演・原日出子)は26・6%、と女性が感情移入しやすい作品は特に高視聴率だった。

エンディング曲、その後で

岩崎宏美は火サスを見ていなかった。というか、見たくても見られなかった。毎週火曜の夜に、大阪でラジオ『MBSヤングタウン』の生放送があり、いつも

『**球形の荒野**』
脚本:石松愛弘
監督:恩地日出夫
出演:島田陽子・中村雅俊・三船敏郎ほか
提供:浅田飴・大塚製薬・カネボウ・キリンシーグラム・黄桜酒造・小林製薬・蛇の目ミシン・ネッスル日本・パロマ・ブルボン

『**ママに殺意を**』
'81年11月17日放送
脚本:田村多津夫
監督:千野皓司
出演:市毛良枝・坂上忍ほか

『**白衣の天使殺人事件**』
'82年2月16日放送
脚本:鎌田敏夫
監督:斎藤光正
出演:岸本加世子・高峰三枝子ほか
27・9%は火サス歴代2位の高視聴率。

オンエア時間は大阪への移動中だったからである。

その裏で、思わぬ事態が進行していた。「あのエンディングの曲は何？」「レコード化はありませんか？」という問い合わせが回を追うごとに増えていったのである。

そこで、試しに「番組から、岩崎宏美メッセージ入りの主題歌カセットテープをプレゼント」と告知したところ、200本の当選になんと30万通の応募があった。それまでの局内記録は、『**西遊記**』の主題歌、ゴダイゴの『ガンダーラ』のテーププレゼントの10万通だったが、その3倍の数。一気に記録を更新してしまった。

これに驚いた小坂ら番組スタッフは、レコード化するつもりなど一切なかった主題歌の発売を検討し始める。途中、作曲の著作権をめぐりちょっとした騒動はあったが（本書P219参照）、共作者を併記することで、大きなトラブルに発展することなく、レコーディングの準備に入った。

「曲がひとり歩きするとは、こういうことなのね」（岩崎）

同じ頃、岩崎はそれまでのファン層とは全く違う年上のサラリーマンたちから「あの曲いいですね」と飛行機の中などで声をかけられることが多くなった。最初は何のことやら分からず、不思議に思ったが、どうやら『聖母たちのララバイ』

『狙われた女教師・校内暴力殺人事件』
'82年4月20日放送
脚本：池田一朗
監督：後藤秀司
出演：原日出子・水島かおりほか
『火曜日の女　クラスメート』のリメイク作品。

『西遊記』
'78～'80年
制作：国際放映
出演：堺正章・夏目雅子ほか
中国現地でのロケ、円谷プロや東宝映像による特撮シーンが圧巻。

のことらしいと気づいた。企業戦士が歌詞に自分を重ね合わせている。歌詞の意味が岩崎にも少しだけ分かった。

番組開始から8カ月も経った'82年5月21日、ようやくシングル盤（ただし、テレビ用とは別アレンジ）『聖母たちのララバイ』が発売された。岩崎は、レコード発売の直前になって、初めて『火曜サスペンス劇場』を見た。

『聖母たちのララバイ』は、日本歌謡大賞を受賞し、120万枚を突破、'82年のＮＨＫ紅白でもこの曲を岩崎が歌い上げた。もちろん、レコードの大ヒットと同時に火サスの視聴率もうなぎ上り、年間平均視聴率22％を叩き出した。番組開始わずか1年で「火サス・土ワイ」の2強時代が到来したのである。

その後も『家路』『橋』『25時の愛の歌』『夜のてのひら』『愛という名の勇気』と、6曲もの火サス主題歌が岩崎の声で彩られた。'86年には火サス5周年記念として、岩崎が主演のドラマ『**誰かが見ている**』も制作されている。

火サスの主題歌は、期せずしてヒット曲の登竜門になってしまった。竹内まりやの『シングル・アゲイン』（'89年）、『告白』（'90年）や80万枚を売り上げた髙橋真梨子『ごめんね…』（'96年）など多くの曲が**オリコンチャート**を賑わせた。

『誰かが見ている』
'86年10月21日放送
企画：小坂敬
脚本：峯尾基三
音楽：大谷和夫
監督：野村孝
出演：岩崎宏美・ジョニー大倉・森本レオ・長谷直美ほか

オリコンチャート
他にも杉山清貴『風のLONELY WAY』（'88年）は3週連続1位、一青窈『ハナミズキ』（'04年）は125週連続チャートインの超ロングヒットに。

土曜の夜のサスペンス戦争が勃発

「1時間の連続ものこそがテレビドラマの本流であり、2時間ドラマなぞ邪道」それまでTBSは、こう言ってはばからなかった。TBSテレビの初代ディレクターで『サインはV』『アテンションプリーズ』を企画した土井利泰によれば「この頃のTBSは往時のパイオニア精神は薄れ、何事も石橋を叩いて渡る安全第一主義」だった。しかし、土ワイ、火サスが高視聴率を連発する状況をそのまま指をくわえて見ている訳にはいかず、いよいよ赤坂の老舗局は重い腰を上げた。

'82年4月〝ドラマのTBS〟の威信をかけて『ザ・サスペンス』が開始された。しかも、よりによってオンエア時間は土ワイと全く同じ。

土ワイの編成担当だった高橋浩がこう解説する。「彼らには〝TBSは民放の雄、同じものをやれば自分たちが上だ〟という考えがある。だから裏がテレビ朝日なら、同じものをぶつければ自分たちが勝てると発想する。ドラマに限らず報道でも『ニューステーション』に森本毅郎の『ニュース22』を当ててきたでしょ。土ワイの真裏に『ザ・サスペンス』を持って来たのは何ら不思議ではない」。

当時のTBS社報には2時間ドラマのレギュラー化について「機は熟した。出遅れは中味で勝負」と題して編成・制作の意気込みが語られている。「我が社は昭和五十二年八月放送の『**海は甦える**』以来特別企画の長時間ドラマを着実に放送し続けて来ました（中略）。永年研究を重ねて来ているという自負もあり、「後発」という意識はほとんどありません。土曜の九時の枠では偶々他局の二時間単発がすでに四年以上前から放送されています」。と他局が〝たまたま〟やっていただけ、と強調している。制作体制も自社と外部発注が半々となり、TBSから大山勝美、堀川とんこう、元局員の久世光彦ら一線級の演出家が投入された。「ベテランから若手までドラマ担当者の総力を挙げて参画して貰う」と社報で大号令がかかった。

テレビ草創期に〝ドラマのTBS〟の謳い文句を考え出した田中亮吉が、テレ朝への移籍後に番組開発のきっかけを作った土ワイ。それに挑むTBSの初の2時間ドラマ枠。異母兄弟の仁義なき戦いの火蓋が切られた。

まず起きたのは、企画を考える外部プロダクションの争奪戦だった。とりわけ、大映テレビをめぐって紛糾した。土ワイ2代目チーフ関口恭司には強烈な思い出がある。「突然に大映テレビの大堀昭治社長がやって来て、TBSの『ザ・サスペ

『**海は甦える**』
日本のテレビ史上初の単発3時間ドラマ。テレビマンユニオン制作。

ンス』の制作をするから土ワイから全面撤退したいって。急にそんなこと言われてもさぁ、こっちだって困るよ」。大映テレビは『**ザ・ガードマン**』『**赤いシリーズ**』『**噂の刑事トミーとマツ**』など数々の名作を手がけ、TBSと強固な絆があった。「延々3時間ぐらい話して。じゃぁ、**春日千春**と**野添和子**はTBSに行かせます、柳田博美とほかの若い連中ならお貸しします、で渋々ながら手打ちしたんだ」。されど、残り物には福がある。その余った柳田が、土ワイ最大のヒット作を企画するとは、このときの関口には知る由もなかった(この話は後ほど)。

キャスティングでもTBSは力を見せつけた。人気絶頂の沢田研二、夏目雅子をはじめ、岩下志麻、大竹しのぶら大物が並ぶ。ストーリーにはお色気シーンも土ワイ同様に盛り込まれる。同じ推理もの、どっちがどっちの番組か分からない。

その頃、土ワイの東西合同会議で、関口はABCの山内久司に呼び止められた。「関口ちゃん、TBSのあだ名って知ってるか？　パクリのTBSって言うんだ。気ぃつけや！」と、山内がこんな助言をするのには訳があった。'75年の**腸捻転ネットワークの解消**時に、ABCの『必殺』がテレ朝系列に移った。高視聴率の『必殺』が消えて困ったTBSは、大阪の毎日放送と東映に、必殺ソックリの時代劇『影

『ザ・ガードマン』
'65～'71年　全350話　日本初の警備会社「日本警備保障」(現セコム)がモデルの群像劇。

『赤いシリーズ』
'74～'80年　山口百恵と宇津井健がシリーズの顔。生と死、愛の喜びと哀しみなどを描くヒューマンドラマ。

『噂の刑事トミーとマツ』
'79～'82年　全106話　主演は国広富之と松崎しげる。日本での「バディもの刑事ドラマ」の元祖。

春日千春
(かすが　ちはる)
大映テレビで100本以上の作品を企画した伝説のプロデューサー。日テレの小坂敬の高校時

同心』を作るよう命じたのである。しかも『必殺』でメガホンを執った深作欣二までが『影同心』の演出に加わった。深作は東映出身とはいえ、それこそ仁義にもとる。制作は毎日放送と東映だったが、実の首謀者はＴＢＳである。山内の怒りは尋常ではなかった。ＡＢＣも制作に関わる『土曜ワイド劇場』と『ザ・サスペンス』の対決構図に、山内は同じものを感じたのだろう。

関口の証言。「うまーくパクるんですよ、あそこは。オリジナリティーはないけれど、真似は上手いよね。ＴＢＳ見てると、あ、あれパクったこれパクったってよく分かりましたよ。『平凡』を真似して『明星』ができたのと一緒よ。それから10年ぐらい経ってＣＸの横沢彪さんに会ったら、またパクリのＴＢＳがねって。はぁー業界では有名なんだと判った。俺だけ知らなかった。強い局をパクるのは、まだ許せる。弱い局をパクるってのは仁義にもとる。だから俺は嫌いなのよ」。

もともと土曜夜9時の枠は、裏番組との激しい競争下にあった。それまでも土ワイは日本テレビ『熱中時代』『**池中玄太80キロ**』、ＴＢＳの前番組『Ｇメン'75』、フジテレビ『ゴールデン洋画劇場』などの強敵に苦しめられてきた。それでも、『ザ・サスペンス』が始まる前の'81年、土ワイは年間平均視聴率20・9%と驚異

代からの盟友であり、『火曜日の女』シリーズも手がけた。

野添和子（のぞえ　かずこ）
山口百恵主演の『赤いシリーズ』や堀ちえみ主演の『スチュワーデス物語』のプロデューサー。

腸捻転ネットワークの解消
第1章のＰ27を参照。

『池中玄太80キロ』
'80〜'81、'89年　西田敏行演じるカメラマンと子どもたちのドタバタ奮闘記。最高視聴率は28・7%。

のスコアを叩き出していた。それが翌'82年には17・7％に低下。'83年には16・9％にまで落ち込んだ。視聴率のパイの食い合いは誰の目にも明らかだった。

迎え撃つテレ朝も、ただ手をこまねいていた訳ではない。『ザ・サスペンス』の第1回放送の4月10日には、高視聴率が期待できる松本清張原作の『風の息』を3時間に枠を拡大してぶつける作戦に出た。というのも、TBSは当初、第1回に同じ松本清張の『**内海の輪**』を予定していたからだ。しかし、それを受けてTBSは『内海の輪』を翌週に回し、急遽、沢田研二主演の『**陽のあたる場所**』に切り替えた。早くもオンエア前から場外乱闘気味である。

その後もテレ朝は常時30本のストックを作り、その中からTBSの放送リストを睨んで勝てそうなタマ（または捨て駒）をぶつける戦法をとった。たとえば、

	【TBS】	【テレビ朝日】
'82年4月17日	『松本清張・内海の輪』	『西村京太郎・北帰行殺人事件』
5月1日	『入試問題殺人事件』	『妻と愛人の決闘』
'83年10月8日	『情事の計算書』	『横溝正史の真珠郎』

'83年末までの1年9カ月の視聴率争いはTBSの38勝43敗1分。やや負け越し

『**内海の輪**』
制作：春日千春
脚本：中島丈博
監督：井上昭
出演：滝田栄・宇津宮雅代ほか

『**陽のあたる場所**』
原作：シオドア・ドライサー
脚本：田村孟
監督：龍至政美
出演：沢田研二・夏目雅子・森下愛子・世良公則・杉田かおるほか

だが、小差でほぼ互角の勝負。眠れる獅子・TBSは目を覚ましつつあった。

'82年9月11日に放送した『**惨事・バスガイドの殺意**』（主演・古手川祐子）は同枠での最高視聴率28・3％をマーク、しかも外注ではなく、堀川とんこうプロデュースによるTBSの自社制作である。テレ朝の関口は当時の心境をこう語る。

「きつかった…ウチが勝っても2〜3％くらいの差でしか勝てない。ところが、負けるときは10％以上の開きが出る。ビートたけし・樋口可南子が主演で、**久世光彦が演出の作品**なんて素晴らしくてね。そういうときにはイヤになりましたね」

形勢が傾いたのは翌'84年に入ってからだ。TBSは次第に負けがこみ始め、6月下旬までで9勝23敗1分で大きく水をあけられてしまった。5月に放送したレオナルド熊を刑事役に起用した『**熊さんの警察手帖**』が14・5％、萩原健一と金沢碧のベッドシーンで売ろうとした『**宣告**』に至っては11・8％と立て続けに15％を割り込み、これが引き金になって『ザ・サスペンス』はその年の9月末で終了することになった。土ワイはこの年に17・6％まで平均視聴率を戻した。

2年6カ月にわたる死闘は、サスペンスドラマ以上にスリリングな展開だった。結果、軍配はテレ朝に上がったものの、関口は胃も心もボロボロになった。と

『**惨事・バスガイドの殺意**』
'82年9月11日放送
制作：堀川とんこう
脚本：重森孝子
監督：佐藤虔一
主演：古手川祐子

久世光彦が演出の作品
『みだらな女神たち』
'83年6月4日放送
原作：勝目梓
脚本：池端俊策
監督：久世光彦
出演：ビートたけし・樋口可南子

『**熊さんの警察手帖**』
'84年5月12日放送
脚本：田波靖男
監督：高橋繁男
出演：レオナルド熊・堤大二郎・夏木マリほか

りわけ関口や塙淳一ら土ワイ班にとっての痛恨事は、同僚の**吉津正**の死であった。享年47。一時期、別のテレフィーチャー枠である『月曜ワイド』をテコ入れするために土ワイを離れていた関口に代わり、三代目チーフプロデューサーを務めたのが吉津であった。『ザ・サスペンス』との消耗戦に神経をすり減らし、映画会社との昼夜を問わぬ打ち合わせが病魔を呼び寄せ、彼の身体を蝕んだことは想像に難くない。むしろ殉職と言ってもいいだろう。亡くなる3カ月前の'84年6月13日付の日刊ゲンダイの取材に応じて吉津はこんな言葉を遺している。

「ボクは口が酸っぱくなるほど、長い目で見てくれたらウチのほうが優れているのが分かるはず、と言ってきましたからね。TBSさんが撤退してくれるというなら、ウチの勝利ということ。順当な結果だと思う」

『ザ・サスペンス』との真剣勝負を振り返って、関口は「苦しかったけれど、学んだことはたくさんあります。勝てた原因は、実力のある作家や監督がこちら側についてくれたこと、面白い脚本作りに徹したこと、人気シリーズをいくつも持っていたこと。そして、ライバルがいたからこそ、いい作品ができる！　唯我独尊からは何も生まれては来ない。食うか食われるかのテンションの状況の中か

『宣告』
'84年5月19日放送
原作：加賀乙彦
脚本：柴英三郎
監督：齋藤光正
出演：萩原健一・石原真理子・金沢碧ほか

吉津正
（よしづ　ただし）
1937〜1984。
土ワイ3代目チーフ。『女弁護士・朝吹里矢子』『名探偵雅楽』『牟田刑事官』などのシリーズや松本清張の『書道教授』『事故』を担当。

らこそ、いい作品が生まれるものと信じています」と語る。

家政婦は来た!

『ザ・サスペンス』との戦いの渦中、TBSとの大映テレビ奪い合いで、土ワイ陣営にただ一人加わってくれた大映テレビのベテランが**柳田博美**である。『ザ・ガードマン』などの演出を数本手がけた後、監督からプロデューサーに転じたが、同僚の春日千春や野添和子のように名刺代わりになる大ヒット作はまだなかった。

'80年代初め、もっとも高視聴率が期待できるのは、松本清張原作ものだった。スケールの大きな長編のテレビ化権はすでによそに取られてしまっている。そこで柳田は『熱い空気』という短編に狙いをつけた。遡ること20年ほど前の'63年に週刊文春で3カ月ばかり連載されていた小品である。手練の家政婦が派出先の秘密を覗き見して、人間模様を暴き立てる物語である。柳田はテレビ朝日の塙淳一にその小説を読んでもらった。

「ものすごく面白いけど、本当に嫌な話なんですよ。主人公がひどい女で、他人の家庭を覗いて、そのアラをえぐり出して自分で楽しむという ね」(塙)

柳田博美
(やなぎだ　ひろみ)
1935〜2008
プロデュース代表作に『青い瞳の聖ライフ』『ヤヌスの鏡』『アリエスの乙女たち』など。

例によって土ワイの企画選びはプロデューサーの合議制である。塙の提出した『熱い空気』の企画書が採択会議にかけられた。さて、結果はどうだったか？

実は会議ではあまり得点が伸びず、『熱い空気』は通常なら採用が見送られるはずだった。殺人が起きるわけでもなく、派手なシーンもない。逮捕劇もないまま、それでおしまい。主人公は地味な中年女性である。清張の原作を忠実に映像化する難しさも課題だった。裏表ある主人公の性格の悪さが視聴者の反発を呼び、とてもドラマに感情移入などできないのではないか。その証拠に、過去に二度、他局で単発で映像化されたことがあるが、さして話題にもなっていなかった。

ところが、投票結果を無視して、強引にこの企画を推す人物がいた。誰あろう、この競馬式予想投票法を始めた井塚である。会議に出席していた宇都宮恭三はそのときの様子をこう述懐する。「ほかの人があまり評価しない中で、井塚だけが〝コレは絶対に当たる要素がある！〟とかなり強引に推しまして」。同じく出席者の関口の証言。「世間はこういうのが好きなんだよって、鶴の一声で決めちゃった。彼は番組が当たるかどうかには動物的な勘がありましたね」。

ワイドショー出身の井塚にとって、主婦の下世話な欲望を、彼女たちに代わって満たしてくれるこの主人公こそ、真のヒロインに見えたのだろう。

とはいうものの、この難しい主役を誰に演じさせるのか。現に3年前の'79年に**『熱い空気（TBS版）』**を放送したがそれきり。プロデューサー・**石井ふく子**、監督・**鴨下信一**をもってしても、である。塙と柳田の相談の結果、市原悦子しかいない、ということになった。

市原は名門・俳優座の出身。'66年、テレ朝がまだNETテレビの時代に、大ヒット作『氷点』で芝居のうまさが注目され、'70年代には各局の昼のメロドラマに出演、お茶の間の女性の好感度も高かった。土ワイでも記念すべき第1回放送『時間よ、とまれ』でストリッパー役を、26％を記録した『戦後最大の誘拐・吉展ちゃん事件』では犯人の情婦役を務めており、土ワイにとっては弁天様といったところ。部内でも彼女なら良いよ、と正式にゴーサインが出た。

そして、塙と柳田、脚本家の柴英三郎が揃い、市原悦子と六本木のイタリアンレストランで1回目の番組打ち合わせ。市原は開口一番に彼らに言い放った。

「こんな嫌な女の役を、どうして私に？」

無理もない。松本清張の原作では、子どもをそそのかして老母の耳に大火傷を

『熱い空気（TBS版）』
'79年2月4日放送
脚本：服部佳
監督：鴨下信一
主演：森光子

石井ふく子
（いしい　ふくこ）
1926〜
『肝っ玉かあさん』『ありがとう』『渡る世間は鬼ばかり』のプロデューサー。

鴨下信一
（かもした　しんいち）
1935〜2021。
『岸辺のアルバム』や『ふぞろいの林檎たち』を演出。後にTBS常務取締役。

負わせるのである。演者の市原自身も困惑するほどの性悪女。これをどうすれば少しでも愛されるキャラクターにできるか。

まず市原が、都はるみの歌を口ずさむ。仔猫の「ハルミ」に話しかけ、孤独な心中を吐露する。小銭を1枚1枚数えるすかんぴんな姿。それを毎回アドリブで演じる。主人公のキャラクターにはこうした市原のアイデアが多数盛り込まれた。

撮影後の局内試写では「面白い！」とそれまでと一転。土ワイらしからぬコミカルな坂田晃一の劇伴音楽と、覗きドラマでありながら、決して下品にならない富本壮吉の演出が絶妙にマッチ、主婦に非常に受けるだろうとの評価を得た。

さて、これをどのタイミングで放送するか。折しも土ワイはTBS『ザ・サスペンス』と2時間ドラマ戦争の真っ最中。一番効果的な所にぶち当てるために、テレ朝はオンエアの機会をずっとうかがっていた。完成から待つこと半年、'83年7月2日、**『熱い空気・家政婦は見た！夫婦の秘密〝焦げた〟』**は満を持して放映された。裏のTBSは三田佳子主演の**『スイートホーム殺人事件』**。ともに家庭が舞台のドラマが同時間でぶつかり合ったのである。

翌日にビデオリサーチから発表された視聴率に土曜ワイド班はアッと驚かされ

『熱い空気・家政婦は見た！夫婦の秘密〝焦げた〟』
'83年7月2日放送
原作：松本清張
脚本：柴英三郎
音楽：坂田晃一
監督：富本壮吉
出演：市原悦子・吉行和子・柳生博ほか

『スイートホーム殺人事件』
'83年7月2日放送
脚本：黒土三男
監督：森田光則
出演：三田佳子・梅宮辰夫ほか

た。なんと27・7％。同じ松本清張原作『**みちのく偽装心中**』の28％に迫る、その時点での土ワイ歴代2位の記録だった。浮気を覗く、というだけの話がである。

プロデューサーの塙も予想だにしていなかった結果に、さっそく第2弾制作の話が持ち上がったが、1話限りでもう原作がない。塙は柳田と一緒に松本清張の元へ懇願しに行った。

「どうしても市原さんのキャラクターを大事にしてシリーズ化したいのです」

「私の原作はこれで終わりだ。後はオリジナルで好きなように作っていいよ」

清張は快諾してくれた。それというのも、視聴率がことのほか良かったからである。清張は自分の作品がテレビ化された際の視聴率をことさら気にする作家だった。もし、視聴率が悪かったら、もうダメと断られただろう、とは塙の弁。

ただし、第2弾以降、設定はそのまま引き継ぐが、主人公の名を河野信子から石崎秋子に変えることで一線を画すことにした。シリーズのタイトルもズバリ、『家政婦は見た！』としてスタートした。

当時、土ワイはもちろん、ほかの2時間ドラマ枠でも女性が主人公のシリーズは極めて珍しく、同じ土ワイの中で、**夏樹静子**原作・十朱幸代主演の『女弁護士・

『みちのく偽装心中』
'81年10月10日放送
原作：松本清張
脚本：吉田剛
監督：井上芳夫
出演：音無美紀子・目黒祐樹・小野寺昭ほか

夏樹静子
（なつき　しずこ）
1938～2016。繊細な女性心理や社会性あるテーマと巧みなトリックで構成される作風。代表作は『Wの悲劇』『蒸発』『第三の女』、シリーズでは『検事 霞夕子』『弁護士 朝吹里矢子』など。よく比較される山村美紗とは全く対照的で、43歳でデビュー・主人公のほとんどが素人探偵の山村に対し、夏樹は20代の慶大在学中にデビューし、主人公は

朝吹里矢子』があるぐらいだった。しかも、こちらは単なる家政婦。刑事もの、裁判ものと違って、何ら権力を持っていない。さらに、シリーズ化が決まったとたんに急に期待をかけられて、毎回30分拡大の2時間半。

そこでシリーズ化に当たっては、社会情勢をタイムリーに取り入れ、リアリズムを追求する方針にした。脚本家の柴英三郎の手元には、大映テレビのスタッフが集めた膨大な資料がそのつど届けられた。柴に言わせれば「市原さんともよくお話ししたんですけど、これは解決できない、解決のないドラマ。家政婦は暴くだけなんです。暴かれた相手は翌日からまた不敵な顔をして、元と同じ生活を送る。タイトルの通り、見るドラマで、裁くドラマではないんですよ」つまり、ドラマの形を借りた社会派ドキュメント、ありのままを世に晒すのを狙いとした。

家政婦は視聴者を代表してスキャンダルを見る。彼女の目を通してドラマが進行していくので、自ずと主役の市原の出番がとても多くなる。柴は全体の9割方を彼女の登場シーンにしたという。一流の役者は劇中のキャラクターを自分のほうに引き寄せる。市原悦子は嫌われ役だった主人公をどんどん自分の中に取り込んで、途中から正義の味方に変えていった。**シリーズ4作目**になると、エリート

検事・弁護士・裁判官など法律のプロが多い。

シリーズ4作目
『華やかなエリート家族の乱れた秘密　名門女子大がゆれて…』
'86年4月12日放送
脚本:柴英三郎
音楽:坂田晃一
監督:富本壮吉
出演:市原悦子・加藤嘉・夏樹陽子・中尾彬ほか

の前で啖呵を切るおなじみのスタイルが定着した。プロデューサーの塙は、撮影のたび市原から「私の演技、エラそうに見えてなかった?」と問われ続けたという。

果たして、市原悦子=家政婦・石崎秋子は、渥美清演じる『男はつらいよ』の寅さんと比較されるまでにポピュラーな存在になった。数多の亜流ドラマを生み、主人公の属する大沢家政婦紹介所は本当にあるかのように思われ、ファンの間ではロケ地を手がかりに所在地推理まで行われるほどであった。

松本清張の原作を離れ、初のオリジナルとなったシリーズ2作目『**家政婦は見た! エリート家庭の浮気の秘密 みだれて…**』('84年10月13日放送)は、土ワイの歴代最高視聴率30・9%を記録している。これは関東での土ワイ唯一の30%越えであり、2時間ドラマの記録として未だに破られていない。

『**家政婦は見た! エリート家庭の浮気の秘密 みだれて…**』
'84年10月13日放送
脚本:柴英三郎
監督:富本壮吉
出演:市原悦子・高橋悦史・梶芽衣子・金沢碧・山形勲ほか

2時間ドラマ戦国時代の到来

「柳の下にはドジョウが2匹も3匹もいる」というのがテレビ業界の考えだ。それは2時間ドラマの元祖であるテレビ朝日とて例外ではない。『土曜ワイド劇場』の成功を受けて、2時間ドラマ枠の増設に乗り出した。本来は劇場用映画のオンエア枠であった『ゴールデンワイド劇場』の開始時間を1時間遅らせ、テレフィーチャー専用枠『月曜ワイド劇場』として新装開店したのが'82年10月のこと。

かと思えば、土ワイとの争いに敗れ、『ザ・サスペンス』を'84年9月でいったん終了させたTBSは、わずか半年後の'85年4月に『水曜ドラマスペシャル』を編成。フジテレビも'84年10月に『金曜ドラマスペシャル』、さらには'85年10月に『木曜ドラマストリート』を開始した。週に7本の2時間ドラマ枠が乱立する状況となった。もちろん、このブームが2時間ドラマ全体の底上げをしたことも事実だろう。『家政婦は見た！』が30％を記録したのもこの時期である。

生き馬の目を抜くのもテレビ業界である。TBSは『家政婦は見た！』の作家・柴英三郎に「**同じような家政婦もの**を書いてください」と堂々と頼んできた。

フリーの立場の柴は、求められればどこの局でも台本は書くが、さすがにそれだけはできないと断った。それを柴から直接聞かされた関口は、まず、彼の作家としての姿勢に感謝した。最初は競争相手の節操のなさにちょっと頭にきていたが、「アァやっと他局から真似されるようになったか」と妙な嬉しさも感じた。

同時に、作家が自分たちの側についていてくれる、よそへは流れていかないことへ

同じような家政婦もの　TBSでは大竹しのぶ主演で『家政婦・織枝の体験』シリーズ（'85〜'87年）が作られている。

の自信も深めた。もし土ワイで育った作家がほかに引っ張られて浮気しても、また帰って来てくれるのだ。なぜかと言うと、土ワイではせっかく書いた台本を寄ってたかって大幅に何度も直される。作家仲間で不満をぶちまける者も多い。

ところがほかへ行くと風通しが良すぎて「これで本当にいいのかな?」という台本でも、ハイ結構ですとすぐOKになり、かえって物足りなく、不安になる。結局、口うるさい土ワイが懐かしいと戻ってくる。ほかでは視聴率が悪いと、監督のせいだ、脚本のせいだとなるが、土ワイはテレ朝のプロデューサーが全責任を取ってくれる。激しい競争の中で、局外の協力者たちこそが土ワイの財産になっていた。

明智探偵の死

一方で、土ワイは大切な財産が失われる深刻な事態にも見舞われた。

'85年7月27日、明智小五郎役の天知茂がくも膜下出血で急死したのである。54歳の若さだった。最新作の『黒真珠の美女』をつい1カ月前の6月7日から25日にかけて収録したばかり。撮影現場でも天知は元気いっぱいだった。

天知は明智小五郎をライフワークにしようと考えており、この先40作、50作と続けるつもりでいた。ともすれば古めかしい印象を持たれがちな乱歩作品を、近代的なイメージにしようと、'80年代初めに早くもパーソナル・コンピュータを導入するアイデアを自ら出すなど、面白がって工夫を凝らした。そして次回作の構想を練っていた、その矢先の急逝。

『江戸川乱歩の美女シリーズ』は視聴率平均20%を稼ぐ人気で、正月の大激戦区に投入しても15%は堅い。内容の面白さもさることながら、探偵役の天知のキャラクターに負うところが大きかった。パリッとしたスーツを着こなし、眉間にシワを寄せて推理していく。危険な場面も数多い。物語の後半には必ずピンチが訪れる。邪魔者は始末した、と安心しきっている犯人の前にナゾの男が現れ、ゆっくりと覆面を剝いでゆくと…キザでニヒルな明智探偵の顔が。舞台の早替わりよろしく、衣装を解くと、アイロンがけしたばかりのような背広の出で立ち。敵も味方も呆気にとられる。待ってましたのお約束シーンである。「天知の明智か、明智の天知か」と言われたはまり役だった。

天知の遺作は『**さよなら天知茂　黒真珠の美女・ニセ名画殺人！令嬢の白い肌**

『**さよなら天知茂　黒真珠の美女・ニセ名画殺人！令嬢の白い肌が襲われる…江戸川乱歩の「心理試験」**』
'85年8月3日放送
原作：江戸川乱歩
脚本：山下六合雄
監督：貞永方久
出演：天知茂・岡江久美子ほか

が襲われる…江戸川乱歩の「心理試験」』と題して、彼の死からわずか1週間後の'85年8月3日に放送された。裏番組にはフジテレビ・ゴールデン洋画劇場『南極物語』があり、激しい視聴率争いが予想されたが、結果はフジの17・1％に対し『黒真珠の美女』は26・3％で圧勝。それだけではなく、25本のシリーズ最高視聴率を記録した。

サブ・サブサブ…タイトルは続くよどこまでも

2時間ドラマ乱立の'80年代、一番の番組情報源は、新聞のテレビ欄であった。そこで起きた現象が、ご存知あの長い番組表記である。元祖はもちろん土ワイだ。局の区分では番組枠名の「土曜ワイド劇場」がタイトル、「〇〇殺人事件」などの部分がサブタイトルで、その後に続く部分をサブサブと呼ぶしきたりがある。

新聞テレビ欄は、2時間で、ヨコ10文字×12行（つまり10分で1行）が原則。ただし、12行目は天気・ニュースなどで埋まり、1行目はタイトルの土曜ワイド劇場が入るので、実質は10行100文字くらいしかない。

'77年に土ワイが始まった際はもっとシンプルだった。そもそも番組尺が90分なので、全部で9行しかない。短いサブタイトルを入れたら、後は原作、脚本、監督、その後は単に俳優の名前を羅列するだけ。長時間のドラマ自体が珍しかったので、映画と同様に写真入りで解説してくれることも多く、それで充分だった。

たまに**『怪奇！巨大蜘蛛の館・復讐を決意した姉の前に現われるクモは妹のすすり泣く怨霊か』**（'78年8月26日）とか**『名探偵雅楽再び登場・お染め宙吊り殺人事件つづいて奈落殺人事件』**（'80年1月5日）とか30文字を超えるのもあったが、それはちょっとした遊び心である。ふだんは1行半で15文字くらいだった。

ところが、90分から１２０分に放送枠が拡大し、'82年4月、真裏にＴＢＳの『ザ・サスペンス』が来てから事態は変わった。火サスのように曜日が違うならまだしも、同じ日に同じ紙面に並ぶとなれば、なりふり構っていられない。

対決初回に『松本清張の風の息　事故か！謀略か！もく星号三原山墜落の謎』とやや長めのサブサブを入れた。なにせ、居並ぶ土ワイのプロデューサーたちは元ワイドショーの猛者だ。煽り文句はお任せあれ。みんなで知恵を絞った。

関口恭司の証言「たとえば、『悪の仮面』ってつけたって何のことか分からない、俳優の名前を並べたって他局に比べて旬の役者が出てくれないから惹きが弱い。

『怪奇！巨大蜘蛛の館・復讐を決意した姉の前に現われるクモは妹のすすり泣く怨霊か』
'78年8月26日放送
脚本：田口成光
音楽：冬木透
監督：岡村精
出演：小川知子・中山仁・田口久美ほか
『ウルトラQ』を思わせる円谷プロの特撮もの。

『名探偵雅楽再び登場・お染め宙吊り殺人事件つづいて奈落殺人事件』
'80年1月5日放送
脚本：吉田剛
監督：斎藤武市
出演：中村勘三郎（17代目）・近藤正臣

だからサブタイトルで内容をバッチリ分かるようにしようという考え。長くても抽象的じゃ視聴率が上がらない。具体的にやらないとダメなんですね。サブタイトルつける会議も長かったですよ。原則、プロデューサーが一つの作品を4～5案出してみんなで直していくんですよ」メインタイトルはいわば包装紙で、ちらっとめくってサブタイトル、さらにサブサブタイトルで全体像の2、3割が分かるようにする。有名作家の名前も効果絶大であるという。

その結果、6月に『**松本清張の事故 国道20号線殺人トリック 怖い！あの女が今日も私を見張ってる…**』で23・8％を出してからは一直線にサブサブは伸びて行った。30文字、40文字は当たり前。10文字ごとに改行しながら、いかにインパクトのある単語やフレーズを並べていくか、これがセンスの見せ所とばかり、長くてユニークなキャッチコピー（サブサブ）は土曜ワイド劇場の名物となった。

火サスの長富忠裕は、土ワイが「サブサブタイトル」をつけ始めたとき、自分たちもやるかどうかで悩んだ。周りでは、ちょっとえげつないという声もあったが、結局は、つけた。これも必要悪と割り切った。

あまりの過熱ぶりに、タイトルにどの言葉を使うと平均よりも視聴率がアップ

『松本清張の事故 国道20号線殺人トリック 怖い！あの女が今日も私を見張ってる…』
'82年6月5日放送
脚本：猪又憲吾
監督：富本壮吉
出演：山口崇・松原智恵子・植木等ほか

するのか、'82年と'91年の二度にわたってビデオリサーチが調査した結果がある。

【'82年3月～'83年1月】186本

1位は「女子大生、女子高校生」の約4%、続いて「レイプ、犯す」「憎しみ」の各約3%、「復讐」「三角関係」が各約2%。

【'91年2月～12月】　150本

1位は「美人OL」で約4%、次いで「グルメ」「女弁護士、女医など女性の地位」で各約3%、「紀行」が約2%となった。

10年間の傾向として、青い学生より色気のOL、性欲から食欲へ、内なる復讐から紀行で外へ。ドラマの人間模様も単なる三角関係から多角関係へと変わった。

一方、使うと視聴率が下がる言葉もあった。「誘拐」「恐怖」は3～4%の減。「愛」「家族」「団地」もマイナス要素とされた。

ビデオリサーチによれば、その時点で、もっとも視聴率の取れそうな（ありがちな）タイトルは『女性弁護士シリーズ　小京都美人OL　グルメ殺人紀行』だった。

土ワイ再び年間20%！ 火サスはピンチに…

週7本の2時間ドラマがひしめく'85年の戦乱を制したのは、やはり土ワイだった。平均視聴率20・6%と大台を回復、王者の貫禄を示した。この年は20%を割った作品をさがすのに一苦労するぐらい、1年を通じて好調だった。翌'86年も土ワイは絶好調。平均は惜しくも20%を割って19・1%だったが、「家政婦」「トラベル」「京都」「露天風呂」に加えて、先のビデオリサーチの調査結果通り、『女弁護士 朝吹里矢子』『**実年素人探偵とおんな秘書の名推理**』『**ローカル線の女**』といったシリーズが20%台を叩き出した。特に十朱幸代の『女弁護士　朝吹里矢子』は、シリーズ開始当初は9・8%、8・7%と一桁で低迷していたのが、24・2%を叩き出す孝行娘に成長していた。

それに比べて旗色の悪かったのが火サスである。'84年の秋頃から視聴率が徐々に下がり始め、'85年下期には平均視聴率が14・5%にまで落ちてしまった。

原因の究明が急がれた。「人間ドラマの感動」を大事にするあまり、「ミステリー・サスペンスの面白さ」がおろそかになっていたのである。「人間ドラマの感動」を

『実年素人探偵とおんな秘書の名推理』
第1作
'86年12月6日放送
原作：豊田行二
脚本：猪又憲吾
監督：日高武治
出演：愛川欽也・榊原郁恵

『ローカル線の女』
全国各地のローカル線が毎回の主役という異色シリーズ。
『上越新幹線の女』
第1作
'86年4月26日放送
脚本：石松愛弘
監督：松島稔
出演：三ツ矢歌子・高松英郎・かとうかずこ

強くするには、犯人を主人公にして、なぜ罪を犯さねばならなかったのかをテーマにすることが一番作りやすい。ところが、そうした作品は、犯人も手口もハナから分かっているのだから、「ミステリー・サスペンスの面白さ」が半減してしまう。しかもこういうドラマの作り方は、暗くて重いトーンになりがちで、見る人を憂鬱にさせ、もう見たくないと思わせる危険性がある。それに気づかず、こういう傾向の作品が増えていたため、スタートは好調だった火サスは視聴率低下の迷宮にはまり込んでいたのだ。

火サスに現れた3人の女

そこで、火サスでは、犯人を主人公にせず、「ミステリー・サスペンスの面白さ」「人間ドラマの感動」の二つを満足させる方法として、シリーズものに着手した。視聴者はシリーズの探偵役と一緒に推理し、謎を解き、犯人の心情に涙する。これなら、番組が掲げる二大テーマの両方を味わえるはずだ。

さらに、制作面でのメリットもあった。実は、放送開始から5年ほど、火サスにはシリーズものがなかった。年間50本の枠を単発だけで埋めるのは、企画さがしからして大変。すでにでき上がった主役のキャラクターを生かせるシリーズものは、話を作りやすい。視聴者にとっても、前に見たという親近感があるから、安定した視聴率を期待できる。また、回を重ねることで、出演者やスタッフ間のチームワークが良くなるなど、プラスの効果も大きい。

そして火サスに3人の女がやって来た。女検事・女弁護士・女医。時あたかも男女雇用機会均等法が施行されようとしていた。女性の共感を得るにはもってこいの人材だ。彼女たちはそれぞれに、こう名づけられた。

『女検事・霞夕子』（桃井かおり）
『女弁護士・高林鮎子』（眞野あずさ）
『女監察医・室生亜季子』（浜木綿子）

第1回から彼女たちはすばらしい働きをしてくれた。霞夕子（'85年10月15日）は15・9％、高林鮎子（'86年11月11日）は15・8％、室生亜季子は（'86年12月23日）は18・2％。2回目以降さらに上昇、すぐ3人とも20％を稼ぐようになった。

この成功で火サスは復活した。年間50本のうち半分をシリーズもので、残りを単発もので編成する。シリーズものは、職業はそれぞれ違うが、主人公が謎を解

『女検事・霞夕子』
第1作
'85年10月15日放送
原作：夏樹静子
脚本：石松愛弘
監督：渡邊祐介
主演：桃井かおり

『女弁護士・高林鮎子』
第1作
'86年11月11日放送
原作：宮脇俊三
（2作目から津村秀介）
脚本：高久進
監督：小山幹夫
主演：眞野あずさ

『女監察医・室生亜季子』
第1作
'86年12月23日放送
原作・脚本：宮川一郎
監督：永野靖忠
主演：浜木綿子

き、犯人さがしをする、いわゆる「探偵もの」である。

残りの半分は探偵ものとは異なるサスペンス系である。ホームサスペンス、パニックサスペンス、**シチュエーションスリラー**、**ピカレスク小説**、実録サスペンスなどをシリーズものとバランス良く組み合わせる戦略をとることにした。

シリーズのキャラクター設定については、毎回事件になる不自然さをなくすため、主人公たちはいずれも仕事上、殺人などの犯罪に遭遇する可能性の高い職業に就かせることにした。

ただし、のちにウッカリ一つだけ例外を作ってしまった。各地の小京都を訪れては、その度に〝偶然に〟事件に巻き込まれ、「死体を見つけやすい体質なのかしら」と演じる片平なぎさがアドリブで言ってしまった、女性ルポライターである。

それ以外にも、火サスは起死回生に向け、いろいろとユニークな試みをした。

まずは、ジューン・ブライドに合わせて、週替わりで人気女優が花嫁姿で主演する『**六月の花嫁シリーズ**』である。'86年から'95年までと、その後'00年代にも制作され、その数は40本以上に上る。視聴率が20％を越すことも度々で、毎年の恒例行事として多くの視聴者を楽しませた。

シチュエーションスリラー
限定された空間や設定状況の中で起きる恐怖を描いたスリラー。

ピカレスク小説
悪役が主人公である小説。

『六月の花嫁シリーズ』
1年目4作品の主演は、香坂みゆき・岩崎良美・南條玲子・沢口靖子。

’85年のクリスマスイブには2時間すべて**生でドラマ**を放送した。岸本加世子主演で、あるテレビ局を舞台に、ニュースと歌番組が生放送で進行する中、脅迫電話が入り、放送に使うマイクロ回線を利用して犯人さがしをするという設定。東京・札幌・名古屋・横浜のそれぞれの風景の中でドラマが時間の経過とともに展開していった。テレビ創成期は別として、ドラマの生放送はTBS『**寺内貫太郎一家**』（’74年）『**ムー一族**』（’77年）などがあるだけで、2時間のサスペンスは初の試みだった。制作局はもちろん、報道局、技術局、編成局など社を上げての制作体制で、札幌テレビと名古屋の中京テレビにも協力をあおいだ。

王者・土ワイの娯楽シリーズ戦略

’87年、『土曜ワイド劇場』は10周年を迎えた。開拓者ならではの苦労も多かったが、老舗としてのブランドも確立、作品も500本を超えた。番組開始からの中心メンバー・関口恭司は、お茶の間に定着した理由を「人気シリーズを軸に、徹底した娯楽路線」をとったからだと言う。まだ、火サスがシリーズ3、4本をようやく始めたという時期に、土ワイはすでに14本もの定番シリーズを継続中。こ

生でドラマ
『たった独りのあなたのために』
’85年12月24日放送
脚本：今野勉
監督：石橋冠
出演：岸本加世子・刀根麻理子ほか

『寺内貫太郎一家』
原作・脚本：向田邦子
制作：久世光彦
主演：小林亜星
東京の下町で石屋を営む一家のホームドラマ。平均視聴率31・3％

『ムー一族』

足袋の老舗が舞台。ドラマとバラエティが融合した斬新な演出で郷ひろみと樹木希林による挿入歌『林檎殺人事件』も大ヒット。

れが高視聴率の原動力だった。'80年代中頃の土ワイの強力ラインナップは

	【主演】	【原作】
●美女シリーズ	天知茂→北大路欣也	江戸川乱歩
●トラベルミステリー	愛川欽也・三橋達也	西村京太郎
●女弁護士　朝吹里矢子	十朱幸代	夏樹静子
●家政婦は見た！	市原悦子	松本清張→オリジナル
●京都殺人事件	田村正和ほか各回替わり	山村美紗
●京都殺人案内	藤田まこと	和久峻三
●混浴露天風呂連続殺人	古谷一行・木の実ナナ	オリジナル
●美人殺しシリーズ	愛川欽也	ロイ・ウィンザー
●牟田刑事官	小林桂樹	石沢英太郎
●幽霊シリーズ	田中邦衛・浅茅陽子ほか	赤川次郎
●ローカル線の女	女優各回替わり	森村誠一
●探偵神津恭介	近藤正臣	高木彬光

●釣部渓三郎　緒形拳→林隆三ほか　太田蘭三
●密会の宿　松尾嘉代・森本レオ　佐野洋

そのほかにも、2、3回だけのミニシリーズ、夏になると出没の『京都妖怪地図』(ABC制作・宇津宮雅代ほか・最高視聴率は20・6%)などがあった。

視聴者の好みも、バブル突入前の好景気の世相を反映し、10年前に主流だった本格推理から軽めのタッチの作品へ傾向が変わっていきつつあった。

土ワイが定番シリーズを中心に娯楽路線を突き進むのに対し、火サスの小坂は読売新聞の取材に答えて「あちらはCMの前に事件を起こすなどして、数字を取る努力はしている。娯楽性第一の作りで、それはそれでいい。こちらは、犯人を当てさせることより、何で事件が起こったか、テーマ性や社会性を前面に出す」と、シリーズものに手をつけつつも、シリアスな人間ドラマへのこだわりを見せる。

もちろん、土曜ワイドでも吉展ちゃん誘拐や**滋賀銀行横領事件など実録もの**で過去に数字も評判もとってきた。しかし、「映画館に行けない主婦のお茶の間映画館」としてスタートし、エンタメ重視の土ワイの中では、路線違いの異色作だっ

滋賀銀行横領事件など実録もの
『滋賀銀行九億円横領事件』
'81年2月7日放送
原作:和久峻三
脚本:長谷川公之
監督:千野皓司
出演:大楠道代・火野正平

た。強敵だったＴＢＳ『ザ・サスペンス』が、時折、自社ディレクターに芸術性の高い作品を撮らせるのを羨ましいなと思いながらも、視聴率競争には負けられぬと娯楽作で勝負してきた。賞だけでは、おまんまは食えない。関口も塙も、それは痛いほど分かっている。だから、小坂のコメントに、関口は、こうやり返した。

「年に1、2作は冒険をしたいと思う。しかし、あれはいい作品だったと言われても、生き残らないことにはねえ」

作家さがしに四苦八苦

'87年になると、2時間ドラマ枠は週7本から5本に減った。とはいえ、本数が多いことに変わりはない。単純計算で年に250本。そうなれば、各局の間で原作の奪い合いが起きるのも道理である。

2時間ドラマは原作があるものが多い。先にあげた土ワイの定番人気シリーズを見ても、それは一目瞭然だ。また、設定や登場人物だけ借りてオリジナル脚本を書いたり、『家政婦は見た！』のように原作が尽きて、テレビ用の新作になっているケースもある。これほどまでに原作に頼るのはなぜか？　ストーリーが予め分かるので俳優との出演交渉がしやすい。人気作家の名前をサブタイトルにつけると視聴率もアップする。それに何より連続ドラマと違って2時間ドラマは一発勝負。人気シリーズとなるかどうかは結果次第。初めはすべて単発のつもりで制作するのだ。どうしても原作本のある企画に頼ってしまう。

原作獲得は、単行本になってからでは遅いこともしばしば。制作会社とも協力してアンテナを広げ、少しでも早くと、小説に目を光らせる。

土ワイの塙淳一プロデューサーの休日は、いつも朝から晩まで本読みで終わってしまう。それも土日で4、5冊という早読みである。そうでもしないとライバルにテレビ化権を奪われてしまう。10年続けて、読んだ本は2000冊。ドラマにするための原作さがしが原因で、塙は42歳で老眼鏡をかける破目になった。

しかし、当たるものを見抜く目は冴えてくる。宮部みゆきの『火車』を読んでピンと来た。雑誌発表の直後、まだ結末も書かれていないうちに、いち早く映像化権を獲得。その後、『火車』は山本周五郎賞を受賞したのをはじめ各方面から絶賛、何十年に一度のミステリーの傑作と称されるようになる。土ワイでは『**開局35周年特別企画　宮部みゆきサスペンス　火車　カード破産の女！挙式を前に失踪し**

『開局35周年特別企画　宮部みゆきサスペンス　火車　カード　破産の女！挙式を前に失踪した婚約者の秘密の顔』
'94年2月5日放送
脚本：吉田剛
監督：池広一夫
出演：三田村邦彦・財前直見

た婚約者の秘密の顔』と題して三田村邦彦主演で'94年2月5日に放送された。

原作さがしで血眼になるのは他局も同様。テレビ化権の囲い込み、新人作家の発掘・育成をするために各局が文学賞を主催する動きに出た。電通の提案でABCは文藝春秋と一緒に'83年から「サントリーミステリー大賞」を始めた。最終選考を公開し、受賞作をABCがドラマ制作するというものだ。

日テレも'88年に「日本推理サスペンス大賞」を創設した。応募総数337編（男性265編、女性72編）で、14歳から79歳と幅広い年代から寄せられた。第一回の大賞はなく、優秀作として乃南アサの作品が選ばれた。同作はその年の12月27日の火サスで『**幸福な朝食・欲望にもだえる女たちの人形芝居**』と題して30分拡大・浅野ゆう子主演で放送された。

ちなみに、翌年の第2回、初の大賞受賞者が、宮部みゆきだった。同賞はその後も、髙村薫、天童荒太らを世に送り出した。

2時間ドラマが濫造（らんぞう）されれば、原作だけでなく、優秀な脚本家も不足してくる。脚本家の養成も急務となった。初めは原作ありだったのが、原作なしオリジナルや旧作のリメイクものも増えてくる。ベテラン脚本家が足りなければ、若い脚本

『幸福な朝食・欲望にもだえる女たちの人形芝居』
'88年12月27日放送
脚本：山田信夫
監督：島村正敏
出演：浅野ゆう子・渡辺典子・伊原剛志

家が起用される。スタッフが一緒に台本作りを進めていくが、どうしても玉石混淆になる。'80年代後半から2時間ドラマの質のバラツキに世間も気づき始めた。

松本清張争奪戦

しかし、どんなときも安定して数字を稼ぐ、2時間ドラマ界のキラーコンテンツがある。それが松本清張の作品だ。短編・長編を問わず、各局でドラマになり、その度に高視聴率をマーク。特に番組改編期や夏・冬休みのスペシャル大作としてドラマ化されるケースが多い。とにかく、清張作品には、実績がある。

土ワイでは、'80年の『**帝銀事件**』が23・7%、'82年の『**書道教授**』が24・7%、'83年の『熱い空気・家政婦は見た!』が27・7%、いずれも年間1位の視聴率。

そのほか'82年の『風の息』が21・3%、'86年の『**黒い樹海**』が21・1%など、軒並み20%を超す絶対的な存在だった。火サスも記念すべき第1回は清張の『球形の荒野』で、そのときこそ18%台だったが、のちの清張作品はほとんどが20%台を記録している。「困ったとき、勝負どきは、清張先生」がテレビドラマ制作者の合言葉であった。

『帝銀事件』
'80年1月26日放送
脚本:新藤兼人
監督:森崎東
監修:野村芳太郎
出演:仲谷昇・橋本功・田中邦衛

『書道教授』
'82年1月16日放送
脚本:吉田剛
監督:野田幸男
出演:近藤正臣・風吹ジュン

『黒い樹海』
'86年1月4日放送
脚本:吉田剛
監督:池広一夫
出演:中井貴恵・山本學・金沢碧・篠田三郎

『ガラスの城』
'77年12月3日放送
脚本:神波史男
監督:斎藤武市
主演:長山藍子

実は'80年代初めまでは、清張作品の権利を取るのは、さほど難しくなかった。視聴率が確実に取れる、というほどではなかったからだ。

土曜ワイドでの視聴率は、'77年の『**ガラスの城**』が14・2％、『**声**』が16・9％、'78年の『**顔**』が14・5％と、土ワイが90分の時代はごくごく平凡な数字だ。

翌'79年に2時間サイズになって『**犯罪広告**』が17・3％、『**種族同盟**』が18・3％。朝日放送が合流したこの時期は、乱歩シリーズや混浴露天風呂などの娯楽作品と比べてしまえば、飛び抜けた印象はない。11月の『**紐**』は15・8％にとどまった。

ところが、'80年に入って、1月26日に放送された『帝銀事件』が23・7％のハイスコアを叩き出してしまう。これは事件そのものが広く知られていたことに加え、20％台の娯楽作品が目白押しの当時の土ワイにあってかなりの異色作だったからだ。これを契機に、風向きが変わってくる。清張が映画監督の野村芳太郎と設立した「霧プロダクション」の窓口に、テレビ各局が群がり始め、'82年には16作、'83年には19作ものドラマが民放で放送された。

ところが、理由は不明だが、霧プロは'84年に解散、'85年に「霧企画」が設立され、そこから急に著作権管理が厳しくなる。どのテレビ局も、清張作品は1年に1本

『**声**』
'78年3月11日放送
脚本：吉田剛
監督：水川淳三
主演：音無美紀子

『**顔**』
『顔　死の断崖』
'78年11月18日放送
脚本：吉田剛
監督：水川淳三
主演：倍賞千恵子

『**犯罪広告**』
'79年1月20日放送
脚本：吉田剛
監督：水川淳三
出演：檀ふみ・田村亮

『**種族同盟**』
'79年5月26日放送
脚本：吉田剛
監督：井上昭
主演：小川真由美

しか許可が下りなくなる。メディア露出をコントロールして、作品の鮮度を保つという事務所の意図、清張と近しい電通の存在、さまざまな思惑や事情があったと推測されるが、今となっては、すべてが霧の中である。

それでも、松本清張作品のテレビドラマ化は、20世紀中に250本以上に及んだ。うち土ワイだけでも39本を数える。その後も米倉涼子が主演の『**黒革の手帖**』など新世紀になっても清張作品は不死鳥のように時代の裂け目に顔を出す。

かつて大宅壮一と一緒に「一億総白痴化」とテレビを揶揄した清張だが、実はテレビや映画は大好きだった。内容にも口を挟んだし、出演するのも好きだった。

「もう少し若ければ、監督をやりたかった」

これは土ワイで自作の『**一年半待て**』('91年6月8日放送)のロケ現場で、主演の多岐川裕美と顔を合わせたときに、晩年の清張がふと漏らした言葉だ。どんなふうに映像化されるのかを、そして視聴率を、とても気にする作家だった。

一方、森村誠一は「活字と映像はまったく異なるので、原作者として口出しはしない。自分の想念で作った人物が、実際に演じられる楽しみが、ドラマにはある。自分の原作であることを忘れ、いつも、新鮮な驚きがある」と言っている。

『**紐**』
'79年11月24日放送
脚本:吉田剛
監督:水川淳三
主演:酒井和歌子

『**黒革の手帖**』
『黒革の手帖スペシャル～白い闇』
'05年7月2日放送
脚本:両沢和幸
監督:松田秀知
主演:米倉涼子

『**一年半待て**』
'91年6月8日放送
脚本:吉田剛
監督:永野靖忠
主演:多岐川裕美

ロケ事情『密会の宿』の女将は出張中

早朝、札幌からの始発便が着くと、羽田空港に颯爽と降り立ったのは、女優の松尾嘉代である。'85年６月に、フジテレビが直近の１年半の間に２時間ドラマに主演・準主演した女優の出演回数を調べたところ、松尾が15回でトップだった。「ヌードなんて大したことないわ」という度胸の良さがウリ。とりわけ、'84年に土曜ワイド劇場で始まった『**密会の宿**』の連れ込み旅館の女将役が大当たり。シリーズ第１回の視聴率は24・７％。火サスでも、名取裕子と共演した松本清張原作『**指**』が歴代最高視聴率28％を記録した。

実は前夜に撮影のため数時間だけ札幌に滞在した松尾は、羽田空港ロビーで別のドラマの打ち合わせをこなし、そこからすぐに次のドラマの撮影で福岡へ発つ。

主役級の松尾がこれだけ各地を飛び回るほど、'80年代中頃から地方ロケが盛んになった。連続ドラマならスタジオに美術セットを組んで使い回せるが、２時間ドラマは単発なので予算面からそうするのは難しい。となると、ロケ撮影が主流になるが、わざわざ地方へ行くのは土ワイが先鞭をつけた「旅とグルメとお色気」

『密会の宿』
第1作
'84年11月3日放送
原作：佐野洋
脚本：猪又憲吾
監督：斎藤武市
出演：松尾嘉代・森本レオ

『指』
松本清張の『指』
'82年7月27日放送
脚本：八木柊一郎
監督：出目昌伸
出演：名取裕子・松尾嘉代
視聴率28・0％

スタイルが受けると分かってから。乱立していた2時間ドラマの中に類似品が出回るようになる。とくに'86年はドラマ以外でもグルメ・温泉番組が花盛りに。**『混浴露天風呂連続殺人・湯けむりに消えた女三人旅・田沢湖から乳頭温泉へ』**が関東28・6%、関西36・3%を出したのが象徴的だ。関東の28・6%はその年の民放ドラマ全体で2位。関西の36・3%は、東西を問わねば土ワイで歴代堂々1位の快記録。パチモンが出回り、のちに『元祖!混浴〜』とつけたほどである。

地方ロケの多さを示すデータがある。平成元年の'89年7月から'90年6月までの1年で、主な2時間ドラマ364本がどれだけ地方を舞台にしているか。

なんと土ワイは51本のうち41本、実に80%以上に地方ロケがあった。フジテレビ『男と女のミステリー』は46本中21本で45%、火サスは49本中23本で47%の地方ロケが含まれている。

しかし、同じ2時間ドラマでも『木曜ゴールデンドラマ』は51本中13本の25%と地方ロケが少ない。これは家族の人間模様を描くホームドラマが主流で、あえて地方に行く必要がないからだ。

ちなみに都道府県別のベスト3は①長野15本、②京都14本、③北海道13本。長

『混浴露天風呂連続殺人・湯けむりに消えた女三人旅・田沢湖から乳頭温泉へ』
シリーズ第5作
'86年9月20日放送
脚本:篠崎好
監督:脇田時三
出演:古谷一行・木の実ナナ・大信田礼子ほか

野は日本で第2位の温泉王国である。上越新幹線も通りロケに行きやすかった。

地方が舞台になる作品は、鉄道だけでなく、船もある。高橋英樹演じる船長が事件を解決する、土ワイの『船長シリーズ』だ。プロデューサーの塙によれば、この作品は、わざわざ青函連絡船が引退するまで企画を寝かせておいたという。その狙い通り、'88年3月オンエア『**津軽海峡おんな殺人行**』は、土ワイ歴代7位の高視聴率（26・6％）を記録。その後シリーズ化された。シリーズ3作目では鹿児島に寄港したが、実はそのタイミングで鹿児島では視聴率調査が開始。ネット局の依頼で、そこを舞台にするケースはよくある。逆に、原作の舞台が長崎でも、東京に近い横浜に変えることもしばしば。制作費を抑えるためや、出演者のスケジュールのためである。

『**津軽海峡おんな殺人行**』
'88年3月5日放送
脚本：柴英三郎
監督：野村孝
出演：高橋英樹・音無美紀子・田村高廣

小京都ブーム

温泉ブームから数年後、2時間ドラマに欠かせないもう一つのブームが起きた。「小京都」である。'85年には小京都と呼ばれる地域が集まって全国京都会議が結成される。こうした流れを受けて企画されたのが火サスの『**小京都ミステリー**』

『**小京都ミステリー**』
第1作
『小京都連続殺人事件』
'89年1月24日放送
脚本：安本莞二
監督：野村孝
出演：片平なぎさ・船越英一郎

（出演・片平なぎさ、船越英一郎）である。'89年1月にスタートしたこのシリーズは、フリーライター（片平）と相棒のカメラマン（船越）が取材先の小京都で〝たまたま〟事件に巻き込まれ、解決に奔走するお話。歴史の薫り高い街並みと美しい自然を背景に、2人が絶妙の掛け合いを見せる。平均視聴率18・5％、30作のロングシリーズとなった。

地域の生活感を出すため、その土地の祭りや雪の季節などに合わせてロケ地を決めることもあった。その際に、必要なのが地元の協力。ある町では「殺人などもっての外」と協力を断られたが、放送された作品が好評で、町長から感謝状が届いたこともあるという。お手柄、お手柄（誰かと両手を合わせながら）。

なぜ殺人事件は京都なのか？

さて小京都がくれば、本家本元の京都にふれない訳にはいかない。なぜ2時間ドラマの舞台には京都が多いのだろうか？　そもそも、京都は日本の古都。2時間ドラマのはるか以前から多くの小説・映画・ドラマの舞台となってきた。松竹や東映など、映画会社の撮影所もある。どこを撮っても画になる。それに京の街の全体が美術セットのようなもので、劇中で凶悪事件が起きようが、妖怪が出没しようが、都の人々は、よその地方の人たちのように気にとめるふうもない。

土ワイでは、山村美紗シリーズを年に数本制作しているが、彼女の作品の舞台はほとんどが京都で、ドラマ化の際は原作に忠実に従わねばならぬので、自然と多くなる。藤田まこと主演『京都殺人案内』の第1作に当たる『花の棺』で舞台を京都以外に札幌も追加してドラマを構成したため、山村の不興を買い、制作のＡＢＣとの間で一悶着があったのはすでに書いた通りである。

原作を和久峻三にバトンタッチしてからの『京都殺人案内』も30作を超える長期シリーズになった。元ＡＢＣの大熊邦也に言わせると「一時期は京都と題名につければ視聴率が取れるので、何でもかんでも京都で撮影しましたなぁ（笑）」となる。ＡＢＣは土ワイで4回ごとに担当なので、これも自然と京都ものが増える。

本来なら、日本の2大警察組織は、「警視庁」と「大阪府警」だが、大阪府警を舞台にした原作が少ないので、2時間ドラマでは大阪府警はあまり描かれない。「西は大阪でなく京都府警」になる。これも京都ロケが増える理由である。

「おい、東京と京都、どっちが事件が多いんや？」「いい勝負ちゃいますかね」

再び戦乱と波乱へ　夜9時の掟

’88年4月に入ると、一時は多作による質の低下で縮小し、4本にまで減った2時間ドラマの枠が2本増えて週6本になった。

増えたテレ朝とTBSの枠は「2時間ドラマは夜9時から」という常識にチャレンジするものだった。

テレ朝の『火曜スーパーワイド』は夜8時から。実は過去にもテレ朝は『月曜ワイド劇場』という枠を8時からの2時間で放送したことがある。だが、これは元は9時からだった番組を、1時間繰り上げたものだった。関口恭司の話。

「俺が土曜から月曜に行って、視聴率ババババーンと30％近くまで上げたの。唯一、オレ威張って良いかなぁ。ところが’85年10月に『ニュースステーション』ができてダメになっちゃった。あれが10時からだから、こっちの開始が8時に繰上がった。そしたら、視聴者層が9時で切れちゃうんだ」新番組の『火曜スーパーワイド』は、この「9時はまたげない」というジンクスに再び挑むものだった。

TBSの『土曜ドラマスペシャル』は逆に夜10時から。視聴者の生活時間帯の変化や、前年10月から民放テレビの24時間編成が始まったことも理由だった。

結果は…どちらも失敗。枠の名前を変えたりしながら（火曜スーパーワイド→火曜ミステリー劇場、土曜ドラマスペシャル→ドラマチック22）悪戦苦闘したが、火曜夜８時は９％、土曜夜10時は11％程度。いずれも'91年中に姿を消した。

〝夜９時の掟〟は、とてつもなく厳しかったのである。

第Ⅱ期２時間ドラマ戦国時代の終焉

'89〜'90年は再び週８枠の２時間ドラマが乱闘を繰り広げる。どこかの放送枠が潰れたかと思うと、別の放送枠が名乗りを上げ、「消耗戦」の様相を呈してゆく。

元テレ朝の高橋浩は編成部長だった'91年当時こんな言葉を残している。

「４月から６月の２時間ドラマの視聴率を見ると、去年は４局８枠で平均16％、今年は７枠で14％弱。去年よりいいのは、火曜サスペンス劇場と土曜ワイド劇場だけ。２時間ドラマが視聴率を上げるカンフル剤だった時代は終わった。２時間ドラマは、最低15％の視聴率が取れたし、単発なので『来週にご期待を』とスポンサーをつなぎとめる効果もあった」

毎週連続の1時間の現代ドラマは、'70年代中頃までテレビ番組の王様だった。そこへ新興勢力の国産テレフィーチャーつまり土ワイを先頭とする長時間ドラマがやって来て王座を追われた。'80年代初めには2時間ドラマは常時20%を稼ぎ、ドラマの王者になった。その後、連ドラには15年もの長い不遇の時代が続いた。が、各局に2時間ドラマが乱立し、'85〜'86年、'89〜'91年の二度の戦国時代の間に粗製濫造による質の低下やマンネリが生じ、視聴者からは飽きられ、呆れられるようになってしまった。2時間ドラマの戦国時代も終わろうとしていた。

その裏で、連ドラ復活の旗手として登場を待っていたのが、フジテレビだった。

軽やかなフジテレビ

『東京ラブストーリー』『101回目のプロポーズ』『愛という名のもとに』。トレンディドラマという新しい旗を掲げて、連ドラ復活のノロシを上げたのがフジテレビだった。'92年には、ゴールデンタイムに放送される連続ドラマが前年に比べて5本も増え、計13本になった。かたや2時間ドラマは2本減で5本。ドラマの覇権は完全に連ドラに移った。

視聴者は、フジテレビの提示する新しいタイプのドラマこそ、娯楽作品の王道、と思うようになった。もはや2時間ドラマは旧式の娯楽作品に位置づけられた。同時に、この頃から世間一般に「2時間ドラマみたいな」＝「陳腐な設定」というニュアンスが囁かれ始める。旅・グルメ・お色気・時刻またぎ・断崖…などお約束の様式美が、いつのまにか揶揄されるようになっていた。ブームになるとパロディーが生まれ、それを制作者が追う。安易な企画が巷にあふれ始めた。

フジテレビという局は、二度にわたる2時間ドラマ戦国時代の最中も、ほかとはちょっと異なるスタンスで2時間ドラマを制作していた感がある。

テレ朝や日テレのように「本格派の推理やサスペンス」というよりも、「型から入ってパターンを真似してみる」という作風である。放送枠も、土ワイや火サスが枠を死守しようとするのに対し、あっさり半年でやめてしまう軽やかさがある。キャスティングも自社のバラエティーで活躍したタレントを起用しており、ドラマの客とバラエティーの客とを同じに捉えているフシがある。パロディー精神も豊かで、他局はもちろん、自局の看板番組でも臆面もなくいじってしまう。

たとえば、フジの80年代の2時間ドラマを代表するといわれる、『**ＯＬ三人旅**』

『ＯＬ三人旅』シリーズ
第1作
『湯けむり殺人事件』
'86年5月9日放送
脚本：中村勝行
監督：福本義人
脚本：中村勝行
出演：萬田久子・
長谷直美・美保純

シリーズは、土ワイで関口恭司が企画した『女ざかり、三人旅』をベースにして『混浴露天風呂連続殺人』の入浴シーンをそのまま足したようなドラマである。

フジテレビ2時間ドラマの最高視聴率27・6％を記録した『**おばさんデカ・桜乙女の事件帖**』（市原悦子主演）は土ワイの『家政婦は見た！』の刑事版であることは誰の目にも明らかである。

そして「2時間ドラマ共通のエッセンス」と大映テレビが持つ独特の演出法＝「大映ドラマっぽさ」を合わせたのが、'92年開始の『**赤い霊柩車**』シリーズである。2時間ドラマが下降線をたどろうかという局面で、最高視聴率『おばさんデカ』と最長シリーズ『赤い霊柩車』を出したところにフジの独自色がある。

迷い始めた2時間ドラマ

'92年は2時間ドラマにとって、混迷と変革の始まりの年だった。3月に木曜ゴールデンが終了。2時間ドラマのジャンルは、推理ものだけに絞られた。

制作の現場にも変化の波は押し寄せる。「長編テレビ映画」という別名の通り、それまでの2時間ドラマの主流はフィルム撮影だった。それが'90年を境にビデオ

『おばさんデカ・桜乙女の事件帖』
第1作
'94年9月9日放送
脚本：土屋斗紀雄
監督：加藤彰
主演：市原悦子

『赤い霊柩車』
第1作
'92年3月6日放送
原作：山村美紗
脚本：長野洋
監督：土井茂
出演：片平なぎさ・大村崑・山村紅葉

撮影に置き換わる。土ワイの例で見ると'89年に年49本中15本だったフィルム作品が、'90年は7本に減り、'91年には2本。フィルム作品はほぼ消滅する。フィルムとビデオの画面の質感の違いは、見る者に少なからず影響を与える。ビデオは「生々しい」のである。フィルムの場合は画面を挟んでこちらと向こうは別世界、虚構として見ていたのが、ビデオになると妙なリアリティー感が漂う。

制作者たちにも手詰まり感が漂い始めた。ミステリーやサスペンスでは、めぼしいトリックはほとんど出尽くしてしまった。'92年4月に週刊朝日の取材に応えて、火サスのチーフ・長富はこんな笑い話を披露している。「最近考えた密室のトリックを種明かししましょうか。離れ家の中で人が殺されている。家の周囲には白い粉が撒き散らされているのに、犯人の足跡一つないんです……高枝切りバサミってあるでしょ、テレフォンショッピングで売ってるやつ。あれが凶器でした」。

この頃、ABCで土ワイの担当を命じられた**森山浩一**も迷っていた。土ワイは放送開始からすでに15年が過ぎ、番組開始当初からのファンも同じだけ年月を重ねている。土ワイ視聴者の上のほうはすでにF3層（女性50歳以上）になり、それに見合う内容にしないと昔からの視聴者はついてこない。競争相手のフジテレビ

森山浩一
（もりやま　こういち）
'78年に朝日放送入社。『ラブアタック!』『部長刑事』『必殺仕事人』『京都殺人案内』『天才刑事・野呂盆六』など。'18年より大阪芸術大学教授。

は「お笑いだけでは真のトップにはなれない」と、ドラマにも力を入れてくる。スポンサーも若い視聴者が欲しいと営業を通じ伝えてくる。プレッシャーに耐えかねて、若いタレントをキャスティングすれば、古くからの客に「この人誰?」と反発も出てくる。「大人の観賞に堪えるドラマを作らなくては」と「若者にも見られるものを作らないとジリ貧」の板挟みに悩むある日、森山は学生時代の友人と呑んだ。その席で「**ラテ欄の上から4人目**の役者が犯人だろ?」とからかわれて、カチンときた。「いつかお前らに犯人が分からんドラマを作ってやる!」と心に誓う森山だった。

トラベルミステリー対決

連ドラの影響もあってか、'90年代前半から2時間ドラマはシリーズものの比重がより高くなる。視聴率の土台を固める意味でも、制作を効率よく行う意味でも、シリーズものはやはり便利だからだ。ただし、原作は1作品ごとに権利を取るので、人気シリーズが複数の局で同時に作られる事態にもなる。十津川警部、狩矢警部、浅見光彦など一人のキャラクターを異なる役者が演じる事態になった。

ラテ欄の上から4人目
'05年2月2日フジテレビ『トリビアの泉』によれば、'04年に放送された2時間ドラマ201本を調査した結果、犯人のラテ欄掲載順の割合の第1位は3番目で31%、第2位は4番目で29%、第3位は5番目で20%だった。

テレビ朝日『日本縦断殺人ルート』
脚本:篠崎好
監督:永野靖忠

テレ朝が警戒したのは、TBSの『月曜ドラマスペシャル』だ。ここで土ワイの看板シリーズでもある西村京太郎のトラベルものが'92年から始まった。ただし、題名は、テレ朝は『トラベルミステリー』、TBSは『トラベルサスペンス』。十津川警部役は、テレ朝は三橋達也、TBSは渡瀬恒彦。亀井刑事役は、テレ朝は愛川欽也、TBSは伊東四朗。土曜と月曜で曜日こそ違え、同じシリーズだ。同じ月に、どちらの局も西村京太郎トラベル、ということも何度もあった。実際、TBSが同シリーズを放送開始した'92年4月にいきなりの同月オンエアである。ただしその場合、テレ朝は必ずTBSより先に放送するのを徹底していた。

'92年4月4日　**『日本縦断殺人ルート』**　19・5%　テレビ朝日
'92年4月13日　**『札幌駅殺人事件』**　15・9%　TBS
'93年1月9日　**『陸中海岸殺人ルート』**　21・1%　テレビ朝日
'93年1月18日　**『西鹿児島駅殺人事件』**　18・5%　TBS

なんと、中一日だけ置いてのトラベル対決もあった。

'00年9月30日　**『津軽陸中殺人ルート』**　17・8%　テレビ朝日
'00年10月2日　**『寝台特急カシオペアを追え』**　16・4%　TBS

TBS『札幌駅殺人事件』
脚本：竹山洋
監督：脇田時三

テレビ朝日『陸中海岸殺人ルート』
脚本：猪又憲吾
監督：松島稔

TBS『西鹿児島駅殺人事件』
脚本：竹山洋
監督：脇田時三

テレビ朝日『津軽陸中殺人ルート』
脚本：篠崎好
監督：池広一夫

TBS『寝台特急カシオペアを追え』
脚本：竹山洋
監督：脇田時三

TBSの『西村京太郎サスペンス』は、土ワイとぶつからなかったときには、'96年7月8日の『**南伊豆高原殺人事件**』で25・2%の記録を残している。比較されがちな両番組だが、『トラベルミステリー』のプロデューサーだった白崎英介によれば、土ワイとTBS版とには、様々な違いがあったという。

まず、2人の主人公の比重。土ワイでは、愛川欽也が演ずる亀井刑事に重点が置かれる。TBS版では主人公はあくまで渡瀬恒彦の十津川警部である。話の筋立ても異なる。土ワイでは、トリック解明・アリバイ崩しがメインだ。TBS版では、十津川警部と亀井刑事の人情話も描かれるが、土ワイはあくまで「本格推理」にこだわる。白崎には推理ドラマ制作者としての矜持がある。

「僕らは企画第一主義なんだ。西村京太郎さんの原作なら、やればどこだってそれなりの視聴率は獲れる。でも、僕は〝トラベル〟ミステリーなんだから、時刻表とか列車の内部構造でのトリックがある作品しかやらない。よそはタレントが途中で電車に乗るとか何でもいいんです。それは簡単だし、そこそこ数字を獲ることもこっちは分かってる。でも、僕は同じ原作者の作品群からそれに相応しいものを選び抜くから手間暇かかる。何でもかんでもという訳にはいかない」

『**南伊豆高原殺人事件**』
'96年7月8日放送
脚本:長坂秀佳
監督:脇田時三

在庫問題

2時間ドラマ大量生産のツケが回ってきた。初回放送の頃から意識的に納期を短くしていた火サスは別として、各局とも未放送のドラマが山積みになっていた。週に8本あった放送枠が半分になったのだから、消化も遅くなる。'90年代初めは収録してから放送は1年後というのが標準だった。季節感を考慮すると、そうせざるを得ない。2時間ドラマ戦争の最中に他局に企画を取られまいと、放送日を決めずにどんどん発注していたこともある。2〜3年前の作品もザラ。さすがに土ワイが'93年10月に**5年前のもの**を放送したときは、誰もが劇中のある女性タレントが若すぎるのに気づいた。犯行場面でスポンサー商品が映り込んでいたので、お蔵入りしていたという、特殊事情だったのだが。

それでも競争に勝つためなら大目に見られていた。しかし、在庫がどの局でも40本、50本となれば、経理からしたら大変な額の在庫、不良資産になる。最先端の流行を取り上げる連続ドラマと比べ、作品の時代感覚に微妙な違和感があり、それが2時間ドラマはちょっとズレてる、と言われる原因にもなっていた。

5年前のもの
『ふたつの町のひとりの女』
'93年10月30日放送
原作：藤本義一
脚本：橋本綾
監督：出目昌伸
出演：桃井かおり・三田寛子・伊原剛志・織本順吉・北村総一朗ほか

94年、そんな事態を打開すべく、土ワイは軌道修正を試み始める。ミステリー&サスペンスの基本は守りつつ、メイン視聴者のF2層（女性35〜49歳）よりさらに若い層を獲得しようと、新しい方針を打ち出した。

(1)社会の流れにマッチした新鮮な作品

(2)旬のタレントを起用、鮮度を高める

(3)列車・温泉・殺人のイメージを捨て、間口を広げる

具体策として、それまで推理ものを書いたことのない、トレンディードラマで実績のある水橋文美江に脚本を依頼。タイトルは『**7人のOLが行く！沖縄お見合いツアーに殺しの花が咲く!?**』。ロケを7月9日までの2週間ですませ、放送は8月6日に指定。それまでの土ワイにない超スピード制作に出演者たちが驚いた。『7人のOLが行く！』は翌'95年にも**パート2**が放送された。その際はロケ地のバリ・沖縄・北海道への旅が当たる「犯人当てクイズ」も実施。3万通の応募があり、スタッフは喜びと同時に、旅のニーズを改めて思い知らされるのだった。

そんな中、'93〜'94年を境に、ゆるやかにではあるが、視聴率が低下し始める。折悪しく、バブル経済の崩壊も重なり、いつも満稿だった提供スポンサーの枠に

『7人のOLが行く！沖縄お見合いツアーに殺しの花が咲く!?』
'94年8月6日放送
脚本：水橋文美江
監督：五木田亮一
出演：とよた真帆・渡辺いっけい・杉本哲太・水島かおりほか

パート2
『7人のOLが行く！(2)』
'95年8月19日放送
脚本：岡崎由紀子
監督：合月勇
出演：伊藤かずえ・西村和彦ほか

初めてポツポツ空きが出始めた。60秒で売れず、30秒ごとに切り分けてセールスにかける始末。一切の番組スポンサード作業をテレ朝が取り仕切るようになった。広告主も、番組制作も、東京一極集中がどんどん進んでいった。

シリーズ主役の世代交代、新たなキャラクターへ転身も

２時間ドラマにシリーズものが多くなってくると、各シリーズの特徴をハッキリさせて、同じ放送枠の中で被らないように棲み分けをさせる必要が出てくる。火サスを例にとると、『女弁護士・高林鮎子』はトラベルもの、『**弁護士・朝日岳之助**』は冤罪もの、『**名無しの探偵**』はハードボイルド、『**わが町**』は群像劇、というように区分できる。火サスや土ワイには、明確なシリーズ戦略があった。

また、'94年頃から、主人公の若返りや新たなキャラクター像を作り出すため主役俳優の世代交代が始まった。

土ワイでは、『女弁護士　朝吹里矢子』が十朱幸代から財前直見にバトンタッチ。フランキー堺が演じたＡＢＣ制作の「赤かぶ検事」役に橋爪功がつき、和久峻三の原作初期の飛騨高山に舞台を戻して『新・赤かぶ検事奮戦記』が始まった。火

『弁護士・朝日岳之助』
シリーズ全23作
'89年～'05年放送
原作：姉小路祐
脚本：峯尾基三ほか
監督：藤井克彦ほか
主演：小林桂樹

『名無しの探偵』
シリーズ全12作
'82年～'96年放送
原作：ビル・プロンジーニ
脚本：田上雄ほか
監督：渡辺祐介
佐光千尋ほか
主演：緒形拳

『わが町』
シリーズ全10作
'92年～'98年放送
原作：エド・マクベイン
脚本：鎌田敏夫ほか
監督：吉川一義ほか
主演：渡辺謙

サスでも、『女検事・霞夕子』が桃井かおりから鷲尾いさ子に代わった。女優の交代に合わせて、夕子のキャラクターも再構築すべく、彼女の家庭の環境も設定し直して**「新・女検事」**と題して、別の世界観として再スタートさせた。

だが、超個性派の桃井が演ずる夕子のキャラクターの印象があまりに強かったため、鷲尾になって初回19・6%で好発進するも、当初は比較されて大変だったという。シリーズ6回目の'95年末からようやく認知されて「新」の字が取れた。

また、世代交代ではないが『浅見光彦』『朝比奈周平』と二つのシリーズを渡り歩いた水谷豊が、新シリーズ『地方記者・立花陽介』で三たび主役についた。

従来からのスターも、ただ主役を演ずるのではなく、今までになかった設定で演じることが必要になってきた。

火サスでは、古谷一行が'93年11月から**『盲人探偵・松永礼太郎』**シリーズに主演。土ワイの『混浴露天～』とは全く異なる表情で魅せた。

土ワイでも、大物俳優・宇津井健の**『車椅子の弁護士・水島威』**が'96年7月に始まった。プロデューサーの白崎英介によると、宇津井は自宅へ車椅子を持ち帰って連日の大特訓。ベテラン俳優でも(だからこそ)あそこまでやるのかと、

「新・女検事」
『新・女検事霞夕子』
'94年5月3日放送
原作:夏樹静子
脚本:石松愛弘
監督:木下亮
主演:鷲尾いさ子

『盲人探偵・松永礼太郎』
第1作
'93年11月16日放送
脚本:宮川一郎
監督:吉川一義
主演:古谷一行

『車椅子の弁護士・水島威』
第1作
'96年7月13日放送
脚本:宮川一郎
監督:山本邦彦
主演:宇津井健

その熱意に胸を打たれたという。シリーズは10回に及んだが、回を重ねるごとに車椅子を操る技術が向上し、白崎が「あんなとこ行けるのか」と思った坂道も悪路もへっちゃらだった。障がいのある人が見ても、リアリティーを感じられるものにしなければ、というのが宇津井とスタッフの考えだった。

いぶし銀の男たち　我が町は元悪人だらけ

同じく'94年から火サスで始まったのが、ドリフの長さんこと、いかりや長介が主演の『**取調室**』だった。ストーリーも、犯人を追うのではなく、被疑者を取り調べ、送検するまでのプロセスが描かれる。しかも舞台は地方の佐賀県警だ。定年間際の老刑事、「落としの達人」水木警部補が被疑者と一対一で、会話にならないような会話で、相手を追い込んでいく。2時間のほとんどが狭い取調室の中での駆け引きに当てられる。何から何まで異色のドラマだ。原作者の**笹沢左保**は、いかりやの演技に感動し、途中からは原作もいかりやをイメージして書くようになった。'98年にはドラマに笹沢が本人役で登場して、自らが生んだキャラクターと共演、もはやいかりや自身が水木警部補と一心同体なのを目の当たりにして、

『取調室』
第1作
'94年4月19日放送
原作：笹沢左保
脚本：山田正弘
監督：鷹森立一
主演：いかりや長介

笹沢左保
（ささざわ　さほ）
1930～2002。
代表作は『夜明日出夫の事件簿』（タクシードライバーの推理日誌）、中村敦夫主演で大ブームを巻き起こした『木枯し紋次郎』シリーズ。

「水木はあなたにあげるよ」とまで言い切ったほどだ。
このように主役に抜擢されるのは、美男美女、従来のスターだけではなくなってきた。この流れは'93年、強面で知られる大地康雄を火サスが『**刑事鬼貫八郎**』で主役にしたあたりから始まる。イカツイ顔と中年男の悲哀のギャップが大好評でシリーズ化。かつては極悪人の役を演じた大地が、見事に愛されキャラに変身した。元は犯人役でも、その「個性」と「経験」が長い熟成期間で「いぶし銀」に変われば、刑事役にうってつけ。『わが町』シリーズなどは、主役の渡辺謙以外は蟹江敬三など犯人役の経験者がずらり。わが町は、元悪人だらけなのである。

『刑事鬼貫八郎』
第1作
'93年3月9日放送
原作：鮎川哲也
脚本：佐伯俊道
監督：田中登
主演：大地康雄

ストーリー全体のリアリティーの追求・専門職・群像劇

視聴者層を広げるために、絵空事と思われがちな2時間ドラマにリアリティーを導入する試みが'90年代の中頃から盛んになされるようになった。
'94年に土ワイで開始された『**法医学教室の事件ファイル**』は人間関係の描き方は国際放映お得意のベタな演出だが、事件の謎を解くカギになる部分は科学的要素を色濃く反映させたもの。番組開始当時は制作局長だった関口恭司の証言。

『法医学教室の事件ファイル』
第1作
'94年7月2日放送
脚本：今井詔二
監督：山本邦彦
出演：名取裕子・宅麻伸

「あれは堅実なんです。派手なシーンがあるわけでなく、ジリジリと追い詰めていくパターンなんだけど、それが意外にも長寿シリーズになりましたね」

リアリズムの追求という意味で画期的だったのが、火サスで'96年に開始された**『警視庁鑑識班』**である。舞台は警視庁鑑識課第一現場鑑識班。主役の西村和彦の個性を強く打ち出したストーリー展開ではない。渋い中堅俳優だけの群像劇。名探偵がたちどころに事件を解決するドラマチックな展開はなく、凝ったトリックも登場しない。文字通り、地を這うような証拠集めやＤＮＡ鑑定が続く。

プロデューサーの**佐光千尋**が、その狙いを熱く語ってくれた。

「徹底したリアリズムこそ、このドラマの命。鑑識は裏方です。捜査権がない。物からのみ事件の背景に迫れる。指紋、血痕、毛髪、チリみたいな破片。地を這い、床を舐め、現場や遺留品との気の遠くなるような格闘があるのみ。だから私は台本で登場人物が刑事的な動きをするのを一切禁じました。そりゃ脚本家は悲鳴。でもハードルが高くなるほど、リアル感が増す。広い埠頭の道路いっぱい横一列に隊列を組み、這うように進む鑑識班を、巨大なクレーンからの俯瞰でとらえたショットは、まさにドキュメンタリーの感動でしたよ」

『警視庁鑑識班』
第1作
'96年5月14日放送
制作：佐光千尋
脚本：坂田義和
監督：下村優
主演：西村和彦

佐光千尋
（さこう　ちひろ）
'63年日本テレビ入社。『夫婦学校』『火曜劇場』の演出、『Time21』担当。火サスの『女検事・霞夕子』『警視庁鑑識班』『だます女だまされる女』のプロデュース、『名無しの探偵』『女優』などを監督。

物が中心のドラマなので、物にもこだわる。「白骨の見つかるシーンでは、劇中の被害者の骨格に似た骨を、大学病院の研究室から借りてくる。血痕の鑑定では、ふつうは動物の血を使うが、それではリアルな発色効果が出ないので、助監督が自分の血を使う。毒物は実際に鑑識ＯＢの指導で花から抽出、見た人が悪用しないように映像を加工しました」(佐光)。ドラマを研修用資料として、新人警察官に見せた警察署があったほどだ。

突出したスター不在での群像劇。監督の下村優はそれをどう演出したのか。

「ドラマの中には、面白い人、悲しい人、様々な人々がいる。それを生き生きと描き出すことがドラマの目的だと思う。好意を持つにしても拒否感を抱くにしても、視聴者が感情移入できる人間像を作りたい。わずか一言のセリフしかない脇役も含めて、登場人物すべての人間性が浮き彫りになるように綿密に作ることが大切。だから、脚本にも手を入れ、一作ずつ丁寧に作ってきた」

リアルか娯楽か

娯楽路線を貫き、いろいろなシリーズを揃える土ワイだが、実は、一つだけ異

『生命維持装置を切った女！』
『事件4　生命維持装置を切った女！姑殺しに秘められた悲劇…』
'96年6月22日放送
脚本：田子明弘
監督：五木田亮一
出演：北大路欣也・国生さゆり・沢田亜矢子

『金の夢は血に濡れて・2000億円と共に消えた青年虚業家の軌跡・〝おじいちゃん背中流すワ〟訪問レディーにだまされて…』
'92年12月12日放送
原案：吉岡忍
脚本：竹山洋
監督：出目昌伸
出演：役所広司・片岡鶴太郎・とよた真帆

色のシリーズがある。'93年から年に一作のペースで始まった『事件』である。実際の事件やノンフィクションを手がかりに、脚色を加えて、ドラマ化したものだ。

通常の土ワイでは見られぬ救いのない結末や重苦しいテーマが並ぶが、'96年の『**生命維持装置を切った女！**』は視聴率も20％を記録した。

こうした実録犯罪ものは、土ワイ初期には大ヒットを飛ばしたが、娯楽路線の強化でしばらく中断していた。その復活のきっかけとなったのが'92年12月12日放送の番組15周年記念特別企画『**金の夢は血に濡れて・２０００億円と共に消えた青年虚業家の軌跡・〝おじいちゃん背中流すワ〟訪問レディーにだまされて…**』（主演・役所広司）である。題材は、'80年代半ばに悪徳商法で日本中を騒がせた豊田商事事件。ただし、事件経過をそのまま追う再現ドラマではなく、そこからイメージを広げて、フィクションとして再構成した物語である。

これを契機にそれ以降、シリーズ『事件』や単発企画として年に数本、娯楽作に交じって実録犯罪ものが土ワイのラインナップに加わった。４人連続射殺犯の生い立ちを追った『**死刑囚・永山則夫と母**』や『**ひまわり・桶川女子大生ストーカー殺人事件**』、少年法のあり方を問う『**殺意の涯て～広域指定１８８号の女**』などで

『**死刑囚・永山則夫と母**』
'98年8月1日放送
脚本：竹山洋
監督：出目昌伸
出演：大竹しのぶ・岡田義徳・渡瀬恒彦

『**ひまわり・桶川女子大生ストーカー殺人事件**』
'03年12月13日放送
脚本：坂田義和
監督：吉田啓一郎
出演：渡瀬恒彦・内山理名・金子賢

『**殺意の涯て～広域指定１８８号の女**』
'00年12月23日放送
原案：橋本綾
脚本：前川洋一
監督：星田良子
出演：田中美佐子・渡瀬恒彦・井ノ原快彦

ある。ただし、現実から題材をとる作品は被害者への配慮が難しく、関係筋からの〝圧力〟も心配される。視聴率にも波があり、常にリスクと背中合わせである。そうでなくとも、阪神大震災、大阪教育大附属池田小児童殺傷事件、能登半島地震など、現実の事件事故天災による視聴者の感情に配慮して、予定の放送作品を差し替えた例は幾度となくあった。

しかし、社会的な出来事をストーリーに織り込むのは以前から土ワイが続けて来た手法だ。娯楽の典型と思われている家政婦シリーズでも、暴力団新法が施行された'92年には「極道の秘密」をテーマにして放送。時代のスパイスを娯楽に昇華させる手法をスタッフが継承したことが、のちに思わぬ効果を発揮する。

過去への憧憬と未来への対応と

『土曜ワイド劇場』がスタートしてから20年。土ワイの名物になっていた冒頭のスタッフ顔出し紹介が'96年3月末で姿を消すことになった。初めのうちは、恥ずかしいから嫌がっていた顔出し。だが、20年を経て、危ないから顔出しは嫌に変わった。ウィンドウズ'95が発売されてパソコンが普及。画も音もアナログからデジタルへ、そしてインターネット。社会は徐々に変わりつつあった。

事情はどのテレビ番組も同じ。火サスの佐光千尋は'96年にこんな体験をした。

1月26日の『**悪女の階段**』、主演は大竹しのぶ。彼女は明石家さんまと離婚直後にもかかわらず、舞台演出家の野田秀樹と浮き名を流していた。その奔放さに、主婦たちの間ではインターネットを通じ「大竹しのぶを見るな！」と連判状めいたメールが飛び交った。スキャンダラスな女は、同性から完全に敵視される。結果、視聴率はその年の火サスの最低記録の13％だった。

ところが、人の噂も七十五日、その年の秋、9月3日放送の『**となりの女**』は同じ大竹しのぶ主演ながら、今度は25・6％とダブルスコアの高視聴率。その年の火サスの最高記録だった。同じ役者で、同じ制作者で、その年の最低と最高という滅多にない体験をした佐光は、現代の歪みのようなものを感じ始めていた。

そんな世の中に抗うかのように、怪しげな幕開けで、日本的恐怖感を表現したのが、'97年の『土曜ワイド劇場』の新しいオープニング用タイトルバックだ。

着物姿の少女が、古めかしい日本家屋の廊下を駆け抜け、障子には妖しい幻影。彼女が覗いた蔵の中には女性が縛られている。そこへ駆けつけるはかま姿の男。

『**悪女の階段**』
'96年1月23日放送
脚本：坂上かつえ
監督：西本淳一
主演：大竹しのぶ

『**となりの女**』
'96年9月3日放送
脚本：宇山圭子・下村優
監督：当摩寿史
主演：大竹しのぶ

横溝正史や江戸川乱歩の小説を思わせる、おどろおどろしい世界観は、映画監督の**佐藤嗣麻子**によるもの。'04年まで使われることになる、このタイトルバックは、ミステリーブームだった土ワイ開始の頃への憧憬の表明でもあった。

一方で'99年4月に施行された改正男女雇用機会均等法は、2時間ドラマにも少なからず影響を与えることになった。この法律が、女性に固定化した職業名を禁止しているためである。だからという訳ではないが、土ワイの『女弁護士・朝吹里矢子』も、火サスの『女弁護士・高林鮎子』も、『女検事・霞夕子』も、みんなこの機会に、「女」を外すことになった。

最後まで「女」を捨てないのは、『家政婦』だけであった。

佐藤嗣麻子
(さとう　しまこ)
『アンフェア』はじめミステリー・ホラー系の監督作品多数。

第4章

曲がり角に立つ、
2時間ドラマ

テレビ東京の市場参入

2000年に入ると、フジの月9に代表される連続ドラマが失速気味になる。好不調の波が激しい連ドラに対し、2時間ドラマは固定客がおり、ほぼ毎週15%前後をとる。敵失と言えなくもないが、2時間ドラマは主流のシリーズものが半年など適度に間隔が開くので、程良い「お待たせ感」があり、昔からのなじみ客をなんとか維持していた。

もう一つ、2時間ドラマに少なからず味方したのはフジテレビ系で放送された**『警部補 古畑任三郎』**（'94〜'06年）と**『踊る大捜査線』**（'97〜'98年）の存在である。2時間ドラマがあれこれと試行錯誤していた'90年代の中期から後期、この二つの番組が人々の興味をサスペンス、刑事ドラマにつなぎとめておいてくれたのだ。

『古畑任三郎』は、トリック破りやアリバイ崩しなどサスペンスの面白さを改めて視聴者に教えてくれた。また、『踊る大捜査線』は視聴者に警察組織の複雑さ、拳銃使用の厳格さ、内部の敵など、刑事ドラマに新しい視点をもたらした。派手なカーアクションや爆破は、世間の目に虚構と映るようにもなってしまうのだが。

『警部補 古畑任三郎』
'94年〜'06年放送
脚本：三谷幸喜
監督：星護・河野圭太・松田秀知
主演：田村正和

『踊る大捜査線』
'97年〜'98年放送
脚本：君塚良一
監督：本広克行・澤田鎌作
主演：織田裕二

さらに2000年の秋には民放各局へ驚きの知らせが入った。かつて番外地と見なされていたテレビ東京が、ついに2時間ドラマに参入すると表明したのだ。月曜はTBS、火曜は日テレ、金曜はフジ、土曜はテレ朝と、各局が並ぶ中、水曜にテレ東の『女と愛とミステリー』が割って入る構図になった。

テレ東はその年にBSデジタル放送が始まったのを機に、BSジャパンと共同でハイビジョンサイズ（16対9）＆高画質のドラマを制作、新世紀からオンエアに乗り出した。番組は地上波と衛星波の両方で使う。コンテンツの二次利用について、一番後に入って来た局が、一番先を行く戦略を取ろうとしていた。

内容も、松本清張、夏樹静子、西村京太郎、**内田康夫**といった人気作家の原作から選び、主演には渡辺謙、舘ひろし、黒木瞳、浅野ゆう子、沢口靖子といった大物が名を連ねた。切ったはったのサスペンスや面白おかしい作品より、骨格のある原作を中心にすえて主人公の人間ドラマをしっかりと描き、他局との違いを強調したい、と宣言。企画段階では、火サスの企画者で、定年後に日テレからユニオン映画に転じていた小坂敬の元に知恵を借りに来た。しかも、脚本家には「放送が火サスの翌日の水曜なので、話の展開が火サス風にならないよう注意してく

内田康夫
（うちだ　やすお）
1934〜2018。コピーライターを経て作家に。旅情ミステリーの第一人者。代表作シリーズは『浅見光彦』『信濃のコロンボ』。特に浅見光彦はほぼ同時期に日テレ・TBS・フジの3局で映像化された。

ださい」と釘を刺す。後発優位のマーケティング戦略である。

看板番組で主役交代

老舗の土ワイでも看板番組のリニューアルが進んでいた。最多の作品数を誇る『西村京太郎トラベルミステリー』で、十津川警部役を三橋達也(当時76歳)から高橋英樹(当時56歳)へと交代した。平均視聴率は19・96%と安定した人気を保っている今こそ、若返りを図りたい。そう考えたのは塙淳一プロデューサーである。

それまでは、三橋の年齢も考慮して、十津川は主に本部で指揮、コンビの亀井刑事(愛川欽也)は現場へ、と分けていた。しかし、**シリーズ34作目**を迎え、亀井役の愛川も齢(よわい)66(当時)に。「カメさん一人で動くのも大変だろう」と、塙は十津川を行動的なキャラクターに生まれ変わらせることにした。そこで満を持しての登場が高橋英樹である。

実は、10年前に一度、高橋は十津川警部を演じたことがあった。テレ朝が火曜夜8時に放送していた、『火曜ミステリー劇場』である。'90年7月17日に放送の『**十津川警部の挑戦**』で、相方の亀井刑事役は、なんと! いかりや長介だった。奇し

シリーズ34作目
『西村京太郎トラベルミステリー　津軽陸中殺人ルート』
'00年9月30日放送
原作:西村京太郎
脚本:篠崎好
音楽:甲斐正人
監督:池広一夫
出演:高橋英樹・愛川欽也・森本レオ・浅野ゆう子

『**十津川警部の挑戦**』
'90年7月17日放送
企画:白崎英介
脚本:石原武龍
監督:松尾昭典
出演:高橋英樹・いかりや長介・仲本工事

くも高橋英樹は当時の取材会見で「視点を変えたり、役者が変われば、全く違う刑事ドラマになる」と意味深長な言葉を残している。

新・十津川の高橋は出番が少ないどころか、亀井の愛川と一緒に移動する場面もかなり増えた。それにより全体のテンポもかなりアップ、番組自体も若返った。今まではあまり描かれなかった2人の心の交流にもスポットが当てられ、小料理屋の女将（後に十津川の妻）として浅野ゆう子も新たにレギュラーに加わった。

プロデューサーの塙は、当時の取材で「2人とも行動的になったが、カメさんは従来通り人情の人、高橋さんには巨悪に立ち向かう役割を割り振りたい。警察の縄張り意識の弊害なども描いていく」とコメントしている。

土ワイが生んだ歴史的刑事ドラマ

土ワイのプロデューサー・松本基弘は追い詰められていた…といっても、原因は自分自身にある。担当していた水谷豊主演のシリーズ『**探偵事務所**』が打ち止めに。水谷に代わりの企画を出すと約束したものの、妙案はない。困ったなと思っていたある日、明石家さんま主演のコメディー『**恋のバカンス**』をたまたま

『**探偵事務所**』
シリーズ全5作
'94年〜'99年放送
脚本:石原武龍ほか
監督:吉田啓一郎ほか
主演:水谷豊

『**恋のバカンス**』
'97年1〜3月放送
脚本:輿水泰弘
演出:水田伸生

見て閃いた。この脚本のセンスと、土ワイに蓄積されたノウハウを組み合わせたら、今までにない面白さが生まれるのではないか。松本はエンドロールを見てさっそく輿水泰弘に連絡したが、第一声は「なんで僕なんかにサスペンスを?・」だった。予定も1年先まで埋まっているとのこと。それでも輿水の台本を諦めきれず、水谷に相談したところ、「OK、待つよ」の返事がもらえた。

脚本の輿水、監督の和泉聖司、プロデューサーの松本で基本設定が組まれた。まず、男2人の刑事もの、それも所轄ではなく、警視庁を舞台にする。水谷が演じる主人公は、拳銃は撃たず、理論だけを武器に犯人を追い込む。リアリティー重視で、警察組織の内部事情も描く。今日的なテーマを扱うため、主人公の所属は特命係。松本は『事件』シリーズや『死刑囚・永山則夫と母』などの犯罪実録ものを担当していた。松本たちの狙い通り、土ワイの過去の蓄積と、土ワイへのアンチテーゼが融合した。『相棒』の誕生である。

社内試写では、これでは数字が取れないとの声も出たが、'00年6月3日放送の**第1作**『警視庁ふたりだけの特命係』の結果は、17・7%。翌年1月27日の**第2作**は22・0%。同年11月10日の**第3作**は17・4%。この実績が買われ、『相棒』の

第1作
'00年6月30日放送
『警視庁ふたりだけの特命係』
視聴率17・7%
第2作
'01年1月27日放送
『恐怖の切り裂き魔連続殺人!』
視聴率22・0%
第3作
'01年11月10日放送
『大学病院助教授、墜落殺人事件!』
視聴率17・4%
(スタッフ、キャストは第3作とも)
制作:松本基弘
脚本:輿水泰弘
監督:和泉聖治
出演:水谷豊・寺脇康文

すし職人
『江戸ッ子探偵殺人案内』
全2回

主人公2人に、土ワイから連続ドラマへの'02年付の人事異動が出たのだった。

松本が『相棒』と出会う以前、当時制作局長だった関口恭司は、ドラマ作りに悩める若き日の松本の姿を目の当たりにしている。

「彼はとにかく研究熱心でしたね。うまくいかないときに、この台本のいったいどこが悪いんでしょう、どうすればいいでしょう、とよく聞きに来てましたよ」

グルメ刑事・ハードボイルド・合同捜査

リアルさを重視する一方で、気楽に見られるエンタメ路線のシリーズも必要だ。御都合主義との批判もあるが、「捜査ができる人ばかりを主役にすりゃぁ良いってもんじゃない」とばかりに土ワイでは、タクシー運転手、**すし職人**、**渡り番頭**、**デパート店員**など素人探偵が活躍する作品も少なくない。

中でも、大阪ABC制作のシリーズには、ひときわユニークなものが多い。

浜木綿子が武術の達人の尼さんを演じた『**尼さん探偵**』、叶和貴子や萬田久子らが歴代主役の『**美人スリ三姉妹**』シリーズ。刑事も並みの刑事ではない。無類のラーメン好きの刑事が、全国のラーメン名所で起きる事件を解決するシリーズ

'97~'99年放送
主演：地井武男

渡り番頭
『渡り番頭・鏡善太郎の推理』
全3回
'00年・'01年・'05年放送
主演：鹿賀丈史

デパート店員
『デパート仕掛け人！天王寺珠美の殺人推理』
全8回
'07年~'15年放送
主演：泉ピン子

『**尼さん探偵**』
全5回
'89~'94年放送
主演：浜木綿子

『**美人スリ三姉妹**』
全6回
'94年~'00年放送
主演：叶和貴子／萬田久子ほか

『**ラーメン刑事**』（主演・神田正輝）もある。制作はやっぱり大映テレビだ。

それに対し、火サスの長富は「さすがに火サスにはその発想はなかったですね。たとえば、『鬼貫八郎』は甘いものを盗み食いはするけど、そこがメインじゃない。あくまでもストーリーがあって、ちょっと主人公のキャラクターを補足するための描写。ことさらそこを強調して、鬼貫八郎に〝スイーツ刑事〟みたいな名前はつけないわけです」と言う。

しかし、そうした土ワイのトライアルの中から、長期シリーズも生まれた。引退した元刑事が謎解きをする、渡瀬恒彦の『**タクシードライバーの推理日誌**』は39作ものロングドライブ。温泉を舞台にした素人探偵も根強い人気で、テレ朝は『**温泉若おかみの殺人推理**』、ABCは『**温泉㊙大作戦**』と土ワイ東西で温泉シリーズが作られている。グルメ刑事として、内田康夫原作、食レポでおなじみ石塚英彦が演じるフグハラ体型の『**福原警部**』も現れた。

また、火サスと比べて土ワイは開始から15年ほどは女性弁護士が一人いるのみで、ほかは男が主人公のシリーズばかりだったため、法医学医師（名取裕子）、鉄道警察官（沢口靖子）、記者（水野真紀）、検事（眞野あずさ）、そして100の

『**ラーメン刑事**』
全5回
'00～'05年放送
主演：神田正輝

『**タクシードライバーの推理日誌**』
全39回
'92年～'16年放送
主演：渡瀬恒彦

『**温泉若おかみの殺人推理**』
全29回
'94～'15年放送
主演：大島智子
東ちづる（'96年～）

『**温泉㊙大作戦**』
全18回
'04年～'16年放送
主演：森口瑤子

『**福原警部**』
全5回
'09年～'14年放送
主演：石塚英彦

資格を持つ女（渡辺えり）と女性の活躍するドラマを'94年から漸次増やしてきた。

一方、火サスでも21世紀に入り、シリーズのあり方に新機軸を打ち出した。テーマに「老人・心・自然」の三つを考えて、新しいキャラクターに**介護福祉士**、**臨床心理士**、**自然保護観察官**が投入された。

もちろん、土ワイがいささか突飛なストーリー設定ばかりになった訳ではない。娯楽色が濃い作風のABCでもハードボイルドが作られている。仲村トオル主演による一連の作品群『**刑事殺し**』シリーズと『**棘の街**』である。ABCのプロデューサーは森山浩一、制作はテレパックであるが、例外的に監督にもABCの社員だった内片輝が抜擢された。2人とも山内久司のテレビイズムを継ぐ者たちである。人間の根底に潜む、隠された感情を浮き彫りにする演出はテレビ業界で注目の的になった。こののち、内片はABCを退社し独立、『相棒』の演出でその手腕を発揮することになった。

東京・テレビ朝日でも、意外な形での合同捜査が行われようとしていた。『**牟田刑事官**』と『**終着駅**』の二つの人気シリーズを合体させようというのだ。

年末年始のドラマは、他局に競合相手が多く、視聴率も苦戦を強いられる。そ

介護福祉士
『介護福祉士 哀しい嘘』
'00年放送
主演：宮本信子

臨床心理士
『臨床心理士』
全7回
'00年～'02年放送
主演：坂口良子

自然保護観察官
『軽井沢ミステリー』
'01年～'05年放送
主演：高橋由美子

『刑事殺し』
'07年～'09年放送
脚本：坂上かつえ
監督：内片輝

『棘の街』
'11年6月18日放送
原作：堂場瞬一
脚本：渡邊睦月・八津弘幸
監督：内片輝
主演：仲村トオル

の対策に、人気の「刑事官」と「終着駅」の二つをシリーズの垣根を取り払って、一つのドラマに統合する、今までにない企画である。二つのシリーズは原作者が異なり（石沢英太郎と森村誠一）、制作会社（C・A・Lと東映）も異なる。合体に伴って権利処理や制作費分担など様々な障害が立ちはだかったが、脚本をどちらも岡本克己が手がけていたこともあり、出演者も納得して合体が成立した。'01年12月29日に『牟田刑事官VS終着駅の牛尾刑事』が放送され、16・7％を記録。後に『事件記者冴子』も加わって、毎年末の恒例企画として10年以上も続いた。

また土ワイでは、江戸川乱歩と横溝正史が生んだ二大探偵キャラクターを共演させる試みもした。**『明智小五郎VS金田一耕助・世紀の名探偵推理対決！炎の不可能密室殺人⁉妖しい傷跡の美女』**（'05年02月26日）という特別企画である。若い年代の視聴者を獲得するため、ジャニーズ事務所のTOKIOから明智役に松岡昌宏、金田一役に長瀬智也を新キャスティング。視聴率は14・3％だった。

遅れてきたキング　初の主役の座に

'82年のデビュー以来、2時間ドラマへの出演数は5局合わせて300本以上。

『牟田刑事官』
『牟田刑事官事件ファイル』
全33回
'83〜'07年放送
第1作
'83年10月15日放送
原作：石沢英太郎
脚本：柴英三郎
監督：降旗康男
主演：小林桂樹

『終着駅』
『森村誠一の終着駅』シリーズ
全30回
'90年〜'16年放送
監督：池広一夫
主演：露口茂
片岡鶴太郎（'96年〜）

あの男が42歳にして初の単独主演を果たした。'03年開始の土ワイの新シリーズ『**火災調査官・紅蓮次郎**』の顔となるのは船越英一郎。映画のスタッフが２時間ドラマの現場に移行し、かつての名監督がテレビの演出を手がけるのを見ながら、「２時間ドラマは毎週封切りされる映画」「映画は映画館ではなく、テレビで見る時代になった」と頭を切り替えて20年余り。男女問わず、様々なタイプの俳優とコンビを組んできた。とくに片平なぎさ、水野真紀、眞野あずさといった女優の引き立て役として、ときにコミカル、ときにシリアス、どんな職業でも軽やかに演じてきた。彼の持ち味である男女の掛け合いは、海外ドラマを研究の末にあみだされたもの。それを活かしたのが火サスの『小京都ミステリー』だった。

が、それも'01年に30回をもって終了。それにもめげず、俳優人生のほぼすべてを２時間ドラマとともに歩んできた彼の集大成ともいえるのが、『紅蓮次郎』である。「真実は必ず灰の中にある」、ラストで犯人を名指しする「火元はお前だ！」などの決め台詞は、ある意味で船越自らのセルフパロディーと言える。それは自身が２時間ドラマの隆盛と停滞を身をもって体験してきたからこそ、可能になったのだ。

『明智小五郎 vs 金田一耕助・世紀の名探偵推理対決！炎の不可能密室殺人!?妖しい傷跡の美女』
'05年2月26日放送
脚本：深沢正樹
監督：猪崎宣昭
出演：松岡昌宏・長瀬智也

『火災調査官・紅蓮次郎』
シリーズ全15回
'03年〜'15年放送
第1作
'03年1月25日放送
制作：三輪祐見子
脚本：今井詔二
監督：岡本弘

火曜サスペンス劇場の閉幕

'05年、火サスはかつての人気シリーズ『六月の花嫁』を10年ぶりに復活させたが、視聴率は10・9%～11・8%とふるわなかった。

9月、ついに、日本テレビは「ほぼ毎日殺人事件が起きたら飽きられる」と、『火曜サスペンス劇場』の長い歴史にピリオドを打った。その最終回を飾るのは、水谷豊だった。日テレのドラマとして、最長不倒記録を作った火サス。惜別の想いを込めてか、サブタイトルがいつになく長くなった。

『事件記者 三上雄太 火サス25年の歴史に幕 ラストにふさわしい涙の本格人間サスペンス 刑事の娘の禁断の恋が招く殺意の十字路！犯人逃走援助懲戒免職』

火サス史上、もっとも長いサブサブサブタイトルであった。

東西ネットワークのはざまで

'06年、一時期ドラマから離れていたＡＢＣの森山浩一は、ドラマ班にチーフとして戻った。すると就任早々のある日、携帯電話に一件の留守録が残されている

『事件記者 三上雄太 火サス25年の歴史に幕 ラストにふさわしい涙の本格人間サスペンス 刑事の娘の禁断の恋が招く殺意の十字路！犯人逃走援助懲戒免職』
'05年9月27日放送
脚本：峯尾基三
監督：吉本潤
主演：水谷豊

のに気づいた。土ワイのテレビ朝日側のチーフ、高橋浩太郎からだった。高橋は『法医学教室の事件ファイル』で初めて土ワイに携わり、その直後の'94年に脚本家・岡田恵和を起用した『**南くんの恋人**』のプロデュースで一躍、名をあげた。'96年には再び岡田と組み、『**イグアナの娘**』も大ヒット。同時に、土ワイ40年の後半、'90年代末からの苦しい時代を屋台骨として支えてきたのも高橋である。森山への留守電の要件は「土曜ワイドの件で、すぐにでもお会いしたい」。

高橋は森山と面会するや、危機感もあらわに訴えた。「土曜ワイドはABCの作品があるから独自の色が出せる。ギクシャクしてる東西をもう一度まとめたい」。

かつて視聴率が右肩上がりの時期の土ワイは、テレビ朝日系すべての番組中で『ニュースステーション』に次いで常にトップ3のセールス実績を誇っていた。調子がいいとき、営業でも視聴率でも「土ワイの2時間分があるから大丈夫」と関係者はうそぶいていた。反面、枠が大きいだけ、数字が悪くなるとダメージも大きくなった。良いときは何をやっても当たるし、誰からも文句は出ない。だが、土ワイの平均が15%前後ともなると、その中でのABC制作回の数字が12〜13%では、テレ朝の編成や営業から不満の声が上がり始める。テレ朝は全ネット局に

『**南くんの恋人**』
テレビ朝日
'94年1〜3月放送
原作：内田春菊
脚本：岡田恵和
出演：高橋由美子・武田真治

『**イグアナの娘**』
テレビ朝日
'96年4〜6月放送
原作：萩尾望都
脚本：岡田恵和
主演：菅野美穂

対して、土ワイの品質保証をしなくてはならぬ立場にもある。初めは、ちょっと事前に企画書を見せてください、だったのが、次第に企画そのものにチェックが入るようになり、ＡＢＣからテレ朝に企画書を出して戻って来るまで１カ月を要するまでになってしまった。

こうして'90年代の中頃から東西の制作陣は互いに疑心暗鬼になり、信頼関係にヒビが入り始めた。蜜月の時代は去り、かつては相手に最大限の敬意を払っていた東西ドラマ班の間に、ギクシャクした空気が流れ、すきま風が吹く。テレ朝とＡＢＣのスタッフ会議は回数が減り、ときにはＡＢＣがテレ朝の営業局からの注文に「ウルサイなぁ」と反論したり、会議をボイコットしたりした。

高橋は「ＡＢＣ制作回の視聴率が元どおりに15％ぐらいまで回復すれば、こんな検閲のような制度はやめにしたい。そのために僕はなんだかんだ言いますけど、森山さんたちが東京と違ったことをいろいろやるのは、土曜ワイドの可能性を広げることにもなるんです」と森山に告げた。

森山は高橋との印象的なエピソードを教えてくれた。再会してまもなく、高橋から「ご自分の作品の平均視聴率はどれぐらいですか？」と問われ、森山は答えに窮したことがある。彼はたちどころにPCで解析すると「まずまずですね」と少し表情を緩めた。森山は、己の不明を恥じると同時に、データを駆使した高橋のやり方に、ABCにはない緻密さと数字への執念を教えられた。

また、こんなこともあった。『京都殺人案内』の**シリーズ第30作**で、記念ですからと松竹のスタッフに乗せられて、つい海外ロケをした。しかし、釜山の街を歩く音川刑事の姿を見た高橋は、放送後すぐに森山に電話をよこしてこう言った。

「力作でしたね。でも、視聴者はもっと京都の風景を見たかったと思いますよ」

海外ロケで浮わついていた自分の気持ち、そして今回の作品の弱点をズバリ指摘された森山は、ハッとなった。次回から森山は『京都殺人案内』を京の風情だけでどう彩るか、それに意識を集中するようになった。

土曜ワイドは、テレ朝とABC、東西の力をもう一度結集すべく動き出した。

土ワイでサスペンスはご法度か？

同じ頃、ABCでは土曜ワイド『新・赤かぶ検事奮戦記』の今後が検討されていた。和久峻三の原作も尽き、ドラマもマンネリに陥りつつある。ただ、スタッ

シリーズ第30作
『音川刑事玄界灘を渡る！』
'07年12月15日放送
原作：和久峻三
脚本：田村恵
監督：岡屋龍一
出演：藤田まこと・萬田久子・山本陽子・石橋蓮司ほか

フには、役者としての橋爪功はもっと面白くなるぞ、との感触もあり、橋爪主演の別シリーズの可能性を探ることになった。

橋爪自身もそろそろ転機を考えていた。土ワイで'94年から12年も演じてきた赤かぶ検事役だが、前任者のフランキー堺からの引き継ぎで、シリーズ17回を数えるもタイトルには「新」がついたまま。もっと自分らしいキャラクターをやりたい。橋爪はABCの森山らを自宅に呼び、「どんな作品でもいいから、役者の橋爪功を苦しめてくれ」と挑発した。難しい宿題だなと考えながら、森山はふと思い至った。日頃から刺激を受けていた火サスの『取調室』、あのような狭い空間ではなく、広い画の中で心理戦を描けないものだろうか。そうだ、橋爪に和製コロンボをやらせてみよう。森山は橋爪とマネージャーにさっそく提案をしてみた。

橋爪の事務所の反応は意外なものだった。実は橋爪は過去に**TBSで野呂盆六**という、コロンボのようなキャラクターを演じていた。けれど、2回でシリーズは終了。橋爪には再挑戦したい気持ちが強かった。脚本の長坂秀佳も、盆六は自分が作り出したキャラクターだから愛しくてしようがない。ならば、いっそのこと、それをリメイクできないか。

TBSで野呂盆六
『刑事・野呂盆六』
TBS・国際放映版
'93年〜'94年放送
原作・脚本:長坂秀佳
監督:長尾啓司
出演:橋爪功

森山は松竹の担当者と連れ立って、過去の制作会社である国際放映に、無理を承知で頼み込んだ。「この作品、今後も御社でやりますか。やらないなら、どうか私どもにください」と。ひたすら懇願する森山たちに、国際放映からも許しが出た。そうして'07年6月9日に放送されたのが『**天才刑事・野呂盆六**』である。数字も14％、まずまずの出足だった。

しかし、テレビ朝日からの指摘はシビアなものだった。オンエア後、森山はテレ朝の高橋浩太郎からこう諭された。「最初に犯行シーンがあるのは、如何なものでしょうか。土曜ワイドは犯人さがしが基本。倒叙法はナシですよ」。

当時、ほかの2時間ドラマ、特に火サスとの差別化を意識してか、土ワイではいくつかのルールが課されていた。その一つが、古典的なサスペンス形式の禁止、つまり始めに犯人を割ってしまうストーリー展開の禁止だった。犯人さがしの楽しみがないと、最後まで視聴者を引っ張れず、視聴率が稼げないのが理由である。次回からは否が応でも「土ワイの方程式」の型にはめていかねばならない。シリーズ2作目からは、犯人を見せても全部の犯行は見せなかったり、もう一人の犯人がいるように匂わせたりと、森山たちは話に工夫を重ねることを強いられた。

『天才刑事・野呂盆六』
ABC・松竹版
シリーズ全10回
'07年〜'15年放送
第1作
『天才刑事・野呂盆六〜スワンの涙〜警視庁のコロンボVS美人編集者』
'07年6月9日放送
原作・脚本：長坂秀佳
監督：藤嘉行
主演：橋爪功

混浴露天風呂も見納め

'07年1月20日、秘湯ブームの火付け役となり、『家政婦』とともに土曜ワイド最強コンテンツとして君臨してきた『混浴露天風呂連続殺人』シリーズの暖簾が下ろされる運びとなった。もう地上波が昔ほど好き勝手にできなくなっていた。土曜の夜の放送はOKでも、再放送で昼の10時からはオンエアしにくい。地方局への番組販売も多いので、眉をひそめる〝有識者〟も多かったのだ。

本当は、前作の第25作でキリよく終了するはずだった。ところが前作で〝社長ディレクター〟の異名をとり、自他ともにこのドラマをライフワークと認めるテレパックの脇田時三が撮影中に体調不良で交代。スタッフにも不完全燃焼の気持ちが強く、もう一度チャレンジしたいとの声にABCも動かされ、第1作の舞台の伊豆で、原点回帰で**シリーズのファイナル**を、と決まった。

ABCの番組広報も、いつになく張り切った。ファイナルを盛り上げようと、ありとあらゆるパブリシティ先にアプローチした。果たせるかな、これで最後の入浴シーンを〝生で〟一目見ようと、好奇心旺盛な報道機関の男たちも必要以上

シリーズのファイナル
『混浴露天風呂連続殺人！ファイナル～箱根伊豆～さらば温泉刑事セレブの夢が泡と散る18年前バブルに踊った女たちの傷跡』
'07年1月20日放送
脚本：篠崎好
監督：村上牧人
出演：古谷一行・木の実ナナ・火野正平ほか

にやって来た。番組史上、最多の取材陣の数だったとか。

お待ちかねの入浴シーンの撮影現場、温泉ギャルズとお湯を掛け合って戯れる火野正平。それを慈父のような眼差しで眺めていた古谷は「目の前の巨乳を目をそらさずに見ることが大切！　正平にはその優しさがある」と役者根性を絶賛した。

シリーズを終了する理由についてどう説明するか、伊豆までの道中ずっと考えていたABCプロデューサー・森山は、ずらり並ぶ記者たちを前にこう切り出した。「もう、日本には秘湯はなくなったのです」そして「お色気は、終了とは無関係」と一言付け加えた。

余談ながら、'91年に混浴シーンで見せ場をつくる温泉ギャルの一人が主演の古谷一行と好い仲になったと暴露したことがあった。しかし当の古谷が「ハイ、やりました」とあっさり認めたため、ワイドショーなどの取材陣はみんな拍子抜け。劇中でのウハウハ役のイメージが定着していたためか、彼の役者生命にとってはかすり傷程度で、その後も古谷は**露天風呂に入り続け**たのである。

露天風呂に入り続け
24年間のシリーズ26作で訪ねた温泉地は19道府県85ヵ所。最高視聴率は関東28・6％、関西36・3％

家政婦は去った　引き際の美学

大沢家政婦紹介所の秋子さんが、本当にお暇をもらうことになった。好調なうちにやめるのが、役者にも番組にも美学。「物陰から覗き見ポーズ」をしていれば、もう主人公の石崎秋子、というほど、家政婦は市原悦子のはまり役だった。

あまりの人気に、途中、'97年の秋には連続ドラマにもなり、売れっ子脚本家・橋田寿賀子の『番茶も出花』(ＴＢＳ)と木曜夜9時のオモテ・ウラで直接対決ということもあった。初対決は『家政婦は見た！』が25・5％、『番茶も出花』が13・3％。その後も3カ月の間、ずっと圧勝だった。

いつでも批評精神を忘れず、'08年7月12日にオンエアの**最終回**は元毎日新聞記者の外務省機密漏洩事件(西山事件)をモチーフに取り込んだ。

奇しくも『混浴露天風呂』と同じく、シリーズ作品数は26本。平均視聴率は21・4％。もちろん、土ワイ史上の最高記録である。

松本清張原作の1作目では、陰険で暗い女性だった。それが、回を重ねるごと

最終回
『家政婦は見た！ ファイナル・華麗な外交官一族の愛と欲、女たちの乱れた関係…秋子、大統領を討つ!?』
'08年7月12日放送
脚本：柴英三郎
監督：岡本弘
出演：市原悦子・かたせ梨乃・佐野史郎・野村昭子

に明るくなり、角が取れていった。夫も子も貯金もなく、仔猫だけに本音を漏らす嫌われ女が、本物の家政婦から手紙をもらうまでになった。ドラマを見た10代の子からの「人生はかなしいんですね」との反応に、市原は心底喜んだ。

土曜ワイドを去るにあたり、彼女はこんな言葉を残した。「私の演じる秋子さんも年をとり、いつまで掃除や洗濯ができ、家政婦として働けるのだろうと心配になってきます。高齢化社会の中でこれは実に深刻な問題だと思っています」。

音川刑事との別れ

'10年2月17日、藤田まことは彼岸へ旅立った。その前年の'10月に収録された『京都殺人案内32』が最後のドラマ出演作となった。

藤田が主演する『必殺』と『京都殺人案内』両方のプロデューサーを務めるＡＢＣの森山浩一は、撮影に入る前から、嫌な予感がしていた。様子がいつもの藤田ではない。ＡＢＣドラマ班のチーフであった森山は、通常であれば、ほかの番組も監修しなくてはならないため、撮影現場に貼り付くようなことはしない。だが、このときは、ただならぬ藤田の様相に「そんな場合ではない、もし何かあったら……」と撮影期間中、ずっと京都に留まり続けた。

藤田は息をするのも苦しそうで、人目を忍んで酸素を吸い続けていた。ＡＤが「そろそろ出番です」と楽屋の扉の外から声をかけると、「おーっ、今行くわ」と腹の底から絞り出すような声で応える。数分後には、シャキッとした姿でカメラの前に姿を現したが、藤田の負担を考えて、後ろ向きのシーンや手元のアップは、藤田と背格好が似ていて、俳優仲間でもある細川純一が代役を務めた。

全てのシーンを撮り終え、現場を離れようとする藤田は、森山を振り返ると、「あんた、今回の撮影は皆勤賞だったな」とポツリと呟いた。己の演技だけで精一杯で、ほかに目を向ける余裕などないはずの藤田が、多くのスタッフがいる現場で森山の存在を気にかけてくれていた。かつて藤田が主催の撮影所の宴会に顔を出したとき、「なんで局の人間がいるのか?」と訝しがられたこともあった。いつまで経っても**局Ｐ**扱いで、撮影所の外の人としてしか見てもらえなかったのが、「あぁ、やっと〝撮影所のお父さん〟に家族の一員として認めてもらえたんだな」森山は熱くなった目頭を押さえた。

その作品は、藤田の死から10日後、2月27日にオンエアされた。森山は、万感

局Ｐ
制作現場に対して放送局側の窓口となるプロデューサー。

の想いを込めて、タイトルをしたためた。**『追悼・藤田まことさん役者人生、魂の遺作…京都殺人案内（32）　京友禅に染めこむ殺意の虹！密会！貴船隠れ宿・鞍馬火祭りの夜に燃えた最後の恋』**。

藤田に次いで'15年に愛川欽也、'17年に渡瀬恒彦と、土曜ワイド劇場を支えた面々が世を去った。愛川は生前、「最近は船越君が2時間ドラマの帝王なんて呼ばれているけど、負けてないと思うよ。土曜ワイドだけで同時に3本もシリーズをやっていたことがあるんだから」と意気軒昂なところを見せていた。土ワイ最多主演の愛川はその魅力に大衆受けする作品の多さをあげる。「テレビは大衆に愛されてこそ価値がある。いかに心地いいマンネリを作るかを常に意識している」

齢80超えてもメガホン　映画人がテレビマンに教えてくれるもの

2時間ドラマのレジェンドといわれる監督たちがいた。**鷹森立一**と**池広一夫**。ともに映画界からテレビ映画の世界に転身したが、2人の監督作品歴は、対照的だ。鷹森は、火サスが95本、土ワイは17本。逆に、池広は火サスは14本、土ワイが104本もある。それぞれ、火サス、土ワイを代表する監督である。

『追悼・藤田まことさん役者人生、魂の遺作…京都殺人案内（32）京友禅に染めこむ殺意の虹！密会！貴船隠れ宿・鞍馬火祭りの夜に燃えた最後の恋』
'10年2月27日放送
原作：和久峻三
脚本：田上雄
監督：岡屋龍一
出演：藤田まこと・萬田久子・多岐川裕美・遠藤太津朗

鷹森立一
（たかもり　りゅういち）
1925～2011。'50年東映に入社。監督代表作は渡辺淳一原作・岩下志麻主演の『桜の樹の下で』や『キイハンター』『Gメン'75』など。

鷹森立一は『監察医・室生亜季子』『弁護士・高林鮎子』『取調室』など火サスの人気シリーズを監督。特に『取調室』での狭い空間での切り返しカットによる心理描写は、一ファンとして見ていたABCの森山浩一をして「土ワイなら5分以上やると長いと非難される取り調べシーンを、10分、15分と続けてみせる。これぞまさにサスペンスの重み、深み」と唸らせた。

鷹森は80歳になるまでメガホンをとった。'00年4月、74歳のとき、読売新聞の取材に応え、こんな言葉を残している。「2時間ドラマの場合、気取った演出をすると、視聴者が途中で飽きてしまう。映画のようにお金を払ってれば我慢して見てくれるかもしれないが、テレビはつまらないとすぐ消されてしまうからね」。

池広一夫は、土ワイでは森村誠一『終着駅』シリーズや西村京太郎、松本清張らの作品を手がけて来た。土ワイ最多の監督作品数を誇る。

池広のポリシーは「コンテを事前に練り上げ、無駄なものを撮らない」である。デジタル時代、ともすれば複数カメラで際限なく素材を撮ってしまいがちだが、池広は映画スタイルの1カメ撮影にこだわる。フィルムが貴重だった時代に、決して無駄にしないように事前にキッチリ撮る画とつなぎ方を計算していた、その

池広一夫
(いけひろ　かずお)
1929〜
'50年大映に入社。監督代表作は市川雷蔵主演の『眠狂四郎』シリーズや勝新太郎主演の『座頭市』シリーズ。

やり方を続けているからだ。役者もカメラ位置が一つに決まっていれば、演技に集中しやすい。土ワイの最新作は88歳でのディレクションだった。

テレフィーチャー勃興期、あれだけテレビマンと丁々発止にやり合った映画人たちが、21世紀、本来あるべきテレビドラマの姿を世に問うているのだった。

40年を前に、さようなら

それは、本当に突然のことだった。国産テレフィーチャーが始まって、40周年を迎えようという2017年、2時間ドラマの放送に大きな地殻変動が起きた。

TBSの2時間ドラマ『月曜名作劇場』は、スタートを従来の夜9時から1時間繰り上げ、8時にした。視聴のメインは50～70代で、この層は夜8時台の視聴がピークで、ドラマが佳境にさしかかる10時にはテレビを消す人が多いことが調査で分かったからだ。渡瀬恒彦、伊東四朗コンビで放送していた『**十津川警部シリーズ**』は新たに十津川警部に内藤剛志、亀井刑事に石丸謙二郎を起用した。

そして対する『土曜ワイド劇場』には終演の鐘が鳴り響き、日曜への移設が告げられた。土ワイ最後の演目は『**西村京太郎トラベル67　箱根紅葉・登山鉄道の**

十津川警部シリーズ
（TBS版）
新シリーズ第1作目
'17年1月23日放送
脚本：佐伯俊道
監督：池澤辰也

『西村京太郎トラベル67　箱根紅葉・登山鉄道の殺意～』
『土曜ワイド劇場（終）西村京太郎トラベル67　箱根紅葉・登山鉄道の殺意～妻を殺害した疑惑の男は二度死ぬ!?死後に、自分で遺言状を投函する男の謎…』
'17年4月8日放送
原作：西村京太郎
脚本：今井詔二
監督：村川透
出演：高橋英樹・高田純次・星野真里・雛形あきこ・山村紅葉

殺意〜』。かつて三橋達也が演じた十津川警部は高橋英樹、愛川欽也が長らく演じていた亀井刑事は高田純次に代わっていた。

殺害法は定番の撲殺、中盤にホワイトボードに写真を貼っての情報整理と推理、紅葉が燃える箱根に「(山村)紅葉」も加わり大団円。富士山を望むススキの原で、犯人が涙ながらに告白し、いつも以上に「土ワイらしく」「広い画で」終わった。最後の幕引きをしたのは、ベテラン・村川透監督。視聴率は12・9%だった。

土ワイ最後の3年は、放送枠が2時間6分、長いときは2時間21分にも及んだ。それまでより15分も長い。ドラマで15分を延ばすことは、バラエティーで15分を延ばすのとは、大変さが違う。本来は1時間50分で犯人が独白するシーンなのに、視聴者を引きつけたまま、さらに話を15分も続けなくてはならない。

ある制作者は、筆者の取材に応えて「10時・11時と2回も時刻をまたぐ。2回もどんでん返しをすることが、土ワイの命を縮めたのではないか」と語った。「やらなくてもいいことまでやる過剰なエンタメ」それが土ワイの特色だった。いつからか、それを人々が当たり前と思うようになった。が、人の心はうつろい易い。気まぐれな大衆に翻弄され続ける2時間ドラマを更なる試練が襲うのだ。

２ドラスターの悲劇・船越英一郎も殺された？ ついに地上波から２ドラ枠が消滅

’18年８月、センセーショナルな題名の作品がフジテレビで放送された。その名も『**船越英一郎殺人事件**』。ドラマ撮影中の船越が容疑者となる、虚構と現実が入り交じる設定で、彼自身が数多のドラマで培った知見をもとに謎を解く筋書きだ。萬田久子・内藤剛志・山村紅葉らも本人役で登場、さらに目撃者の清掃員の役名が「市川悦子」、刑事のスマホ着信音が火サスの効果音など、思わずニヤリとする小ネタが散りばめられている。船越の芸能生活35周年記念作品でもあったが、これほどまでに自虐的にならざるを得ない２ドラの厳しい現実も見てとれた。

翌’19年３月、２時間ドラマ最後の砦であったＴＢＳの『月曜名作劇場』が幕引きとなった。’89年から30年続いて来た同枠は、土ワイ・火サスに並ぶ伝統ある枠だったが、皮肉なことに「ドラマのＴＢＳ」が復活したことでリストラ対象となった。これにより地上波の２時間ドラマ定時枠は一旦完全に消滅したのである。

『船越英一郎殺人事件』
’18年８月24日放送
脚本：波多野都
監督：猪原達三
出演：船越英一郎・夏菜・内山理名・木下ほうか・桐山漣・河相我聞・吉田鋼太郎・北大路欣也［ナビゲーター］ほか

復活の救世主・テレ東、老舗のテレ朝は新ジャンルを試行中

だが、2時間ドラマ40数年の軌跡には、まだどんでん返しの続きがあった。民放で2時間ドラマ最後発のテレビ東京が'20年4月から『プレミア8』を新設したのだ。バラエティとの混成枠であるが、ほぼ半分の比率でミステリー／サスペンスの放送が再開された。独自路線のテレ東ゆえに視聴率の合格点も他局より低めである。平均7〜8％、たまに**10％越えを記録**し、むしろテレ東としては有力な番組といえる。他局が2時間ドラマから撤退したことで残存者利益を独り占めした格好だ。個々の作品も、コメディータッチの素人探偵よりも、小杉健治・堂場瞬一・今野敏など原作のある本格刑事ものを指向した原点回帰の内容が多い。過去の名作リメークにも果敢に挑んでいる。ハードルが低いぶんだけ企画が通りやすい好循環も生んでいるようで、コンスタントに2時間ドラマを作り続けるテレ東の今後に一筋の光明が見える、と言ったら期待しすぎだろうか。

テレビ朝日も『**欠点だらけの刑事**』（欠点称賛ミステリー）や『**警視庁ひきこもり係**』（全員部屋から出ないでリモート捜査）といった新ジャンル開拓に意欲を燃やしている。これらが、世相に合わせた新しいタイプの作品として定着するのか、時代の徒花となるのか、2時間ドラマの老舗・テレ朝のチャレンジは続く。

10％越えを記録
『再雇用警察官』
10.1％
'20年5月11日放送
原作：姉小路祐
脚本：吉本昌弘
監督：猪原達三
出演：高橋英樹・本仮屋ユイカほか

『欠点だらけの刑事』
シリーズ最新作（2）
'21年9月22日放送
脚本：櫻井剛
監督：近藤一彦
出演：小日向文世・工藤阿須加・森口瑤子・原沙知絵・安藤玉恵ほか

『警視庁ひきこもり係』
'21年8月5日放送
脚本：大北はるか
監督：樹下直美
出演：滝藤賢一・山本舞香・戸塚純貴・富田靖子・高田純次ほか

今だから…何でも話せる！
スペシャルインタビュー

土曜ワイド劇場VS火曜サスペンス劇場ライバル座談会

長富忠裕さん ●元日本テレビ
佐光千尋さん ●元日本テレビ
関口恭司さん ●元テレビ朝日
高橋浩さん ●元テレビ朝日

2時間ドラマの代表格、
土曜ワイド劇場と火曜サスペンス劇場。
それぞれの番組の誕生秘話や
ほんのちょっとヤバい話まで…。
当時の主要関係者たちが語る、そして語る！

――土曜ワイドと火曜サスペンス、それぞれの関係者にお互いの番組の特色やエピソードを語っていただきます。まずは、番組ができた経緯ということで、高橋さんに自己紹介も兼ねて、土曜ワイドができるまでをお話いただければと。

高橋　僕はテレ朝10期生でして、入社して2年目から外国映画を購入する外画部になり、できたばかりの『日曜洋画劇場』のラインナップを組むことになった。映画は視聴率が獲れるので、民放各局では洋画の買い付け競争が激化していました。ちょうどその頃アメリカのMCAがテレフィーチャーを始めたので、試しに『夜空の大空港』やスピルバーグの『激突！』を『日曜洋画劇場』で放送したら、視聴率が20％を越えたんです。それで各局の映画担当はテレフィーチャーって何だと注目し始めた。でも社内では詳しく知られてなかったので、「テレフィーチャー傾向と対策」というレポートを書いて、これからもっと買わなきゃいけないと訴えた。そしたら、先輩から「日本のテレフィーチャー枠を考えたらどうか？」と助言されて、役員に提案をして一度は却下されましたが、二度目に通って。

高橋浩さん
'43年生まれ

それでやっと国産テレフィーチャーの制作が始まったんです。そこまでが僕の仕事。それから1年半くらい、土曜ワイドがスタートするまでの準備期間にプロデューサーをやりました。その途中で土曜ワイド班から僕だけ外れて編成部に異動になり、今度は土ワイのラインナップを管理することになった。土ワイ制作班からは、「高橋、こうしなきゃいけない、ああしなきゃいけない」って要望がいろいろと出るんですけれども、必ず言ってたのは「あなたたちが私を追い出したんでしょ? トラブル処理でいつも編成は苦労してるんですよ、私の言うことも聞いてくださいね」って言うと、しょうがない、聞いてやるかって。

関口　しつこく言ってたよね、あなた(笑)。

――火曜サスペンスの成立の経緯を教えてください。

長富　僕の上に企画者の小坂ってのがいまして、彼に言わせると、最初のきっかけは「営業要請だ」でした。土曜ワイドが当たっているから、営業が2時間枠を作れと。2時間枠の木曜ゴールデンはすでにありましたが、YTV(大

関口恭司さん
'37年生まれ

阪の読売テレビ）ですからね。あれはファミリー向けとかいろいろな内容のものがあって、推理ドラマ専用ではなかった。

佐光　1時間ものはあったよね、火曜の夜9時台に『火曜日の女』。

長富　木曜ゴールデンで文芸風のものがあるんだから、やるんならサスペンスだと。その前に『火曜日の女』というシリーズを小坂がやっていたから、サスペンスもので行きたいということだったんじゃないですかね。

――長富さんはいつ頃から参加してらしたのですか？

長富　それまで僕は『桃太郎侍』を担当してたんです。ちょうど番組が終わるタイミングで、春に終わって火サスが始まるのが9月末ですから、半年くらい前にメンバーとして加わったんですね。僕は'67年に入社して、佐光さんが4年先輩なんです。高橋さんと同じように外画の映画制作部で、そこでは『青春とはなんだ』とか石坂洋次郎シリーズとか、外注でフィルムで撮った番組をやってたんですね。僕が入ったときには5人のチーフプロデューサーがいたんですが、5

長富忠裕さん
'43年生まれ

人のチーフがそれぞれ映画会社を担当していました。小坂（敬）が日活・大映で、岡田（晋吉）が東宝、鎌田（哲也）は東映、新藤（晃）が国際放映とか。僕はその中で岡田さんのところに入ったんですね。初めは青春もののアシスタントで入って、お前、会社に来なくていいから現場に行っとれと（笑）。僕は背が小さいもんですからね、役者まがいのこともさせられて。あす朝何時に来い、って言われてハイって行ったら茶坊主の格好をさせられて鐘を撞けって言われたり、サッカーのメンバーになったり。佐光さんなんかのスタジオドラマの連中からは、裏切り者と言われました。自分たちの仕事を外に持っていくわけですからね。で、映画会社に行くと、まだテレビは電気紙芝居と言われた時代なので、有名な監督が誰もやってくれないわけですよ。セカンドとかサードだった助監督の人たちが監督するんですけど、そうは言っても全部お任せじゃないですから、いかに作ってもらうか・いかに発言するかで、岡田にしろ小坂にしろ苦労したと思います。だんだん発言力を増して自分たちの思うように持って行く、彼らはそうした番組

佐光千尋さん
'39年生まれ

作りのパイオニアだったですね。

関口　火サスは最初からサスペンスって決まっていたでしょ。僕らは違うんですよ、何でもやるっていう。僕も編成開発に異動しましてね、企画書をなんぼ読んだことか。文芸作品から何から、会社では間に合わないので、持ち帰ってやってましたよ。今から思うと無駄なことをしたのかなぁ。結局は番組コンセプトがないわけですから、何でもやるっていうことは。一番難しいんですよね。サスペンスに特化して来たのは文芸ものではレーティングが取れないから。それが決まるまでかなり長いことかかりました。

長富　初期の土ワイでは渥美清の『時間よ、とまれ』、あれは良かったですね。

関口　『時間よ、とまれ』がオンエア1作目。最初の放送予定は、あれじゃなかったんですよ。ホリプロ制作、山口百恵の『**野菊の墓**』をやるって約束してたの、うちの井塚が。それで『時間よ、とまれ』が仕上がって来たら、こっちのほうが良いわい、ってオンエア順を逆転したんですよ。揉めた。かなり揉めた。そのときにサスペンスがいいのかなって意識がうっすらとあったんだけど、もうかなり発注してたからね、いろんなジャンルを各社に。だから変更できないですよ。

『**野菊の墓**』
原作：伊藤左千夫
脚本・監督：西河克己
主演：山口百恵

高橋　そうですね、元々は『土曜映画劇場』という劇場映画の枠なんで、それが洋画から邦画になる、しかもフィルムもの。土曜映画が土曜ワイドになるんだから、いろんなジャンルがあっていいだろうと。試行錯誤しながらだんだん推理ものに収れんしていった。だけど、そのときだからこそできたこともある。僕なんかみんなの反対を押し切って映画の『**トラック野郎**』を土曜ワイドの枠で放送した。まだオールジャンルOKだから決断できた。それが22％も獲っちゃった。

長富　火サスの場合は最初からサスペンスって決まってましたからね。その意味ではやりやすかった。土曜ワイドがあるから、ウチはこっちの方向でいこうと、反面教師と言ったらおかしいけど小坂が方針を決めてしまいましたね。土曜ワイドを見て、ウチはこうしようと彼は考えたんだと思いますね。

高橋　クイズ番組なんかもそうだけど、アメリカのやり方や編成を見て、それを日本に活かせないかというのがテレフィーチャー＝土曜ワイドだったんですね。アメリカでもテレビ映画は、コメディー、ヒューマンドラマといろんなジャンルがあった。その中でサスペンスやミステリーは作りやすいし、視聴率が取りやすいと分かって、それに特化した放送枠を作ろうとなった。日米とも同じ流れです。

『トラック野郎』
主演：菅原文太・愛川欽也
車体を電燈やペイントで飾ったド派手なトラックに乗った男たちのコメディー映画。東映製作。

関口　でも現場は混乱してましてね。あるプロデューサーは俳優座の担当で、そこそこの歳の人なんだけど、俳優座へ行って大見得を切ったの。俺がプロデューサーで13本作るのを保証するから、って。サスペンスっていうのが決まってればさ、俳優座にサスペンス13本なんて頼まないじゃない。それを知って井塚が怒って「誰が決めたんだ！」って、そりゃすごかったよ。約束が反故にされた俳優座が、社長の古賀ちゃん以下、本当にヤクザみたいに乗り込んで来たの。どうしてくれんだ！って。すごかったよあれは。1週間以上も続いたよ、毎日。こっち側もよく分かってないんだ。どういうシステムで土曜ワイドを運営していくかって。

——最初に土ワイが始まった時点で、初代チーフの井塚さんは、著作権は制作会社に渡してあげろよ、っていう考えだったんですか？

高橋　ですね。通常のテレビシリーズと同じ契約にしたんですね。

関口　東映がそれでやって来たから。東映がコンテンツを持ちたい。それが慣例になっちゃって。ウチの場合は、それ以上は疑問がなかったんでしょう。

高橋　放送期限が切れた後、再購入することで、その金を土ワイの制作費に回してよ、と。放映権料って形にすると、プロダクションとしてお金が足りないときには、それで補充できるので、そういうやり方をとっていたんだと思います。

――ある種のプロダクション行政として持たせてあげていたと。

関口　何で制作するお金を渡して、こっちは放送する権利だけで、あとは向こうに行っちゃうの？ってのはありますよね。

長富　あります。我々もそう思ってました。それを上の人に言うと、俺じゃない、もっと上がそう決めたって（笑）。BSやネットでこれほどコンテンツが必要とされるようになるとは思ってもみなかったのでしょう。当時のテレビ局の幹部は、そんなややこしい仕事はいらない、ウチは放送するだけで良いんだ、という考えだった。だから2年間で3回の放送をしたら、プロダクションに返しちゃう。著作権管理はやりたくない、というのがあったみたいで、それが制作会社からすれば商売になっている。一時的にうまくいかなくても、番組販売の2次・3次使用で稼ぐようになった。今にして思えば、あれを持ってたら大変な利益でしょうが。

関口　大映テレビなんて今は収入源は番組販売ですものね。

高橋　今回、編成局時代のノートを見返して、土曜ワイド関連の記述を調べたら、番組がスタートした頃は多いね。ところが、視聴率的に安定したら、ほとんど記述はなくなる。それで、今度は月曜ワイドのことをいっぱい書いてある。テイクオフして安定飛行に移るまでは、心配でずっと見てたけれども、ある程度レギュラーで数字が取れるようになったら、もう心配してないので何も書いてない。

——数字を見ると、初回の渥美清さんの16・8%、その後も12%とか14%とか。

高橋　アベレージは13・5%くらいでしたね。

——それは当時、編成の現場としては不満な数字だった？

高橋　いいえ、その前の『土曜映画劇場』は最後は2桁カツカツになってたから、それよりは良かったのですけど、周りがもっと期待してた。それと90分じゃ表現に制約があるから2時間にしてくれって要望も。夜10時半からのＡＢＣの番組が3～4%で。それでＡＢＣと相談して、月に1回は大阪の制作で、2時間枠にしようとなった。ＡＢＣが合流したのが'79年の春。2時間になってからは安定して20%台の作品が並びましたね。

関口　90分時代は、視聴率一桁もありますよ。シリーズもの、十朱幸代の『朝吹里矢子』とかも8～9%。ちょうど良かったのは、あの頃、ＴＢＳがダメになった時期でしたからね。制作局長になったとき「眠ってんだよ今、ＴＢＳを起こすな」って（笑）。「油断するんじゃないよ」ってよく言いましたけれどもね。未だに眠ってんだから。今ちょっと起きかけてるけれども。

長富　土曜ワイドがミステリー、謎解きがメインだったから、僕ら日テレはサスペンスでいく。サスペンスは犯人さがしじゃなくて、偉そうに言えば、人間ドラマでいこうと。犯人がなぜそういう犯罪を犯したのか？を描こうと始まった。

関口　正直に言うと、火サスに対して意識がないのね。あなた（佐光）がやってるからね、時々見たけど。土曜ワイドはね、眼前の『ザ・サスペンス』をどう倒すかってことに集中してました。日テレさんの火サスはあまり意識しなかったけど、日テレさんでもドラマは二の次だったような気がするの。と言うのは、あの頃は巨人戦が週に3回あったでしょ。

佐光　イッポンテレビって言われてた。ドラマ1本しかないから。

関口　野球以外の人は出世もしないしね、同情してたよ。ある意味で似てたんだよ、境遇が。似てたんだけれども、ドラマの基礎というかな…基盤を日テレはちゃんと持っていた。うちにはそれはなかったね。そういうドラマ後発局のテレビ朝日が、どうやって巨大なTBSの『ザ・サスペンス』を倒すか、それ一本でしたね。

だから、あんまり火サスにまで注意が行かなかったってのは事実。

高橋　土曜ワイドと裏のＴＢＳ『ザ・サスペンス』が、主役が同じ役者（**俳優の裏かぶり**）なんてことがありましたね。本当はご法度だけど。

――映画とテレビの違いで、映画業界の人に相当悩まされたと思うんですが？

長富　さっき言ったように小坂たちが先行して地盤を築いてくれていたので、そんなに苦労はなかった。エキストラで出ろとかは言われたけど。小坂や岡田からは、スタッフの一人として働け、現場で可愛がられろと言われました。そうすると向こうから信頼されるからと。

――それは土ワイが始まって何年か経って、映画業界の余剰人員の処理も終わって、テレビでやれる人がある程度淘汰されていったからでしょうか？

長富　映画がテレビを憎悪していた時代から、もうテレビにはかなわない、テレビはテレビとして確立した時代になったわけですよ。もう敵と見なされなくなっていて、テレビをやってみたいという監督も、けっこう出て来ていたと思います。初期の頃は、アフターレコーディングだったし、ひどいもんですよ。マイクが出てフィルムの中に映ったりしているんですから。現場もテレビを下に見てた

俳優の裏かぶり
'83年7月16日放送
土曜ワイド『女子医大生　父娘心中』
原作：清水一行
脚本：石川孝人
監督：村山新治
出演：中井貴恵・篠田三郎ほか
ザ・サスペンス『闇のよぶ声』
原作：遠藤周作
脚本：佐藤繁子
監督：国原俊明
出演：中井貴恵・石田純一ほか

『子連れ狼』
'73～76年　全79話
原作：小池一夫
主演：萬屋錦之介
乳母車に息子を乗せて

んじゃないですかね。映画だったらそういうのは全部リテイクになるのが、そのままオンエアされたりして、先輩方はすごく苦労したんだと思います。それがある時期から映画は大映が潰れるし、日活も潰れるしって時代になると、監督も食わなきゃいけないから、テレビに合わせるようになった。『**子連れ狼**』もやっていたんですけど、池広一夫さんとか**田中徳三**さんとか**小澤啓一**さんとか、2時間ものので話を持っていくとやってくれましたから。

——映画監督の話が出たんですけど、やりやすかった・やりにくかった人は？

関口　やりやすかった人は、今、長富さんがおっしゃったような人たち、かつては助監督だった人が監督になった場合は丁寧ですよね。ちょうど土曜ワイドの頃は本当に映画界で仕事のない作家や監督がドッと来たわけ。各社のエース監督が来ましたね。東宝だと恩地（日出夫）、須川（栄三）、大映だと池広一夫さん、日活の**神代辰巳**さん。ああいう人たちが仕事がないからパッと来たわけ。でも、彼らは彼らなりの哲学を持っているから妥協しないんですよ。たとえば神代さんの場合は2時間手持ちカメラで行くって言われて、ダメって止めた。目が回るでしょう。あとは、照明が暗くて見えない。そういうのは撮り直しましたよ。自分たち

旅をする刺客・拝一刀が各地で死闘を繰り広げる。

田中徳三
（たなか　とくぞう）
1920〜2007。大映で勝新太郎『悪名』や田宮二郎『犬』シリーズ。テレビでは『桃太郎侍』のメイン監督（86本）であり、土ワイ『京都妖怪地図』や火サス『女監察医・室生亜季子』も演出。

小澤啓一
（おざわ　けいいち）
1933〜
日活で『無頼』シリーズをはじめ渡哲也の主演作を10本監督。その関係は『太陽にほえろ！』『大都会』『西部警察』とテレビでも続いた。

の技術にプライドがあるのね。一番ひどかったのは**石井輝男**さんだね（笑）。俳優から電話かかってくるんです。「関口さん、台本一切ないよ」「どうしたの？」「毎日（台本の）号外が出てる。どんな話になってるか分からない」って。それで慌て行くわけですよ、現場に。「監督、一体どうなってるの？」って聞いても、石井さんも「明日は分からない」。そのうちにもう話がつながらなくなっちゃったんで、口パクで撮って、後から音を入れながらストーリーを作る。それで辻褄が合うようにして。『**汚名の女**』だったかな。でもアテレコだから、画面とセリフがやっぱり合わないんですよ（大爆笑）。サスペンスだから、この人がこういうセリフ言って、その結果こうなって、こうつながって逮捕されたって話の筋を持ってかなきゃならない。一番苦労したのはそれでしたね。国際放映の浦井（孝行）ちゃんと。松森さんの話（P73参照）みたいに分数が足りなくて、同じ場面を繰り返し入れた、あんなのはまだ楽でいい。一番楽だったのは斎藤武市さん。楽だったね、あの人は。

――火サスではそういうことありましたか？

佐光　火サスはけっこう映画監督がやっていたけど、そういうのはなかったね。テレビ慣れしてた。その何年かで慣れたんだね。けっこうやりやすかったですよ。

神代辰巳
（くましろ　たつみ）
1927〜1995。『四畳半襖の裏張り』『赫い髪の女』など日活ロマンポルノ、一般映画では桃井かおり出演の『青春の蹉跌』、テレビでも多くのサスペンスを監督。

石井輝男
（いしい　てるお）
1924〜2005。代表作は高倉健の『網走番外地』シリーズや『徳川女系図』に始まる東映ピンク映画、阿部定を取材した『猟奇女犯罪史』、江戸川乱歩の『恐怖奇形人間』『盲獣vs一寸法師』など。

映画とテレビの関わりでいうと、日テレで『**三共文芸アワー**』ってあったじゃない。今井正とか内田吐夢とか映画界の人が日本テレビのスタジオで撮ってたんですよ、僕が入社した頃。だからスタジオに見に行ったもん、映画だ、映画だって。

――そのときは、後ろの照明・美術などのスタッフは映画系の人たちですか？

佐光　いや、ぜんぶ日テレから出しました。もう日テレの社員が育っていましたから、映画会社の人が監督するときも、日テレの社員が、田中知巳さんとかがフロアに付いて、段取りして撮ってたんですよ。音声・照明もろもろ日テレの技術スタッフで、監督だけが来てやっていた。

――火曜サスペンスの技術・美術スタッフは？

佐光　日テレの照明部が来るときもあるし、制作会社のスタッフがやるときもあるし、それはその時々のスタッフの組み方によりますね。僕が監督として演出する場合は、技術・美術スタッフはほとんど外部でしたね。それで特に苦労したこともありませんでした。もうみんなテレビのやり方に慣れていたし。それに僕が火サスに参加したのは割と遅かったから、先に長富ちゃんたちがビシッと開拓した後に入ったので、映画人だから、テレビ人だからっていう偏見はなかった。

『汚名の女』
『汚名の女・二重殺人方程式』
'81年8月29日放送
原作：ボアロ&ナルスジャック
監督：石井輝男
脚本：馬場当・杉江慧子
出演：小川知子・市毛良枝・藤村俊二・児玉清・池波志乃

『三共文芸アワー』
'61年4月～'62年9月放送
薬品メーカーの三共が提供。テレビのスタジオを使って映画監督がドラマを撮った。市川崑など映画人がテレビに参加した先駆けの番組。

長富　ただ、脚本が悪いと嫌がります。火サスじゃなくて『子連れ狼』のときの話ですが、経済的な理由から2本まとめ撮りするんですが、池広さんが1本はやるけど、もう1本はやらないって、あれは困りました。この台本じゃ俺はやらないよって。映画人としてそれなりのプライドとかありますから。

佐光　火サスはエンディングのところを作るのが楽しかったですよ。いつもラストはどうしようか考えたね。1分何十秒か主題歌を流しながら、クレジットのバックにどういうシーンを持って来て余韻を残すか。どう作品のテーマを訴えるか。

長富　土曜ワイドとの比較みたいな所があって。企画者の小坂が音楽に詳しくてこだわる男でしたから、毎回毎回違うわけですよ、原作も違うし、監督も脚本家も役者もぜんぶ違う。プロダクションも違う。その違ったものをどう統一するか、どう火サスという枠の中でまとめるかというときに、それは音楽だとなった。で、エンディングに主題歌を作った。音楽はこだわりましたねぇ。

関口　音楽を使えるって本当に羨ましかった。ウチは音楽をうまく使えなかった。井塚が嫌ってたの、音楽使うのを。俺、『**復顔**』というドラマで小椋佳の『少しは私に愛を下さい』をフルに入れたら、逆鱗に触れましたね。要するに、ドラマは

『**復顔**』
'79年9月1日放送
原作：草野唯雄
脚本：藤森明
監督：国原俊明
出演：市毛良枝・横内正・田村亮
身元不明のどくろの復顔に執念を燃やす謎の女。殺された女の怨念が恐怖の復讐を行う。

ドラマの内容でやれ、曲の助けを借りるんじゃないよと。そういう論調でした。だけど、俺は反発してその後も何回も音楽を使いました。怒られるの承知で。まさに悪夢というか、北公次が主演のやつ（本当にタイトルは『悪夢』）では、あまりに話がお粗末だから、監督の須川栄三さんにちょっと詞を書いてと頼んで、二つ詞を作って、作曲家に歌を作らせて本編中に何回も流したの。ひどい話でさ、俺が恫喝されたの、脚本家（菊島隆三）に。オマエ何様だと思ってんだって。そういう意味では火サスは良い音楽使ってるなぁ、自由にやってるなぁと思いました。

――火サスはスタート時から木森敏之さんが音の設計をしています。有名な火サスのテーマが冒頭のハイライトシーンに重なり、エンディングに岩崎宏美の歌が流れる、という番組のフォーマットは初回から完全に決まっていたんでしょうか。

長富　それは初めから小坂や木森の計算だったんですよ。初めからそれを作ろうとしていた。何を大事にするかって言ったら、まず音楽っていうのが頭にあったのでしょう。あのオープニングを作るのはすごかったですよ。1カ月近くかけて作っていましたからね。音楽も元は2タイプあったんですよ。結局、今のやつ一つだけになって。その音楽も2回か3回録り直しました。VTRで中に入ってくるタイミングの秒数まで指定してましたからね。「各社へのお願い」ってシートまで作って配布して。初めてのプロダクションは訳が分からないですから、こうして作って欲しいとぜんぶ指定して。内容ではなくて、作品として全体の作り方はこうして欲しい、ということを小冊子にして配るんですよ。CM前の**キューカット**なども火サスは1回目から使い方がしっかり決められていました。

——火サス企画者の小坂さんは音楽番組畑だったのですか?

長富　そうじゃないです。歌は下手ですし(笑)、でも音楽は好きでしたね。小坂が制作していた火サスの前番組『火曜日の女』は、1カ月、4~5回で話が完結する。それを、どのシリーズも**佐藤允彦**さんの劇伴音楽にしていました。

関口　良い音楽でしたよね、あれは。

長富　たとえば、今回はハーモニカを全編使いましょう、この回は主楽器をフルートにしましょう、とか小坂が提案して、佐藤さんもそれを面白がって作った。それぐらい音楽にこだわってましたね。火サスに木森を連れて来たのも小坂でした。

——ちょっと聞きづらい質問ですが、『聖母たちのララバイ』が著作権の問題で騒動になったとき、現場は大変でしたか?

キューカット
CMに入るきっかけ画面。通常3~5秒で、視聴者を引きつけるためのアイ・キャッチャーにもなる。

佐藤允彦
(さとう　まさひこ)
1941~
ジャズの分野で国際的に活躍するピアニスト・作曲家。

長富　あれは、火サスの放送が始まってすぐ後に、**あの原曲の入っている映画**をたまたま他局でやったんですよ。で、スタッフの間でもそっくりだね、と話題になった。先輩の大久保（晃）ちゃんが、あれ似てるよって言うんですよ。それでみんなで大騒ぎして。もう放送で流してこちらの曲も評判になっていた。まだレコード化する前でしたが…してたら大変でした。日本テレビ音楽の**女性担当者**が奔走して、ジョン・スコットを併記すると向こうに了解を取って、一件落着した。彼の名誉のために言いますとね、木森は別に盗作するつもりなんてなかった。何となくイメージで頭の中に残っていたのが無意識のまま出たんですね。だから彼は原曲が何かを知らないんですよ。指摘されても分からなかった。別に悪意はないんですよ。だからそのこと自体で大きなトラブルもなかった。誤解してる人も多いのですが、盗作問題にはなりませんでした。その代わり、歌謡大賞は獲れたけど、レコード大賞を獲れなかったんです。外国人作曲家との共作扱いだから。

——最初は土ワイも火サスもいろんなバリエーションの単発ドラマがあって、途中からシリーズものが多くなっていきましたね（Ｐ２６２参照）。

関口　こうやってリストを見ると、女優さんは殺人劇には出てこないから、土曜

あの原曲の入っている映画
『ファイナル・カウントダウン』
'81年10月10日、フジテレビの『ゴールデン洋画劇場』で放送された。

女性担当者
日本テレビ音楽・飯田則子プロデューサー。

ワイドの主人公は男が多いね。十朱幸代は出てるけど、殺人劇じゃないからね。うちはドラマの枠もノウハウが少なかったから、出てくれないのよ。

佐光　火サスは女優が多いですよね、シリーズになったのは『**だます女・だまされる女』シリーズ**とか。あと、**泉ピン子さんの**も。火サスに女性の主人公が多いのは、ターゲットに主婦を意識したというのもある。

――火サスは意外とベッドシーンなんかも抑え気味で…。

長富　清潔、清潔。やはりターゲットが女性ですからね。火サスは裸のシーンに女性が怒って電話してくるなんて一度もなかったですね。

関口　それは大阪が入っていないせいだと思います(笑)。露天風呂がないせいだ。とにかく大阪発ですから、裸ものは。それで東京も、あぁ、テレビでここまでやって良いのか…って。やはりＡＢＣは山内さんの指示でお色気ものが多くて。

長富　火サスは、どうしてその犯罪に巻き込まれていくのかを描く。だから不倫なんかも多いけど、その中でも男と女の微妙な気持ちの違いとかに重点を置く。もちろん濡れ場は必要なんだけど、あまりイヤらしくネチネチは描かない。

佐光　主人公が金のために風俗で働いてるとか、娘が家出して売春してるとかは

『だます女・だまされる女』シリーズ
'00年〜'05年放送
脚本：宇山圭子
出演：余貴美子・竹下景子
悪質業者と消費者のトラブルがテーマ。

泉ピン子さんの
『下町・銭湯騒動記』シリーズ　'02〜'04年放送
東京・浅草の銭湯『富士の湯』の女将が難事件に巻き込まれる。

あるんだけど、あくまで話の筋立て。でも我々も視聴者として土ワイを見てて、いつお風呂に入るか気にしてたり。そろそろだぞ、なんて（笑）（P267参照）。

――火サスには「湯けむり」はない。一方、土ワイは「女将」とか「美人・美女」が好き。火サスは女性にひんしゅくを買うからそうした単語は使わなかったのですか？

長富　ああそうかも。あんまり意識しなかったけど、結果そうですね。

――「華麗・妖しい」を土ワイはやたらと使う。火サスには全然出てこない。ミステリーとサスペンスの違いもあるかもしれません。「トリック」って言葉も土ワイにはいっぱい出てきますが、火サスはほとんど出てこないですね。

佐光　火サスは、日常の人間関係の歪みを描くのを狙いにしてたからね。

――シリーズものが始まったのは、火サスの視聴率がやや下がった時期ですね。

長富　火サスは'81年にスタートして、シリーズものの最初は北大路欣也主演、土屋隆夫原作の『**千草検事**』。それを2本だけやってるんです。でも、それ以外は初期の頃は、シリーズもの、探偵が主人公のものは、ほとんどなかったですね。それから数年経って、まぁ、立て直しというか。当初のサスペンスって狙い自体は、うまくいったんです。でも、それは初めから犯人が分かってる訳ですから、

『**千草検事**』
'82年4月・9月放送
原作：土屋隆夫
脚本：村尾昭
監督：鷹森立一
主演：北大路欣也

どんなにうまく演出しても犯人さがしの面白さはない。それでどんどん視聴率が下がって来たんですね。そのときに、やっぱり探偵もの、シリーズものを作ろうということになって、また巻き返したんです。

――シリーズの功罪というか、安定してお客が取れる一方で、多くなりすぎると、マンネリになる。でも、ヒットシリーズが出ると、なかなかやめられないですよね。

佐光　僕は単発も多かったです。火サスの方針としては、シリーズものの安定した作品を柱にして、その合間に単発ものを入れて、全体の質を上げていく。見るほうとしても、この役者でこの展開、安心して見られるというのが求められていた。

長富　制作会社も年間2本か3本を約束される。ただ、安定するけど、冒険しなくなっちゃう。難しいところです。それをやりながら単発をやればいいんでしょうけどね、だんだん手抜きになっちゃう。だから怒られましたよ、チーフの小坂に。お前、サボってる、最近遊んでるって。

佐光　シリーズものって約束がいっぱいあるから。役者でこの人を立てなきゃいけないとか。本当はこういきたいのを、ちょっと別の方向へ曲げてみたりなんてところがあるんです。だから作り手としてはシリーズはあまり好きじゃなかった。

長富　シリーズもあってもいいけど、単発ものものなければいけない、バランスが大事。どうしてもシリーズものばかりになっちゃうんですよね。役者さんを押さえておくために、水谷豊のようにシリーズのタイトル変えて、**違う作品でずっと出てる**場合もある。

佐光　単発はキャスティングが大変だったよね。こちらが欲しい人とスケジュールと予算と。シリーズものはその辺が楽なんです。

関口　シリーズも内容が進化していればいいんだけどね。「家政婦」みたいに最初の頃からだいぶ違ってくると良い。うちの塙プロデューサーも努力したし、脚本の柴英三郎さんも、じゃあそれやってみようかとチャレンジしてくれた。ああいうふうに進化してくれれば良いんです。だけど、大体は進化しないんですよね。

佐光　難しいんだよ。進化させるのが難しい。そのためにはシリーズに関わってる人たちを説得しなくちゃいけない。

長富　決まりごとが多いからね、決まりごとに縛られてしまう。

佐光　そこをはみ出させるのが非常に難しかった。

――長く続くシリーズで主演を別の役者に引き継ぐ場合、苦労はありましたか？

違う作品でずっと出てる
'87～'90年『浅見光彦』8本
'91～'92年『朝比奈周平』4本
'93～'03年『立花陽介』20本
'04～'05年『三上雄太』3本
いずれも主演は水谷豊。

佐光　『霞夕子』も主演の交代は苦労したよね。最初は桃井かおりさんで頑張ってたけど、桃井さんとは大変だった（笑）。桃井さんと監督の**嶋村正敏**さん、２人でロケバスに入っちゃたら、半日出てこない。あのセリフがどうだ、このシーンがどうだ、いろんな話をしてて。ずーっとみんな待ってるんですよ。僕は何回か助っ人には行ったけど、正式には、鷲尾いさ子さんに代わるタイミングで入った。

新しいキャスティングには、新しいキャラクター設定を作るしかなかった。特に桃井さんは強烈だから、同じように鷲尾にやれって言っても無理だろうし。だったら鷲尾ちゃんの良いところをどういうふうに見つけていくかでした。桃井と鷲尾の違いをうまく出せないかなぁ、というのが仕事を受けたときに思ったことでした。床嶋佳子のときも変えたし。それは床嶋さんの良いところを出すしかない。

――佐光さんが制作した『鑑識班』シリーズは19本もありますね。

佐光　おかげさまで。調子に乗っちゃって。火サス以外にもレギュラー番組化しました。西村和彦のキャスティングは、長富ちゃんが西村はどうだって提案してくれた。僕は別の役者を狙ってたんですよ。でも忙しくて捕まらなくて、どうしようと思ってたら、ちょうどあの番組の始まる前に**西村が火サスで別の役**を演っ

嶋村正敏
（しまむら　まさとし）
1936～1995。
日本テレビのディレクター／プロデューサー。
日本推理サスペンス大賞の設立にも尽力した。

西村が火サスで別の役
『逃亡結婚』
'95年6月13日放送
『六月の花嫁(2)逃亡結婚』
'95年6月13日放送
脚本：坂上かつえ
監督：長谷部安春
出演：岸本加世子・西村和彦

たんです、岸本加世子と。それが良かったので、どうだろうって。

長富　覚えてない！（大笑）

佐光　鑑識はね、ドーンとしたメインの役者はいなかった。西村の起用は冒険でした。そして、彼一人ではなく鑑識「班」という群像劇にした。捜査ものとしては珍しい。普通は主役が立っているものを、チームでやらせる。だから後は中堅どころの役者をずらっと揃えてみたんです。それと、『鑑識班』が始まった'96年はこういうニッチな仕事に焦点を当てるドラマは珍しかった。それまでは全くなかったですね。切り口としてかなり新しかった。

長富　『鑑識班』で未だに残念なのは、ひき逃げ事件ができなかったことですよ。スポンサーの関係で。営業と散々かけ合ったんだけど、やっぱりダメって。『鑑識班』が一番やりたいのは、ひき逃げなんですよ。交通事故の物的証拠をズラッと並べて分析するのを。普段はスポンサーからの制約はそれほどないんですが、自動車会社が提供だからね、どうしてもできなかった。

関口　明智小五郎でね、悪漢たちが外車で逃げるんですよ。でも明智は番組の提供をしてる国産メーカーの小型車に乗ってる。で、追いつくんだな、これが。試写しててて吹き出したよ。嘘だろうって。

佐光　それはそうしなきゃ（笑）。車のスポンサーって気を遣うから大変。街中ふつうに撮ってもいろんなメーカーの車が通る。あれ困っちゃうんだよなぁ。

——ほかにスポンサーから何か言われましたか？　気になるのは車、薬…。

長富　後は、ガス関係。ガス爆発やガス自殺はダメ。

関口　スポンサーから、ガスでは死なないんですよ今は、って怒られた。

長富　苦い思い出で、時代劇なら僕は何やってもいいだろうと思って、『桃太郎侍』で**『第三の男』**を下地に親友が薬でワルさをしているって話をやったら、さすがにダメだって。もう作っちゃった後ですよ。放送できなかった。時代劇だからいいじゃないですかと言ったけど、ダメだったですね。今は単独の一社提供スポンサーじゃなくて、共同提供で。何社も入っているから、制約がいっぱいある。

——長時間の番組だと、30秒提供の「ご覧のスポンサー」にも忖度しなきゃ（笑）。

長富　苦肉の策として、前半・後半で分けちゃうとかね。ヤバい箇所があったら、提供チェンジで逃げる。「ここまでは・ここからは」の提供クレジットで。後は、番組終了のかなり前に提供クレジットを出しちゃう。後のところを**PT**スポット

『第三の男』
'49年イギリス映画。キャロル・リード監督のミステリーの名作。

PT
Participation Timeの略。番組の本編枠内に設けられたスポットCM枠。

枠にして。営業も苦労してますよ。

――時刻またぎとか、CM入れるタイミングとかにも工夫を凝らすんですか。

長富　他の番組よりもかなり前から、火サスはそういうことを意識して独自でやってました。21時54分から22時をまたぐところは、必ずCM入れずに放送する。

関口　それはテレ朝でもやったけど、井塚はどこでそのやり方を覚えたのかな？

高橋　それはアメリカの番組フォーマットがヒントですね。アメリカのテレフィーチャーも裏番組を意識してCMを正時からズラしたりしていた。土曜ワイドはさらに進んでいて、そこは混浴だろうと。お色気シーンにしたんですよね（大笑）。

関口　第1ロールは何分以上とか、細かい指示がありましたね。

高橋　テレフィーチャーの十カ条というのを書いて、それを踏襲しましょうって配りましたね。

佐光　火サスでも、アタマ20分は殺人事件を起こしちゃいけない、とか言われてましたよね、企画会議で。

長富　そうだっけ？

佐光　そうだよ！　あなたに言われたんだよ（笑）。

長富　ＣＭチャンス１回分の放送時間も途中から変えてもらいましたね。初めは１分30秒だったのを２分にしてもらって、その代わりロールを長くできるように。

佐光　意外に火サスって時代感覚を大切にしていましたよね。だから、作ったらすぐにオンエアする。絶対に長い間ストックしない。放送に追われてましたよ。撮影が遅れると大変！　みたいな、いつもそういう危機感がありましたよ。

関口　ウチはＴＢＳの『ザ・サスペンス』との勝負があるから、ＴＢＳのラインナップを見て、組み替える。そのために最低10何本の在庫が必要だった。

佐光　１年違うと、ずいぶん時代感覚が違ってしまうから、撮ったときの雰囲気が大切。

関口　それは理想ですね。僕らで一番失敗したのは、どうやってもこれはＴＢＳに勝てないだろうってときには、本当にクズ作品を出すわけですよ。３年ぐらいお蔵になったのがあるわけ（笑）。それを出すとね、真冬なのに夏の水泳のシーンがアップであったり、みんな半袖で日焼けしてたり。

佐光　テレビの同時性というか、真冬に真夏の画が出ちゃうとね、気持ちが全く入らないというのは確かにありますわな。

関口　だけど、しょうがない。そんときは勝負投げてるから。

長富　もう死んだ役者が出てたり（笑）。いろんな冒険というかな、時代劇もやりました。『**大奥殺人事件**』とか。昭和が終わったときに昭和犯罪史シリーズとか。

――見ました。**鬼熊事件**とか…。

長富　僕がやったんですけどね。あれは大変でした。現場は全然大変じゃなかったけど、放送当日になって事件の舞台となった千葉の市会議員から電話がかかって来て、放送するな、裁判するぞと脅しがあった。東映の映画化もそれでやめたんだと言うんですよ。そうは言ってもオンエア当日だから、見てからにしてくれと。見ないで言うのは失礼だって話で、放送したんですけどね。なぜかっていうと、当時、鬼熊が隠れていた場所の地元の人たちが彼を庇った。長引けば長引くほど、新聞社が取材に来たりして地元が潤うから。その犯人をかくまった当事者たちがいるから、放送しないでくれというのが本音だったらしいんですけどね。

――村人との関係、母の愛情話があって…ちょっと犯人も可哀想な感じで描かれていましたよね。

長富　村全体がかくまったという、そういう事実を全部明らかにはしなかった。

『大奥殺人事件』
'89年1月3日放送
脚本：宮川一郎
監督：田中徳三
出演：秋吉久美子・荻野目慶子・星由里子・浅茅陽子
江戸城に潜入する女スパイの活躍を描く。

鬼熊事件
『下弦の月　鬼熊事件』
'90年3月27日放送
原作：吉村昭
脚本：国弘威雄
監督：鷹森立一
主演：火野正平
'26年に千葉県で発生した殺人事件。村人が犯人を警察からかくまった。視聴率は18・9％。

母が自分の子どもを殺すためにおにぎりを握るという。子どもはお母さんが握ったということを知りながら食べる、そこをドラマに変えて。火野正平がいい演技している。結局、放送した後は何も言ってこなかったですけどね。

——他に実録犯罪ものは？

長富　長谷川一夫さんが傷つけられた**顔斬り事件**を題材にやった。でも、長くは続かなかったですね。材料がないっていうか、ドラマ化が難しかったと思いますね。オンエア前にクレームが来るようなこともありますからね。割と間近で実際に起こった犯罪では、替え玉殺人とか保険金詐欺とかを要素として取り入れました。

関口　おっかなびっくりですものね、作るのに。

長富　劇中で診療を拒否した病院の看板をそのまま使っちゃったりね、謝りに行きましたよ。

関口　2時間ドラマはB級娯楽作品だからね。娯楽に徹するということなんです、制作者の僕らのポリシーは。だから、吉展ちゃん事件とか帝銀事件とかは毛色が違う。変化球ですよ。世間から見れば社会派・正統派なんでしょうけど。

高橋　クレームと言えば、初期の頃だけど、俺の当時のノートにも関口さんの言

顔斬り事件
『顔斬り』
'90年8月7日放送
原作：青山光二
脚本：国弘威雄
監督：長谷和夫
出演：三浦浩一、林与一
俳優の長谷川一夫が映画会社を移籍したため顔を切られた事件を映像化。

葉が書いてあるよ。森村誠一の『**凶学の巣**』。
関口　何だろう？
高橋　それは校内暴力を扱った内容だったので、山形の学校から、苦情が20件も来て。これはひどすぎるっていう指摘があって。その苦情を井塚さんが系列局の山形放送から聞いて、それにどう対応するかってことだろうけど、その時の関口さん「ＮＨＫの『**男たちの旅路**』、火サスの『**狙われた女教師**』を参考にしながら注意したけれども、暴力シーンの描写については今後の課題としたい」って。
関口　覚えてないなぁ…チーフだったけど、俺じゃないよな、実際の番組担当は。だいたい、人の作品はあんまり見ないんだよな。
長富　そう、意外と見ない。自分のことしか考えてないからさぁ（笑）。
――外国でロケするものなどが時々ありましたけど、それはいかがでしたか？
佐光　火サスでは滅多になかったなぁ。やっぱり海外ロケはお金かかるからね。特番扱いに限って海外、というのはありますけど。ふつうのときはなかった。
長富　サスペンスでは、あまり効果ないんですよ、海外に行ったからって。
関口　よく番組の広報資料で「豪華○○で海外ロケ撮影を敢行！」なんて書いて

『**凶学の巣**』
'82年11月27日放送
原作：森村誠一
脚本：播磨幸児
監督：永野靖忠
出演：小野寺昭・浅茅陽子

『**男たちの旅路**』
脚本：山田太一
主演：鶴田浩二
警備会社のガードマンの物語。

『**狙われた女教師**』
P110参照。
恋人の謎の死の真相を追う女教師。校内暴力で荒れる学校で起きた殺人事件を描く。

ありますけど、京都へ行ったほうが早いし、効果あるよ。

佐光　火サスでは日常生活の中から犯罪テーマが出てくるから、海外での事件を扱うことは少なかった。

関口　あの頃、アメリカなどではユニオンの規定があるから、日本からカメラや照明などを連れて行けなかった。何時間以上は働けないとかの制限もあったし。

長富　でも、実は僕は2回海外ロケに行ってるから、あんまり言えません（笑）。

関口　『**マラッカの海に消えた**』って朝日放送？　あれは山内さんが行きたかったからか（笑）。

高橋　（P266~7の表を見ながら）こうやって見ると、清張さんの作品が上位を占めるけど、権利を取るの大変だったね。各局年1本か2本の割り当てだから。

関口　最初はそう大変じゃなかったんだよ。

長富　あ、そうだったんですか。途中からそうなったの？

関口　簡単にハイハイ、ってOKだったんだけど、**霧企画の林さん**が窓口になってから、いちいち松本清張さんの家に行くんだよ。

高橋　あのね、小田久栄門が編成部長のとき銀座で一緒に飲んでて、次の店に行

『マラッカの海に消えた』
'79年6月23日放送
原作：山村美紗
脚本：長野洋
監督：山本邦彦
海外出張中のはずの夫が東京にいて殺人事件に巻き込まれる。

霧企画の林さん
林悦子（はやし　えつこ）
代議士秘書を経て霧プロ入社、'85年に松本清張と霧企画を設立。以後、清張原作のテレビドラマのほとんどを手がけたが、'00年に関係者の内紛で霧企画は解散した。

こうって歩いてたら、向こうから清張さんと講談社の人だったかなぁ、2人で来られたの。そしたら小田さんがやばいって、パッと横の小径に入った。通り過ぎたのを確認して、あるお店に行ったら15分ぐらい後に清張さんがそこに入ってきた。それから清張さんが小田さん見つけて呼びつけて、こっちのテーブルに戻って来なかった。ずっと清張さんに怒られてるの。あれは強烈に覚えてるなぁ。

関口　俺も浜田山の清張さんとこへ行って怒られた。1時間ぐらい。土曜ワイドで清張さんの作品をやりたいっていう男がいたの、名前は出さないけど。雑誌に連載中の小説のドラマ化権を取りたいと言うので、小田久栄門が清張さんに近々会うって聞いたから頼んだ。「清張さんの**連載中の作品**の許可をもらってください」って。で、OKもらってありがとうございますって言った後に、初めてその小説を読んだ。そしたら戦車は出てくるわ、バンバン撃ち合いはあるわで、エーッとなって。一応、東映に振ったんだけど、できっこないですよって返された。どっかのクーデターの話で設定がすごすぎて。俺、部下を怒って「お前、これ読んでるのか？」「清張さんだからいいと思いました」「バカ野郎！」って。それで清張さんのとこへ呼び出し。久栄門と2人で謝りに行った。清張さんは「小田君、キミ

連載中の作品　松本清張『白と黒の革命』

は悪くない、頼まれただけだから。関口が悪い」って。そしたら息子の嫁さんが口出ししてくるんだ。「どうしてそういうことするんですか」って。1時間、なぜ断ったか説明して。僕が「制作費が出ないから、これの映像化は難しいです」って言うと、「いや、俺の作品は最近視聴率が悪いから、許可取ったけど、放送したくないと思ったんだろ」ってそういう憶測をするんですよ、推理作家は。いくら何でも考えすぎ。そんなことはない、単に予算の話。

——'80年代の清張作品の視聴率はすごいですね。それだけニーズがあった。

関口　家政婦の1作目『熱い空気』、あれ以降なんですよね。清張さんそれまでは、行けば、ハイどうぞ、って簡単にくれてたの。最初は**野村芳太郎**監督のところ(霧プロダクション)へ放送の許可をもらいに行ったんだよ。林さんじゃなくて。

高橋　映画のほうで野村監督が清張作品をたくさん撮ってたから、清張さんから信頼されて、映像の窓口を野村さんが引き受けていた。野村監督といえば、こんな思い出があります。『日曜洋画劇場』で清張さんとも縁のあるエラリー・クイーンの翻訳もの『**配達されない三通の手紙**』を放送することになった。あれね、松坂慶子がウイスキーに毒を入れて片岡孝夫を殺す場面があるんですよ。なおかつ、

野村芳太郎
(のむら　よしたろう)
1919~2005。松本清張『張込み』『ゼロの焦点』『砂の器』や大岡昇平『事件』、横溝正史『八つ墓村』など数多くのミステリー/サスペンス映画を監督。

『配達されない三通の手紙』
松竹'79年10月公開
原作:エラリー・クイーン
脚本:新藤兼人
音楽:芥川也寸志
監督:野村芳太郎
出演:栗原小巻・小川真由美・松坂慶子・片岡孝夫・佐分利信ほか

その事件が起こってから新聞社の輪転機をバックに「ウイスキーに毒」って紙面がアップになる。日曜洋画って4社でしょ、レナウン、ネスカフェ、ダーバン、そしてサントリーが絶対ダメって。野村監督に何とかできませんかと相談したら、新聞をわざわざ作ってくれたの。ウイスキーって文字の入ってない新聞を。ウイスキーって単語を出さなきゃ大丈夫だからって。監督自らそのシーンだけ差し替えてくれた。その新聞を記念だからあなたにあげるって僕はもらったんですよ。それを会社に持っていった。で、突然に「アッ、大変だ！ 松坂慶子が片岡孝夫を殺した！」と叫んだら、みんなが集まってきて…。実際に片岡孝夫と松坂慶子の写真がその新聞に載ってるわけですよ。みんなビックリしてた。

関口　あの監督は優しいからね、何を相談してもほとんど反対しなかった。でも何で清張さんと別れたんだろう？　それで林さんが入れ替わりで入って来たんだ。林さんって対応がホントに役所の人みたいな女性で。

高橋　各社1本ずつ希望を言って、決まったら連絡をくれるっていう。

長富　嫌がる人が多かったですよね。でも、頭下げてもらいに行きましたけどね。

――世間でよく言われる、ラストに波打ち際の崖で告白するお約束、あれ野村監督が松本清張の**『ゼロの焦点』**（'61年）で演出したのがキッカケだったというのですが、どうなんでしょうか？ いろんな説があって…。

高橋　清張さんは日本海や北陸が好きなんじゃないですか。『砂の器』は山中温泉、東尋坊もあるし、能登金剛とか、あそこら辺を舞台に使うのが多いですよね。

関口　僕が覚えているのは、井塚がスタッフを集めて「これは殺人事件で暗い話だから、暗い部屋ではなく明るいところで、開けた風景の中でラストを迎えるように」と訓示をした。だから僕らはそれに従ったんですね。それだけなので僕に経緯は分からない。井塚がそれをどこで仕入れたかも知らない。ただ、何回も言われたな、最後は広々としたところで終われよ、って。

佐光　制作側の意識としては、崖のシーンは土曜ワイドが「元祖」だってイメージがあるね。昔の松本清張の映画にまで遡ってのつながりはないですよ。

――**目の不自由な人向けの副音声**を、日本で最初に火サスが始めたという、コレはちょっとイイ話だと思いました。「アイパートナーは石丸博也です」って声の案内。関口さんが「テレビドラマの三悪人、小坂・関口・出原」と言うけれど（P86参照）、こちらは良い社会還元ではないかと。

『ゼロの焦点』
松竹'61年3月公開
脚本：橋本忍・山田洋次
監督：野村芳太郎
出演：久我美子・高千穂ひづる・有馬稲子ほか

目の不自由な人向けの副音声
'83年3月1日放送からテレビ史上初めて目の不自由な人のための音声多重放送を火サスが始めた。

長富　実は番組でやりたいって始めたワケじゃないんですよ。日本テレビの中で**愛の小鳩事業団**というのがあって、そこが金を出すからやってくれないかと。仕上がって完パケしたものをコピーして、別の音声トラックにナレーションを入れるから現場はタッチしていないんですよ。

――視聴者としては、火サスは番組に志があるなぁ、と思ってましたが。

長富　別にあれは小坂の贖罪（しょくざい）じゃないですよ（笑）。あんまり裏の事情を聞かないほうがよかったねぇ。

――2時間ドラマに限らず、今のドラマ全般に対して後輩へ一言ありますか？

佐光　テレビに限らず、映画でも、人を減らしたりして、モノ作りの体制がなっていない。監督らしい監督がいない。役者の言いなりになってる。フィルムじゃなくてデジタルだから、どんどん勝手に撮って後から編集でいいとこだけ選んでいく。昔はフィルムやテープの量が制限されていたから、どっちからパンするかすごく考えてから我々は撮ったんだけど、今はあらゆる方向から撮っている。

――佐光さんが担当していた番組は基本的には1カメですか？

佐光　もちろん、火サスは全て映画スタイルですね。1カットずつ積み上げてい

愛の小鳩事業団
テレビを享受できない目と耳の不自由な方々を支援する財団。

くスタイル。逆にスタジオドラマは、芝居の流れを作って、その中から拾っていく、切り取っていく感じです。ロケとスタジオでは撮り方にそういう違いがある。

長富　スタジオで撮るときは複数のカメラで撮るけど、火サスはロケだから1カメ。初めの頃は80%以上フィルム作品だった。16ミリフィルムから始まってテープは2インチの分厚いやつでしたね。それからビデオに変わって。

佐光　機械がすごくコンパクトになっちゃって、我々の頃は1回ロケするのも大変だった。電源車を連れて行かないと、ビデオにも撮れない。そうすると電源車が入れる場所、コードが伸ばせる場所で決めて行かなきゃいけない。今はどこへでも入って行けるけど。そういう違いがある。マルチカメラにも利点があるのだけど、一発勝負をかけてくる役者さんからすると、冗談じゃないよ、そこは中から撮るなよってなる。大原麗子がこっちからって指定していたのと同じ。昔はこっちから撮ってと指定する役者も多かった。

長富　長谷川一夫さんも傷があるから違うほうから撮れって言いましたもんね。

佐光　大原麗子が「麗子は左、麗子は左」って撮影始めるでしょ、そうするとカメラで左が映るほうにポンと座っちゃうの。違う、こっちに座って欲しいって言っても「麗子こっち」。役者はマルチで撮られるより、カメラは一つに決めたがる。

関口　ワイドショーをやってるときに山本富士子を呼んだら、まぁ、ライティングにうるさくて。ワイドショーなんだからベタに近い照明になるでしょ。それを下からライト当ててさ。

佐光　うるさい女優がスタジオに来たとき、「アタシの灯りはどれ?」って言うので適当に指をさして「あれとあれです」(大笑)。

長富　女優さんはライトを一番大事にしますよね。

佐光　だから照明さんは、スタジオでライトを抱えて立っていました。女優さんもディレクターのことは二の次で。映画と違って、どうしてもテレビのスタジオのドラマだとサブコン(副調整室)へ上がっちゃうでしょ、ディレクターは。上からハーイなんて適当に答えて。

関口　でも女優さんにも誇りがあったよね。今は何でもやるタレントだもの。

長富　映画畑の人が少なくなりましたね。役者さんもいなくなったでしょ。映画出身のスターと言われた人たちが、もういないでしょ、歳とったり亡くなったり。

佐光　そのくせ、最近のドラマは、役者を押さえるとこから始まるでしょ。「この作品のためにこの役者がいいね」じゃなくて、「この役者がいるから何やりたい」って話が始まる。だからフリーになってTBSに企画書を出しても、どの役者を押さえていて、日程がどうなるか、しか話題にしてくれないのよ。ストーリーがどうとかは一切なくて。この役者は、ここからここの間大丈夫ですか、とかそんな話ばっかりなんですよ。もういいや、って。

長富　今はデジタルだから、モニターですぐに見れちゃう。本当は監督だけが見ればいいのだけれど、スタッフたちが寄ってたかって見るし、役者のマネージャーまで見ちゃって、ああでもないこうでもないと言うでしょ。あんまり良くないと思うね。昔はカメラマンが自分の「画」って持ってたじゃないですか。フィルムを現像してみなきゃ分からない。それはカメラマンが自信を持って撮ってるわけでしょ。それが今はスタッフに全部見えちゃうから、カメラマンの主体性、尊厳がなくなってる。監督にだってないかもしれないね。

佐光　で、役者にバーっと言われると、ハイハイって。だからプロデューサーもね、みんな振り回されてるんだ。

関口　何かあったら、俺責任とるよ、ってのが俺たちの世代にはあったよね。それがなくなってきてますね。僕らはそれだけ仕事に情熱をかけられたのかなぁ。文句があるんなら、来いよって言う。

長富　それと、13回1**クール**で終わっちゃうでしょ。昔は番組が当たると、1年間継続とか結構よくあった。それが今は10本前後でしょ。

——期首期末特番があるから、10話とか11話とか。13話撮るのはまずないですね。せいぜい最後の2話くらいを15分拡大、30分拡大する程度ですね。

関口　よその局がいいなぁと思うことはずいぶんあってね、ウチは連続ドラマを5回で打ち切りとかにするんで、その度に謝りに出かけて行くのよ、上司の俺が。現場のプロデューサーいるのにさ。申し訳ありません、あと1話で終わりますって。辛かったねぇ。今はテレ朝もだいぶ良くなって、そんなことはないけど。あの頃は平気で上から「ハイ、5回で打ち切り」『今更どうやって上げるんだ視聴率』って。中村雅俊が怒ってね、俳優を何だと思ってるんだ、13回で生計を立ててるのに何だ、ってやられましたよ。上司が悪いんだって言うわけにいかないし。局の方針で仕方ないんだよね、打ち切りって言われたって。3％じゃさぁ。

佐光　人材を育てるっていうのが一番難儀。今は収録自体が遅くまでできないで

クール
連続番組の放送期間の単位。週1回の3カ月（13週）分が1クール。現在は1クールを区切りにしてテレビの番組編成が変わるのが一般的。

しょう。ロケでも周りが住宅街だったりして。スタジオにもアルコール持ち込んじゃダメだし。昔は終わると照明さんを囲んで飲んじゃったけど、今それは一切ない。それじゃ面白いものはできないよ。バカがいなくなっちゃったんですよ。撮影にしろ、役者バカにしろ、仕事に夢中になる◯◯バカが。

長富　昔は映画会社も、監督や脚本家の試験と一般の試験とは違ったじゃないですか、今は全部一般職。テレビ局の採用もみんな一般職で、かろうじてアナウンサーが別枠にあるだけ。今はテレビ局がプロを作らないようにしてるんでしょ。しょっちゅう人事異動して、一つの所にいると悪いことすると思っているふしがあって。三悪人とか四悪人とかここにもいますけど(大笑)。ジョブローテーションでコロコロ代わるわけですよ。みんなちょっとかじっていなくなっちゃう。ノウハウが継承されない。

佐光　本当にやりたいものは、今は自由に個人でも作れるようになっちゃってる。だから、番組を作りたいのでテレビ局に入ろう、っていうわけじゃないみたいだ。

関口　こういうことがあったんですよ。テレ朝がドラマを作らなかった空白期間があって、僕がスタジオドラマを復活させようと、ドラマやりたい奴を5～6人集めた。でもだいぶ前にスタジオドラマが終わっちゃってるから、分かる人がいないの。しょうがないから、プロダクションから中途入社させて、その下に若い社員をつけさせて、チーフADにさせた。しばらくして、早いけどもうそろそろ一本立ちさせようかと思って、ADの働きぶりを聞いたら、仕事をしないって言うわけ。エッ、ADの仕事しないの？　って彼らを集めた。お前たちADの仕事をちゃんとしないで何してんだ、ダメじゃないかって叱ったら、私はディレクターとして入って来たんですと答える。俺たちはADの仕事して下から上がって来たんだよって言っても、それは外部の人がやればいいでしょって言う。私たちはディレクターですって答えやがった。それ聞いて、ダメだこりゃって思った。

佐光　テレビ局が作ること自体がなくなっているから。映画会社も今はそうです。配給してるだけで、中身はみんな外部制作してるので、人材が全然育ってない。

関口　昔はそれなりに使いっぱしり、弁当から配車まで全部やったんですよ。それをやらない。それは別の人、俺はディレクター。ホントにもう腹立ってくる。

——そういう傾向が強まっているかもしれませんね。局の人間が汗をかかない。

佐光　局もプロデューサーを派遣するだけ。効率だけを考えて、危険を冒さない。

関口　じゃ、後輩に期待してもしょうがないんだ（笑）。でも今一番人気の『ドクターX』のプロデューサーの内山聖子は、社長秘書だった。分からないねぇ。

長富　今日の読売新聞に、日テレの後輩の**吉川圭三**が書いていましたが、学究的なバラエティーがなくなって来ている。時間がかかるからやらない、金がかかるからやらない。今とにかくタレントを集めてワイワイワイワイ喋らせておいて後で勝手に編集するみたいなものが多い。もっと我々の頃のように手間をかけろと。彼が「我々」って言うんだから、ましてそれより若い今の制作者は…ちょっと安易に作ってる。

佐光　一つテーマがあって、それをどう料理するかっていうのがディレクターの役目なんだけどなぁ。

関口　今ちょっと内山聖子の話が出たんで…一つだけ明るい希望は、女性。女性を採用する、起用する。それが唯一の救いだな。男はダメですよ。

佐光　今、映画の監督もそうだし、カメラや照明も女性が活躍している。現場へ行くとガンガンやってるのは女性のほうなんだ。男は全然、何やってんだか。重たかった機材もだいぶ軽くなったし。女性のほうが繊細だし、女性は意欲があるね。

吉川圭三
（よしかわ　けいぞう）
『世界まる見え！テレビ特捜部』『特命リサーチ200X』などのプロデューサー。

関口　子会社の社長をしていたときも、女性を抜擢して、それで業績が上がりました。デザイナーから美術進行から女性をボンボン使う。営業能力もあるし、最後まで責任持ってやってくれるんですよ。

長富　採用試験からして、圧倒的に女性のほうが優秀ですよ。テレビも男社会ではなくなって来た。

関口　広報にいた女の子を塙が引っ張って来て、土曜ワイドのプロデューサーにしたことがあった。**三輪祐見子**。それと内山が双璧だったけど。２人ともうまいのよ、作家とか監督に交渉するのが。

佐光　僕は、今は地上波をほとんど見ないですね。ＢＳで昔の火サスや土ワイを見ている。昔のほうが力が入ってるし、時代感覚が合う。今の時代感覚は僕たちに合わないから、ＢＳのほうを見て面白がってるところもある。映画なんかでも巨匠たちが昭和感覚で演ってるから、こっちも安心してゆったり見ていられる。時代感覚の差は大きいかもしれない。

長富　好きか嫌いかになるので、どっちが正しいかは分からない。今の若い子たちには今のドラマが面白いのだろうしね。

三輪祐見子
（みわ　ゆみこ）
『家政婦は見た！』の後期作品や『遺留捜査』『DOCTORS～最強の名医～』などのプロデューサー。

佐光　視聴もテレビ受像機で見ているのは我々世代だけで、あとはスマホで見ているのかもしれないし。視聴率自体の定義も変わって来ている。でも、日テレの広瀬すずが出ている『anone』('18年)とかは見ているんですよ。

関口　地上波は料理番組しか見ない。

長富　地上波は、土曜日の『朝だ！生です旅サラダ』と『ぶらり途中下車の旅』、定番のやつしか見ない(笑)。

――火サスは'05年に終了したわけですが…。

長富　僕は長く担当したけど、最後まではいなかった。小坂から僕へ禅譲されたの。僕は小坂が引いたラインをずっと守ることだけに集中した。彼の考えたコンセプトをどうやって守っていくか。僕のところで終わらせたくない、という気持ちがすごくあった。僕のところで打ち切りになると嫌だなと思っていた。

佐光　でも、実質的には長富ちゃんの代で終わっているよね、火サスは。

長富　どうかな。僕は火サスの20周年記念番組で海外ロケして、それが最後だった。それからまだ4年ぐらい続いたのかな、火サス自体は。

佐光　ちょうど僕が定年で嘱託になって手伝ってくれと言われて、その後も、シ

『anone』
日本テレビ
'18年1～3月放送
脚本：坂元裕二
監督：水田伸生
出演：広瀬すず・小林聡美・阿部サダヲ・瑛太(当時)・火野正平・田中裕子ほか

リーズものは他の人に引き継いで単発作品をやっていた。でも、結局、制作環境がすごく悪くなってきて、視聴率オンリー、予算は厳しいでしょ。ちょっと先行き暗いなというところで辞して、その翌年に火サスが終了した。

長富　日本テレビが番組全体をだんだん若い人向けにシフトしていって、火サスは中高年の見る番組だからいらない、っていうぐらいの扱いでしたからね。スポンサーがつかないって言うんですよ。予算的には優秀な番組で、決められた予算の中で年間きちっとやってるんだけれども、メインが**F3M3**というターゲットでしょ。そこの視聴率をちゃんと取っているんだけれども、その人たちは商品買わないから、スポンサーつかないから、って言われて結構冷たかったですよ。

一同　出た、本音が（大笑）。

――現在では、土ワイも火サスもBSや地方局ではキラーコンテンツになっていて、午前と午後と、昼間に2段積み編成にしている局もあります。

長富　東京地区では、局をまたいでというのはしないけど、地方に行ったら**他系列のキー局の作品**であることは気にしないですものね。

関口　テレビ東京がね、水曜の2時間ドラマ枠を作るときに、プロダクションか

F3M3
50歳以上の女性と男性の視聴者層。

他系列のキー局の作品
元YTV松山浩士によれば、視聴率が取れる〝再放送〟を同一地区のライバル局にさせないために、あえて他系列キー局の2時間ドラマ作品を買い占める場合もあったという。さらにYTVはその買い占めたTBSやフジの作品を実際にオンエアもして関西での視聴率トップを死守した。

ら許可を求める電話がかかってきたんですよ。土曜ワイドでやったのと同じ企画を出しますって。エッ？って聞き返したら、テレ東がそれで良い、土曜ワイドで数字が取れたものだったら無条件でやりますって言ってるんだって。俺が自分で脚本書いたやつが、３本くらい向こうで放送されてるの。そうなってくると、各局、特色がないですものね。

佐光　でも、意外と新しい感じの作品もあるよ。土曜ワイド劇場が日曜ワイドに移って、土曜と全然違う雰囲気だもの、日曜の午前中のやつは。

――それは、見る時間帯の視聴者の感覚も影響しているのでしょうか。

佐光　う〜ん、でも僕が見た2、３本は土曜ワイドとは違う感じがしたな。

関口　でも、無理に引き継がなくてもいいと僕は思うけどね。もう一日終わらしちゃったほうが良いって。日曜の朝に犯罪や殺人ものやったってしようがない。やっぱり、２時間ドラマは夜。そしてあくまでＢ級娯楽作品がいいね。

２０１８年２月１日　東京　新橋・中国料理 新橋亭新館にて

2時間ドラマ
とっておきデータ集

主演男・女優、助演男・女優の出演回数ランキングやスタッフランキング、
人気シリーズ放送一覧表など、
知って得する「2時間ドラマ」データがいっぱい!

※本書が対象とする2時間ドラマとは1977年7月〜2021年9月の間に民放の地上波／BSにて無料でオンエアされた概ね80分以上の「ミステリー／サスペンス」作品。

●原則として、次の４つの要素を含む
①人が原因の事件・事故が扱われている
②謎を解く、または真相を追うドラマである
（犯人サイドから描く場合は、犯行の動機や経緯を描いている）
③不安・気がかりな心理描写がある
④近現代が主な舞台である
（上記の条件を満たさない作品は含めないが、ミステリー／サスペンス専用とされている枠では例外として「枠」を優先してカウントする場合がある）。

・実話をもとにした作品の場合は「このドラマはフィクションです」の表記があることを条件とする。
・２時間ドラマを連続ドラマ化した作品が単発でSPを放送する場合はカウントするが、各シーズンの拡大版SP（初回・最終回など）は含まない。
・もともと連続ドラマであった作品が、２時間ドラマ枠で単発SPを放送する場合は含まない（ただし、スピンアウト作品の場合はカウントする）。
・同一作品の「前・後編」は、２回としてカウントする（ただし、助演男・女優については前・後編双方への出演が確認できたときのみ２回としてカウント）。
・１回分のオンエアを別々の話で構成するオムニバス形式や、過去の再編集版は含めない。
・原作には原案を含む。
・脚本には共同執筆・協力・監修を含む。
・Ｗ主演の場合、２人とも主演としてカウントする。
・“出演”の基準は、新聞テレビ欄に名前が表記されたことがある人とする。

2時間ドラマ主演回数ベスト150・男優編

2021/9/30 現在

順位	名前	生年	テレ朝/ABC	日テレ/読売	TBS/毎日	フジ/関西	テレ東	合計
1	渡瀬恒彦	1944	50	9	72	6	5	142
2	古谷一行	1944	37	37	38	1	6	119
3	高橋英樹	1944	63	13	6	0	17	99
4	小林稔侍	1941	17	1	55	2	20	95
5	愛川欽也	1934	72	2	2	7	5	88
6	水谷豊	1952	19	38	22	6	1	86
7	船越英一郎	1960	17	6	22	25	15	85
8	橋爪功	1941	29	3	12	16	21	81
9	小林桂樹	1923	39	29	0	2	0	70
10	片岡鶴太郎	1954	48	1	4	10	6	69
11	村上弘明	1956	15	2	15	10	17	59
12	中村梅雀	1955	12	0	18	4	24	58
13	北大路欣也	1943	24	11	5	1	13	54
14	三浦友和	1952	32	6	9	1	4	52
15	小野寺昭	1943	34	1	11	4	0	50
16	藤田まこと	1933	38	6	2	1	2	49
	伊東四朗	1937	27	5	0	3	14	49
	内藤剛志	1955	16	6	15	2	10	49
19	中村俊介	1975	1	0	0	39	2	42
20	西郷輝彦	1947	12	23	0	1	5	41
21	高嶋政伸	1966	12	1	5	13	7	38
22	近藤正臣	1942	21	7	2	0	0	30
	中村雅俊	1951	7	6	10	3	4	30
24	高橋克典	1964	22	1	2	1	2	28
25	天知茂	1931	27	0	0	0	0	27
	いかりや長介	1931	0	21	5	0	1	27
	緒形拳	1937	6	15	5	1	0	27
	大地康雄	1951	2	18	2	0	5	27
29	寺脇康文	1962	1	0	9	8	8	26
30	鹿賀丈史	1950	7	7	7	4	0	25
	三田村邦彦	1953	10	1	1	13	0	25
	榎木孝明	1956	0	1	2	17	5	25
	上川隆也	1965	9	0	9	2	5	25
	沢村一樹	1967	6	0	18	1	0	25
35	渡辺謙	1959	5	14	2	1	2	24
36	寺島進	1963	16	0	0	1	6	23
37	山崎努	1936	0	14	2	4	1	21
	田村正和	1943	14	2	2	3	0	21
	山城新伍	1938	3	2	16	0	0	21
40	高嶋政宏	1965	2	2	2	0	14	20
	西村和彦	1966	0	19	1	0	0	20
42	田中邦衛	1932	13	2	0	1	0	16
	舘ひろし	1950	0	0	6	4	6	16
	柴田恭兵	1951	7	4	4	1	0	16
45	植木等	1926	14	1	0	0	0	15

順位	名前	生年	テレ朝/ABC	日テレ/読売	TBS/毎日	フジ/関西	テレ東	合計
45	里見浩太朗	1936	3	0	11	0	1	15
	林隆三	1943	9	2	1	2	1	15
	萩原健一	1950	8	0	2	3	2	15
	布施博	1958	8	2	5	0	0	15
	辰巳琢郎	1958	0	0	13	0	2	15
	佐藤浩市	1960	8	3	3	0	1	15
	東山紀之	1966	12	0	1	1	1	15
53	露口茂	1932	7	7	0	0	0	14
	加藤剛	1938	5	0	6	1	2	14
	風間杜夫	1949	5	1	6	2	0	14
	勝野洋	1949	0	14	0	0	0	14
	神田正輝	1950	9	1	1	3	0	14
	仲村トオル	1965	7	2	2	1	2	14
	石黒賢	1966	3	2	1	5	3	14
60	赤井英和	1959	4	1	3	3	2	13
61	宇津井健	1931	10	0	2	0	0	12
	松方弘樹	1942	5	4	0	3	0	12
	石立鉄男	1942	8	2	2	0	0	12
	ビートたけし（北野武）	1947	4	1	4	2	1	12
	陣内孝則	1958	5	0	0	5	2	12
66	奥田瑛二	1950	5	4	1	0	1	11
	役所広司	1956	3	2	2	4	0	11
68	二谷英明	1930	0	10	0	0	0	10
	松平健	1953	4	0	0	2	4	10
	小泉孝太郎	1978	2	0	7	0	1	10
71	田村高廣	1928	3	2	3	1	0	9
	藤竜也	1941	4	2	2	1	0	9
	堺正章	1946	0	2	1	5	1	9
	根津甚八	1947	0	4	2	3	0	9
	小日向文世	1954	2	0	1	0	6	9
	椎名桔平	1964	5	1	2	1	0	9
77	若山富三郎	1929	3	2	2	0	1	8
	片岡孝夫	1944	7	1	0	0	0	8
	名高達男（達郎）	1951	7	0	1	0	0	8
	柳葉敏郎	1961	1	0	3	3	1	8
	草彅剛	1974	4	0	0	4	0	8
82	大滝秀治	1925	0	0	7	0	0	7
	地井武男	1942	4	0	1	2	0	7
	寺尾聰	1947	0	1	2	2	2	7
	草刈正雄	1952	4	1	1	1	0	7
	石塚英彦	1962	5	0	0	0	2	7
	近藤真彦	1964	0	0	0	7	0	7
	玉木宏	1980	3	0	1	1	2	7
89	フランキー堺	1929	6	0	0	0	0	6
	仲代達矢	1932	1	0	0	4	1	6
	長塚京三	1945	3	0	1	0	2	6

順位	名前	生年	テレ朝/ABC	日テレ/読売	TBS/毎日	フジ/関西	テレ東	合計
89	美川憲一	1946	0	0	0	6	0	6
	田村亮	1946	6	0	0	0	0	6
	五木ひろし	1948	1	1	3	1	0	6
	渡辺徹	1961	3	0	3	0	0	6
	哀川翔	1961	1	0	4	0	1	6
	稲垣吾郎	1973	2	0	0	4	0	6
	坂口憲二	1975	0	2	2	2	0	6
	伊藤淳史	1983	2	0	1	1	2	6
100	若林豪	1939	0	0	5	0	0	5
	竜雷太	1940	0	3	2	0	0	5
	中村敦夫	1940	2	2	1	0	0	5
	江守徹	1944	3	2	0	0	0	5
	中条きよし	1946	5	0	0	0	0	5
	西岡徳馬	1946	0	0	4	1	0	5
	西田敏行	1947	1	1	2	0	1	5
	梅沢富美男	1950	0	0	3	2	0	5
	山下真司	1951	2	0	2	1	0	5
	佐野史郎	1955	2	1	1	0	1	5
	坂東三津五郎	1956	0	0	5	0	0	5
	西村まさ彦	1960	0	0	0	5	0	5
	遠藤憲一	1961	1	0	0	0	4	5
	風間トオル	1962	3	2	0	0	0	5
	平岡祐太	1984	0	0	5	0	0	5
115	森繁久彌	1913	2	1	0	0	1	4
	三國連太郎	1923	1	3	0	0	0	4
	鶴田浩二	1924	2	2	0	0	0	4
	平幹二朗	1933	2	1	1	0	0	4
	渡哲也	1941	2	0	1	0	1	4
	竹脇無我	1944	1	2	1	0	0	4
	藤岡弘、	1946	2	2	0	0	0	4
	高田純次	1947	2	0	2	0	0	4
	三宅裕司	1951	0	1	0	0	3	4
	郷ひろみ	1955	0	0	2	2	0	4
	小堺一機	1956	0	0	0	4	0	4
	田原俊彦	1961	0	1	0	3	0	4
	金田賢一	1961	2	0	2	0	0	4
	唐沢寿明	1963	0	0	2	0	2	4
	阿部寛	1964	3	0	1	0	0	4
	恵俊彰	1964	0	0	4	0	0	4
	錦織一清	1965	2	0	0	2	0	4
	緒形直人	1967	1	0	2	0	1	4
	江口洋介	1967	3	0	0	1	0	4
	竹野内豊	1971	2	0	1	0	1	4
	木村拓哉	1972	0	0	0	4	0	4
	反町隆史	1973	1	0	0	3	0	4
	松坂桃李	1988	1	2	1	0	0	4

2時間ドラマ主演回数ベスト150・女優編

2021/9/30 現在

順位	名前	生年	テレ朝/ABC	日テレ/読売	TBS/毎日	フジ/関西	テレ東	合計
1	片平なぎさ	1959	52	35	23	54	6	170
2	市原悦子	1936	33	22	19	25	4	103
3	名取裕子	1957	48	5	20	10	15	98
4	眞野あずさ	1957	23	35	12	4	1	75
5	浜木綿子	1935	11	52	6	2	1	72
6	浅野ゆう子	1960	21	10	10	17	10	68
7	泉ピン子	1947	10	12	21	10	12	65
8	池上季実子	1959	9	18	12	8	15	62
9	萬田久子	1958	18	3	21	14	4	60
10	高島礼子	1964	13	2	9	16	15	55
11	沢口靖子	1965	21	3	15	10	5	54
12	かたせ梨乃	1957	9	2	21	8	13	53
13	丘みつ子	1948	8	31	3	9	0	51
14	坂口良子	1955	11	32	5	1	1	50
15	賀来千香子	1961	13	18	10	3	2	46
16	東ちづる	1960	28	2	0	8	5	43
17	岡江久美子	1956	16	1	6	6	13	42
18	沢田亜矢子	1949	6	22	2	8	2	40
19	木の実ナナ	1946	0	9	21	6	3	39
20	松下由樹	1968	22	0	3	8	4	37
21	市毛良枝	1950	16	13	1	6	0	36
22	渡辺えり	1955	15	5	8	2	5	35
23	松尾嘉代	1943	26	3	3	2	0	34
24	十朱幸代	1942	13	11	0	3	6	33
25	山本陽子	1942	16	8	0	8	0	32
	財前直見	1966	8	2	9	12	1	32
	若村麻由美	1967	8	11	2	4	7	32
28	斉藤由貴	1966	4	11	4	8	4	31
	水野真紀	1970	18	2	6	1	4	31
30	小川知子	1949	7	13	3	7	0	30
31	浅野温子	1961	11	3	2	8	5	29
	斉藤慶子	1961	6	2	10	10	1	29
33	いしだあゆみ	1948	9	7	1	9	0	26
	多岐川裕美	1951	10	9	3	4	0	26
	伊藤蘭	1955	5	14	1	4	2	26
36	中村玉緒	1939	9	3	12	1	0	25
	酒井和歌子	1949	9	13	0	3	0	25
	竹下景子	1953	6	2	14	1	2	25
39	栗原小巻	1945	17	4	2	0	0	23
	とよた真帆	1967	16	0	6	0	1	23
41	秋吉久美子	1954	4	9	3	5	1	22
	余貴美子	1956	1	7	10	1	3	22
	鷲尾いさ子	1967	1	21	0	0	0	22
44	古手川祐子	1959	3	2	4	12	0	21
	森口瑤子	1966	19	1	0	1	0	21
	藤谷美紀	1973	21	0	0	0	0	21
47	大谷直子	1950	6	7	1	6	0	20
	叶和貴子	1956	19	0	0	1	0	20
	高樹沙耶	1963	4	5	1	10	0	20
50	大竹しのぶ	1957	3	8	4	3	1	19
	藤田朋子	1965	4	5	9	0	1	19
	菊川怜	1978	2	2	3	6	6	19
53	大空眞弓	1940	14	3	0	1	0	18
	岩下志麻	1941	2	3	7	4	2	18
	桃井かおり	1951	2	13	1	1	1	18
56	黒木瞳	1960	4	5	3	4	1	17

順位	名前	生年	テレ朝/ABC	日テレ/読売	TBS/毎日	フジ/関西	テレ東	合計
56	岸本加世子	1960	0	8	1	5	3	17
58	高畑淳子	1954	6	0	8	0	2	16
	田中好子	1956	3	9	1	1	2	16
	柏原芳恵	1965	10	4	1	1	0	16
61	三田佳子	1941	2	7	1	5	0	15
	中井貴恵	1957	3	3	3	6	0	15
	伊藤かずえ	1966	4	8	0	3	0	15
	田中美里	1977	13	0	1	0	1	15
65	小川眞由美	1939	6	2	1	5	0	14
	梶芽衣子	1947	6	2	1	5	0	14
67	大原麗子	1946	2	7	2	2	0	13
	篠ひろ子	1948	2	1	1	9	0	13
	羽田美智子	1968	4	1	2	5	1	13
70	山口果林	1947	4	8	0	0	0	12
	浅茅陽子	1951	7	2	2	1	0	12
	桜田淳子	1958	4	3	4	1	0	12
	田中美佐子	1959	2	3	6	1	0	12
	麻生祐未	1963	1	2	3	0	6	12
	有森也実	1967	2	6	2	2	0	12
	高橋由美子	1974	1	7	1	3	0	12
77	池内淳子	1933	1	5	0	5	0	11
	小柳ルミ子	1952	3	5	1	2	0	11
	水沢アキ	1954	8	3	0	0	0	11
	烏丸せつこ	1955	5	3	2	1	0	11
	中原理恵	1958	3	5	0	3	0	11
	榊原郁恵	1959	4	3	1	3	0	11
83	浅丘ルリ子	1940	0	7	2	1	0	10
	加賀まりこ	1943	2	4	0	4	0	10
	香山美子	1944	5	3	1	1	0	10
	藤真利子	1955	1	4	4	1	0	10
	大場久美子	1960	5	2	2	1	0	10
	米倉涼子	1975	6	0	0	3	1	10
89	宮本信子	1945	1	6	0	2	0	9
	研ナオコ	1953	2	1	2	0	4	9
	高橋惠子(関根)	1955	2	3	2	2	0	9
	星野知子	1957	2	3	3	1	0	9
	高木美保	1962	2	4	0	3	0	9
	大塚寧々	1968	7	0	1	0	1	9
95	佐久間良子	1939	2	4	0	1	1	8
	佐藤友美	1941	0	6	0	2	0	8
	松坂慶子	1952	2	1	3	0	2	8
	島田陽子	1953	2	4	0	2	0	8
	佳那晃子	1956	3	3	2	0	0	8
	室井滋	1958	1	1	2	0	4	8
	原田美枝子	1958	0	3	2	3	0	8
	真矢ミキ	1964	1	2	3	2	0	8
	南果歩	1964	0	2	4	1	1	8
	三田寛子	1966	5	1	1	1	0	8
105	岡田茉莉子	1933	3	2	0	2	0	7
	倍賞美津子	1946	0	2	3	2	0	7
	浅田美代子	1956	0	2	3	2	0	7
	かとうかず子	1958	2	2	2	1	0	7
	久本雅美	1958	0	0	2	5	0	7
	宮崎美子	1958	1	6	0	0	0	7
	樋口可南子	1958	1	5	1	0	0	7
	床嶋佳子	1964	0	6	0	1	0	7
	鈴木京香	1968	0	2	0	4	1	7
	仲間由紀恵	1979	2	0	0	4	1	7
115	森光子	1920	0	1	2	3	0	6

順位	名前	生年	テレ朝/ABC	日テレ/読売	TBS/毎日	フジ/関西	テレ東	合計
115	野際陽子	1936	3	0	3	0	0	6
	長山藍子	1941	2	2	2	0	0	6
	松原智恵子	1945	1	1	3	1	0	6
	音無美紀子	1949	6	0	0	0	0	6
	秋野暢子	1957	1	1	3	1	0	6
	増田恵子	1957	1	5	0	0	0	6
	森公美子	1959	2	0	2	2	0	6
	涼風真世	1960	6	0	0	0	0	6
	河合奈保子	1963	6	0	0	0	0	6
	山口智子	1964	0	6	0	0	0	6
	南野陽子	1967	2	0	2	1	1	6
	菊池桃子	1968	0	0	0	6	0	6
	富田靖子	1969	2	1	0	0	3	6
	木村佳乃	1976	1	1	2	2	0	6
130	ミヤコ蝶々	1920	2	0	3	0	0	5
	八千草薫	1931	0	0	0	4	1	5
	草笛光子	1933	1	4	0	0	0	5
	宇津宮雅代	1948	3	2	0	0	0	5
	中野良子	1950	4	1	0	0	0	5
	中田喜子	1953	5	0	0	0	0	5
	志穂美悦子	1955	1	3	1	0	0	5
	戸田恵子	1957	1	0	1	0	3	5
	大島さと子	1959	3	2	0	0	0	5
	原日出子	1959	1	2	0	1	1	5
	南条玲子(南條)	1960	0	1	4	0	0	5
	杉田かおる	1964	0	3	2	0	0	5
	松本伊代	1965	2	1	1	1	0	5
	早見優	1966	2	1	2	0	0	5
	千堂あきほ	1969	2	3	0	0	0	5
	藤原紀香	1971	0	1	0	4	0	5
	檀れい	1971	2	0	0	1	2	5
	牧瀬里穂	1971	0	1	1	3	0	5
	佐藤藍子	1977	1	1	2	1	0	5
149	岸恵子	1932	1	3	0	0	0	4
	南田洋子	1933	2	2	0	0	0	4
	三ツ矢歌子	1936	3	1	0	0	0	4
	樫山文枝	1941	0	4	0	0	0	4
	うつみ宮土理	1943	0	0	0	4	0	4
	星由里子	1943	2	2	0	0	0	4
	范文雀	1948	0	2	2	0	0	4
	和田アキ子	1950	1	2	1	0	0	4
	真野響子	1952	2	2	0	0	0	4
	風吹ジュン	1952	0	3	1	0	0	4
	早乙女愛	1958	1	2	1	0	0	4
	和由布子	1959	1	0	0	3	0	4
	山田邦子	1960	0	1	3	0	0	4
	美保純	1960	3	0	1	0	0	4
	紺野美沙子	1960	1	2	1	0	0	4
	一路真輝	1965	3	0	1	0	0	4
	中村あずさ	1966	2	1	1	0	0	4
	国生さゆり	1966	0	4	0	0	0	4
	天海祐希	1967	1	0	0	3	0	4
	宮崎萬純	1968	1	2	1	0	0	4
	渡辺梓	1969	0	4	0	0	0	4
	酒井美紀	1978	1	1	1	1	0	4
	国仲涼子	1979	0	1	1	2	0	4
	小池栄子	1980	0	0	3	0	1	4
	松下奈緒	1985	0	0	1	2	1	4

2時間ドラマ助演回数ベスト100・男優編

2021/9/30 現在

順位	名前	生年	テレ朝/ABC	日テレ/読売	TBS/毎日	フジ/関西	テレ東	合計
1	北村総一朗	1935	66	35	71	43	10	225
2	鶴田忍	1946	61	44	57	32	28	222
3	西田健	1945	53	52	61	26	17	209
4	平泉成(征)	1944	76	33	35	38	16	198
5	本田博太郎	1951	58	49	23	26	19	175
	渡辺いっけい	1962	48	13	66	26	22	175
7	西岡徳馬	1946	48	20	44	56	1	169
	中西良太	1953	38	30	72	17	12	169
9	ベンガル	1951	26	49	34	42	17	168
10	森本レオ	1943	110	26	11	13	4	164
11	小野武彦	1942	31	19	65	11	28	154
	船越英一郎	1960	55	46	17	25	11	154
13	寺田農	1942	42	20	37	21	31	151
	佐戸井けん太	1957	49	10	37	28	27	151
15	若林豪	1939	50	10	13	57	19	149
	石橋蓮司	1941	53	37	18	25	16	149
17	石丸謙二郎	1953	56	10	31	24	24	145
18	三浦浩一	1953	28	39	40	13	23	143
19	片桐竜次	1947	41	36	27	17	20	141
20	六平直政	1954	35	29	30	18	28	140
21	掛田誠	1956	34	21	32	26	22	135
22	勝部演之	1938	52	42	21	13	6	134
	村田雄浩	1960	40	32	24	19	19	134
24	中丸新将	1949	49	36	19	19	9	132
25	金田明夫	1954	38	13	31	17	30	129
26	平田満	1953	56	33	20	11	7	127
	内藤剛志	1955	42	25	18	34	8	127
28	蟹江敬三	1944	29	25	47	12	13	126
29	織本順吉	1927	43	39	27	10	6	125
	丸岡奨詞	1944	42	28	31	12	12	125
31	羽場裕一	1961	54	19	20	15	16	124
32	長門裕之	1934	49	37	19	13	5	123
33	中原丈雄	1951	44	24	21	18	12	119
	徳井優	1959	56	10	13	19	21	119
35	神山繁	1929	34	20	23	31	9	117
	大杉漣	1951	40	19	21	15	22	117
37	角野卓造	1948	19	26	35	4	31	115
38	中山仁	1942	48	22	17	14	10	111
	田山涼成	1951	38	15	30	17	11	111
40	森下哲夫	1945	51	25	14	14	6	110
41	渡辺哲	1950	43	26	14	8	18	109
	宅麻伸	1956	65	14	11	5	14	109
43	松沢一之(松澤)	1955	28	15	19	23	22	107
44	田村亮	1946	60	17	13	10	6	106
45	でんでん	1950	38	15	20	21	11	105
46	田中健	1951	22	15	23	31	13	104
	梨本謙次郎	1961	27	22	23	12	20	104
48	火野正平	1949	52	12	20	10	9	103
49	平野稔	1937	36	32	16	11	7	102
	小沢象	1940	59	21	11	7	4	102
51	清水章吾	1943	34	30	16	12	9	101
	河原さぶ	1945	25	36	7	18	15	101
53	藤田宗久	1949	30	33	14	12	10	99
54	神保悟志	1962	41	5	20	21	11	98
55	中尾彬	1942	48	19	11	19	0	97

順位	名前	生年	テレ朝/ABC	日テレ/読売	TBS/毎日	フジ/関西	テレ東	合計
55	宮川一朗太	1966	27	19	24	12	15	97
57	加島潤	1935	46	34	4	5	7	96
	河西健司	1949	33	22	23	7	11	96
59	相馬剛三	1930	46	36	7	4	2	95
	橋爪功	1941	20	41	19	8	7	95
	深水三章	1947	24	27	19	9	16	95
	神田正輝	1950	8	7	16	47	17	95
	宇梶剛士	1962	46	3	12	23	11	95
64	江藤漢(漢斉)	1942	30	24	20	8	12	94
	大河内浩	1956	28	26	22	6	12	94
66	大林丈史	1942	14	40	21	12	5	92
67	益岡徹	1956	29	9	18	16	19	91
68	梅津栄	1928	40	26	12	8	3	89
	清水綋治	1944	23	15	22	17	12	89
	並樹史朗	1957	37	18	16	8	10	89
	木下ほうか	1964	31	7	11	21	19	89
	東幹久	1969	46	4	2	18	19	89
73	村井國夫	1944	26	11	36	13	2	88
	榎木孝明	1956	13	10	9	41	15	88
	小木茂光	1961	52	4	14	6	12	88
	河相我聞	1975	38	4	29	11	6	88
77	長谷川初範	1955	28	14	18	23	4	87
	冨家規政	1962	30	9	15	15	18	87
79	小林稔侍	1941	39	22	17	7	1	86
	秋野太作(津坂まさあき、津坂匡章)	1943	58	9	9	6	4	86
	石倉三郎	1946	21	11	16	13	25	86
	井川晃一	1958	81	0	2	3	0	86
83	小倉一郎	1951	30	8	29	11	7	85
84	名古屋章	1930	41	22	12	6	3	84
	斉藤暁	1953	19	24	14	11	16	84
86	尾美としのり	1965	29	24	11	7	12	83
87	左とん平	1937	15	37	10	11	8	81
	峰岸徹	1943	29	18	10	20	4	81
	螢雪次朗	1951	26	17	23	6	9	81
	湯江タケユキ	1967	38	8	14	8	13	81
91	萩原流行	1953	19	19	13	20	9	80
92	河原崎建三	1943	23	26	11	7	12	79
93	佐藤B作	1949	14	24	18	13	9	78
	斎藤洋介	1951	24	22	14	7	11	78
	小倉久寛	1954	31	4	20	22	1	78
	鶴見辰吾	1964	25	16	14	19	4	78
	西村和彦	1966	30	6	15	13	14	78
98	国広富之	1953	32	12	10	16	7	77
	石黒賢	1966	10	3	29	22	13	77
100	夏八木勲	1939	12	18	19	20	7	76
	相島一之	1961	25	2	12	21	16	76
	林泰文	1971	19	12	8	10	27	76
103	ケーシー高峰	1934	23	26	17	2	7	75
104	仲谷昇	1929	39	14	13	7	0	73
	鈴木ヒロミツ	1946	15	14	15	19	10	73
	笹野高史	1948	31	6	13	12	11	73
	新井康弘	1956	30	8	20	9	6	73
108	大浦龍宇一	1968	30	4	12	11	14	71
109	前田吟	1944	16	21	13	12	8	70
	布川敏和	1965	9	7	20	24	10	70

2時間ドラマ助演回数ベスト100・女優編

2021/9/30 現在

順位	名前	生年	テレ朝/ABC	日テレ/読売	TBS/毎日	フジ/関西	テレ東	合計
1	山村紅葉	1960	164	6	115	120	34	439
2	山下容莉枝	1964	65	17	23	20	20	145
3	野際陽子	1936	41	16	20	57	10	144
4	床嶋佳子	1964	49	15	44	2	15	125
5	根岸季衣	1954	25	46	28	8	14	121
6	中山忍	1973	33	3	38	16	30	120
7	赤座美代子	1944	56	28	13	16	2	115
8	野村昭子	1927	47	4	34	18	1	104
9	秋本奈緒美	1963	34	13	22	15	13	97
10	川俣しのぶ	1958	20	18	28	21	7	94
11	山口果林	1947	45	23	12	6	7	93
12	筒井真理子	1960	34	10	19	13	16	92
13	左時枝	1947	17	49	8	6	9	89
	高橋ひとみ	1961	43	5	14	16	11	89
15	黒田福美	1956	33	32	14	5	4	88
	芦川よしみ	1958	21	22	19	17	9	88
17	岡本麗	1951	25	27	22	11	1	86
	朝加真由美	1955	26	8	21	20	11	86
19	田島令子	1949	40	14	12	15	3	84
	山口美也子	1952	21	24	14	18	7	84
	阿知波悟美	1959	22	15	23	5	19	84
22	有森也実	1967	16	29	15	11	12	83
23	高橋かおり	1975	17	14	21	14	16	82
24	中島ひろ子	1971	29	15	14	10	12	80
25	あめくみちこ	1963	24	19	23	8	4	78
	雛形あきこ	1978	20	2	30	15	11	78
27	岡江久美子	1956	60	5	7	3	0	75
	原日出子	1959	16	9	26	1	23	75
29	吉行和子	1935	32	17	8	13	4	74
	大島さと子	1959	37	3	13	9	12	74
	川上麻衣子	1966	21	22	9	4	18	74
32	五十嵐めぐみ	1954	62	3	3	4	1	73
33	萬田久子	1958	38	7	10	13	4	72
	美保純	1960	19	15	14	19	5	72
	遊井亮子	1976	35	1	13	9	14	72
36	市毛良枝	1950	24	6	14	5	21	70
	国生さゆり	1966	26	7	9	13	15	70
38	丘みつ子	1948	15	18	9	9	18	69
39	加藤治子	1922	9	21	31	6	1	68
	渡辺典子	1965	17	10	16	14	11	68
41	藤田弓子	1945	26	13	7	5	16	67
	あき竹城	1947	21	15	21	8	2	67
	水木薫	1959	21	19	10	10	7	67
44	中島ゆたか	1952	35	18	4	6	2	65
	西尾まり	1974	26	3	13	23	0	65
46	朝丘雪路	1935	7	25	22	7	2	63
	萩尾みどり	1954	26	14	10	8	5	63
	沖直未（直美）	1959	17	14	17	12	3	63
	未來貴子	1962	29	12	11	5	6	63
50	松金よね子	1949	10	9	25	8	10	62
	夏樹陽子	1952	22	7	15	13	5	62
	角替和枝	1954	10	28	16	4	4	62

順位	名前	生年	テレ朝/ABC	日テレ/読売	TBS/毎日	フジ/関西	テレ東	合計
50	かとうかず子	1958	19	6	21	8	8	62
	麻生祐未	1963	11	0	47	1	3	62
	洞口依子	1965	16	12	19	8	7	62
	森口瑤子	1966	20	22	6	13	1	62
57	佐々木すみ江	1928	3	22	16	12	8	61
	水野久美	1937	23	13	8	3	14	61
	結城しのぶ	1953	39	13	5	3	1	61
60	渡辺梓	1969	18	16	10	10	6	60
61	一色采子	1958	17	18	8	3	13	59
62	岩本多代	1940	8	19	23	7	1	58
	白川和子	1947	13	18	14	10	3	58
	風祭ゆき	1953	14	14	16	10	4	58
65	余貴美子	1956	21	12	15	6	3	57
66	南田洋子	1933	25	13	7	9	2	56
	姿晴香	1952	15	17	7	11	6	56
	藤真利子	1955	17	21	5	6	7	56
	佳那晃子	1956	27	13	10	5	1	56
	北原佐和子	1964	20	7	17	8	4	56
71	宮下順子	1949	25	17	7	3	3	55
72	藤吉久美子	1961	25	8	9	4	8	54
73	柴田理恵	1959	7	9	16	14	7	53
	池上季実子	1959	24	6	16	4	3	53
	田中美奈子	1967	20	1	10	8	14	53
	菊池麻衣子	1974	7	13	7	14	12	53
	大路恵美	1975	23	3	4	10	13	53
78	岡田茉莉子	1933	41	5	4	1	1	52
	蜷川有紀	1960	28	14	3	7	0	52
80	野村真美	1964	14	3	10	12	12	51
81	高田敏江	1935	12	22	9	5	2	50
	池波志乃	1955	26	8	3	13	0	50
	川島なお美	1960	21	6	11	4	8	50
	水野真紀	1970	20	1	10	18	1	50
85	石野真子	1961	13	10	17	4	5	49
	伊藤かずえ	1966	11	2	20	7	9	49
87	多岐川裕美	1951	15	4	9	13	7	48
	星野真里	1981	17	2	14	10	5	48
89	銀粉蝶	1952	17	8	13	8	1	47
	金沢碧	1953	31	7	6	2	1	47
	水島かおり	1964	13	13	9	10	2	47
	いしのようこ	1968	16	10	8	6	7	47
93	松原智恵子	1945	15	4	11	7	9	46
	大塚良重	1957	8	10	16	8	4	46
	藤田朋子	1965	13	11	9	6	7	46
	小沢真珠	1977	18	5	11	6	6	46
	遠野なぎこ	1979	17	1	14	2	12	46
98	とよた真帆	1967	15	7	5	7	11	45
99	渋谷琴乃	1975	13	1	16	4	10	44
100	沢田亜矢子	1949	12	7	8	7	9	43
	さとう珠緒	1973	7	4	17	10	5	43
102	深浦加奈子	1960	10	6	11	10	5	42
	杉田かおる	1964	10	15	8	5	4	42
	藤谷美紀	1973	11	1	6	16	8	42
	原沙知絵	1978	21	1	9	9	2	42

2時間ドラマ原作者ベスト20

2021/9/30 現在

順位	名前	テレ朝/ABC	日テレ/読売	TBS/毎日	フジ/関西	テレ東	合計
1	山村美紗	66	7	50	94	26	243
2	西村京太郎	99	5	87	33	11	235
3	夏樹静子	43	87	28	40	24	222
4	松本清張	61	47	31	29	24	192
5	森村誠一	96	20	30	15	12	173
6	内田康夫	9	13	51	61	26	160
7	和久峻三	68	19	21	3	6	117
8	笹沢左保	57	30	0	4	6	97
9	横溝正史	9	0	32	13	3	57
10	佐野洋	20	18	4	1	12	55
11	小杉健治	5	25	8	2	14	54
12	江戸川乱歩	38	0	3	8	1	50
13	赤川次郎	28	3	4	13	0	48
14	石沢英太郎	39	1	2	2	0	44
15	津村秀介	1	33	0	1	6	41
16	高木彬光	15	9	1	1	13	39
17	梓林太郎	2	5	4	0	27	38
18	姉小路祐	2	23	4	0	8	37
19	小林久三	11	20	2	1	0	34
20	草野唯雄	13	8	6	4	0	31

2時間ドラマ脚本家ベスト20

2021/9/30 現在

順位	名前	テレ朝/ABC	日テレ/読売	TBS/毎日	フジ/関西	テレ東	合計
1	峯尾基三（峰尾）	4	47	18	61	17	147
2	篠崎好	108	8	13	3	4	136
3	宮川一郎	29	78	3	4	2	116
4	佐伯俊道	19	28	22	12	32	113
5	岡本克己	54	43	3	0	3	103
6	竹山洋	34	8	28	28	1	99
7	長野洋	72	3	2	20	1	98
8	安本莞二	16	33	33	3	3	88
	吉田剛	66	6	9	4	3	88
10	深沢正樹	42	11	1	1	30	85
11	坂上かつえ	10	49	7	1	17	84
12	坂田義和	44	21	11	2	4	82
13	石松愛弘	29	42	2	5	0	78
14	猪又憲吾	72	2	1	2	0	77
15	橋本綾	40	30	2	2	0	74
16	長坂秀佳	38	2	23	8	2	73
17	柴英三郎	54	2	7	4	0	67
18	今井詔二	61	4	0	0	1	66
	田子明弘	35	3	0	0	28	66
20	保利吉紀	54	4	5	1	0	64

2時間ドラマ監督ベスト20

2021/9/30 現在

順位	名前	テレ朝/ABC	日テレ/読売	TBS/毎日	フジ/関西	テレ東	合計
1	鷹森立一	20	95	15	5	5	140
2	吉川一義	38	65	11	5	11	130
3	吉田啓一郎	87	3	9	4	23	126
	合月勇	50	11	24	37	4	126
5	池広一夫	111	14	0	0	0	125
6	伊藤寿浩	29	2	18	32	21	102
7	村川透	83	15	1	1	0	100
8	山本邦彦	76	0	0	14	2	92
9	長尾啓司	14	4	33	22	16	89
	岡本弘	83	0	5	1	0	89
11	松島稔	50	0	17	10	8	85
12	岡屋竜一(龍一)	49	18	7	0	9	83
13	野村孝	58	15	5	0	0	78
14	中山史郎	12	2	43	8	7	72
15	児玉宜久	18	0	19	7	24	68
16	脇田時三	19	2	45	1	0	67
17	猪崎宣昭	7	42	14	2	1	66
18	井上芳夫	44	7	10	2	0	63
19	永野靖忠	51	8	0	2	0	61
20	黒沢直輔	6	20	6	8	19	59

2時間ドラマ音楽担当ベスト20

2021/9/30 現在

順位	名前	テレ朝/ABC	日テレ/読売	TBS/毎日	フジ/関西	テレ東	合計
1	大谷和夫	16	233	0	0	2	251
2	丸谷晴彦	17	109	14	2	2	144
3	吉川清之	78	19	11	6	7	121
4	福井峻	2	86	5	2	2	97
5	佐藤允彦	7	81	5	1	0	94
6	津島利章	83	0	3	4	1	91
7	甲斐正人	80	0	5	2	0	87
	糸川玲子	0	87	0	0	0	87
9	坂田晃一	58	7	4	7	1	77
10	岩間南平	48	1	9	16	0	74
11	川村栄二	0	69	1	0	0	70
12	鏑木創 (鏑木基盟)	53	1	4	3	0	61
13	大野克夫	52	0	3	3	0	58
14	渡辺岳夫	35	0	12	9	0	56
	渡辺俊幸	2	2	1	51	0	56
	遠藤浩二	19	1	18	5	13	56
17	菅野光亮	25	1	15	1	0	42
	長谷部徹	38	0	3	0	1	42
19	小六禮次郎	16	2	8	14	1	41
	義野裕明	11	0	21	3	6	41

主な人気シリーズ作品・放送一覧表

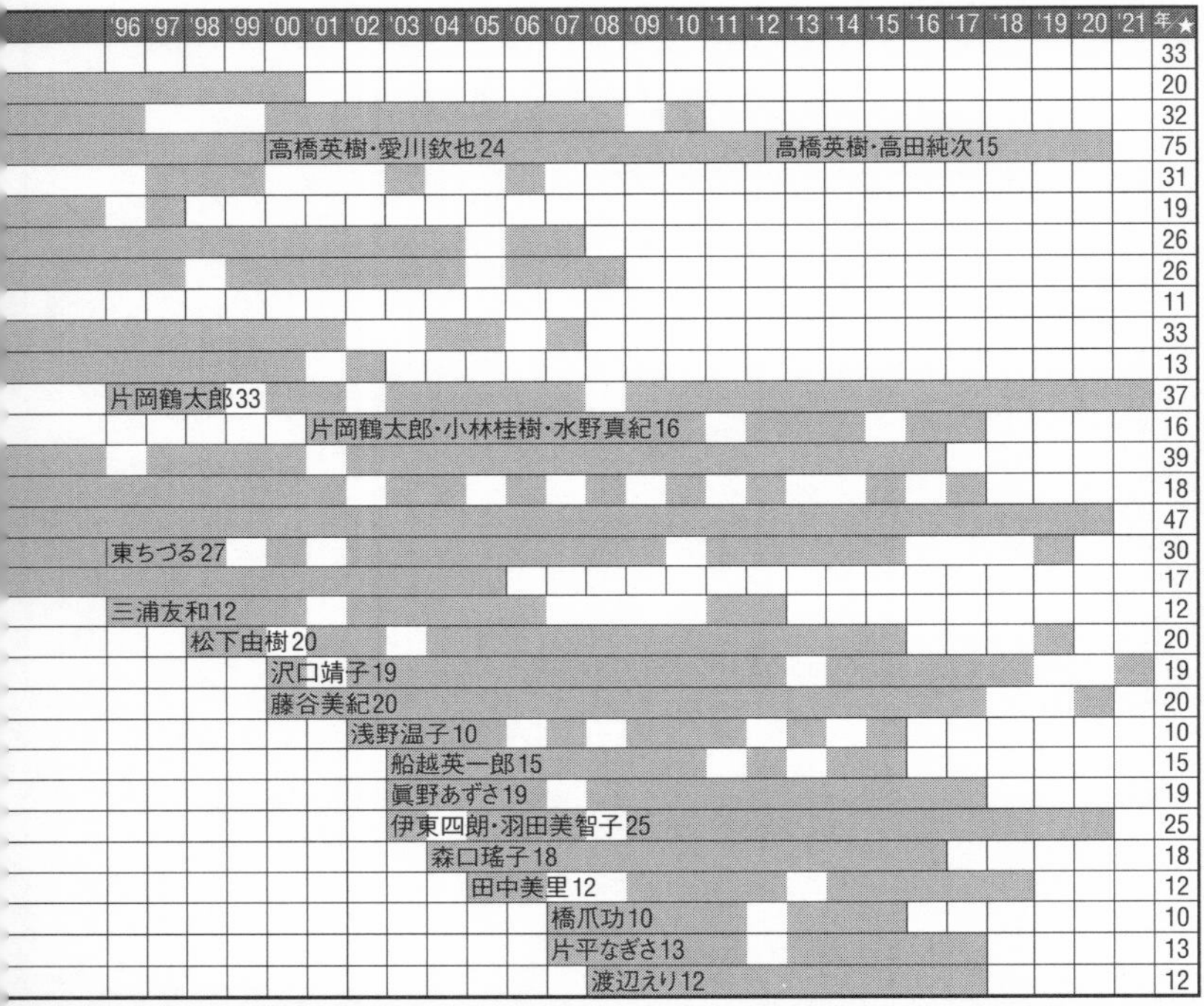

	'96	'97	'98	'99	'00	'01	'02	'03	'04	'05	'06	'07	'08	'09	'10	'11	'12	'13	'14	'15	'16	'17	'18	'19	'20	'21	年★
																											33
																											20
																											32
					高橋英樹・愛川欽也24												高橋英樹・高田純次15										75
																											31
																											19
																											26
																											26
																											11
																											33
																											13
	片岡鶴太郎33																										37
						片岡鶴太郎・小林桂樹・水野真紀16																					16
																											39
																											18
																											47
	東ちづる27																										30
																											17
	三浦友和12																										12
			松下由樹20																								20
					沢口靖子19																						19
					藤谷美紀20																						20
							浅野温子10																				10
								船越英一郎15																			15
								眞野あずさ19																			19
								伊東四朗・羽田美智子25																			25
									森口瑤子18																		18
										田中美里12																	12
												橋爪功10															10
												片平なぎさ13															13
													渡辺えり12														12

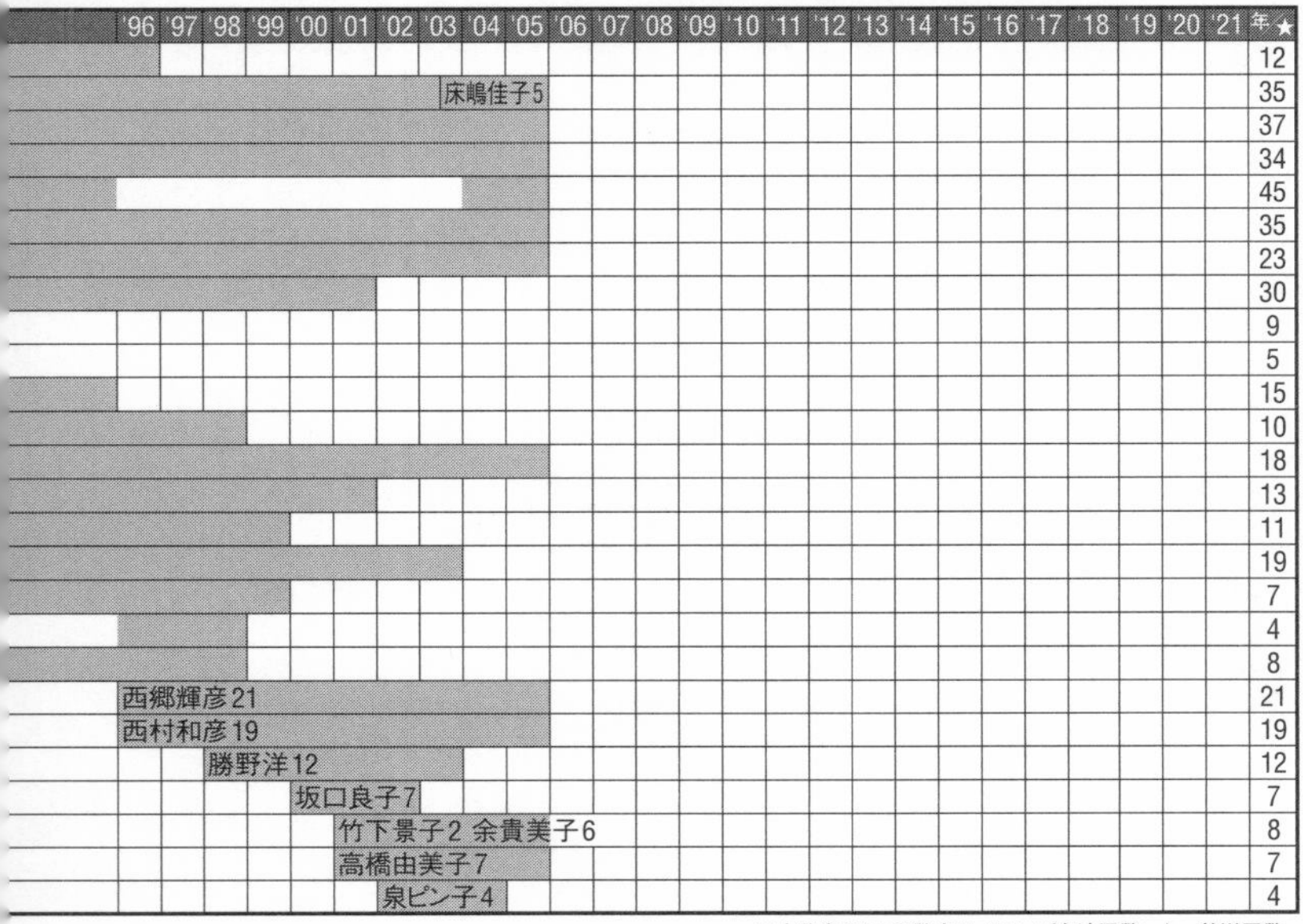

	'96	'97	'98	'99	'00	'01	'02	'03	'04	'05	'06	'07	'08	'09	'10	'11	'12	'13	'14	'15	'16	'17	'18	'19	'20	'21	年★
																											12
								床嶋佳子5																			35
																											37
																											34
																											45
																											35
																											23
																											30
																											9
																											5
																											15
																											10
																											18
																											13
																											11
																											19
																											7
																											4
																											8
	西郷輝彦21																										21
	西村和彦19																										19
			勝野洋12																								12
					坂口良子7																						7
						竹下景子2 余貴美子6																					8
						高橋由美子7																					7
							泉ピン子4																				4

※人物名のあとの数字は、シリーズ主演回数。★…放送回数。

土曜ワイド劇場／日曜ワイド／日曜プライム

シリーズ作品名	'77	'78	'79	'80	'81	'82	'83	'84	'85	'86	'87	'88	'89	'90	'91	'92	'93	'94	'95
江戸川乱歩の美女	天知茂25									北大路欣也6						西郷輝彦2			
弁護士・朝吹里矢子		十朱幸代13																財前直見7	
京都殺人案内			藤田まこと32																
トラベルミステリー（ABC3＋テレ朝72）			三橋達也3・愛川欽也33																
山村美紗サスペンス																			
殺しシリーズ					愛川欽也・黒沢年男19														
混浴露天風呂連続殺人事件						古谷一行・木の実ナナ26													
家政婦は見た！							市原悦子26												
探偵・神津恭介の殺人推理							近藤正臣11												
牟田刑事官事件ファイル							小林桂樹33												
船長シリーズ												高橋英樹13							
終着駅														露口茂4					
終着駅の牛尾刑事（vs牟田刑事官）vs事件記者・冴子																			
タクシードライバーの推理日誌																渡瀬恒彦16			
事件																	北大路欣也18		
法医学教室の事件ファイル																		名取裕子47	
温泉若おかみの殺人推理																		大島智子3	
新・赤かぶ検事奮戦記																		橋爪功17	
はみだし弁護士・巽志郎																			
おとり捜査官・北見志穂																			
鉄道捜査官																			
狩矢父娘																			
救急救命士・牧田さおり																			
火災調査官・紅蓮次郎																			
検事・朝日奈耀子																			
おかしな刑事																			
温泉㊙大作戦																			
京都南署鑑識ファイル																			
天才刑事・野呂盆六																			
ショカツの女																			
100の資格を持つ女																			

火曜サスペンス劇場

シリーズ作品名	'77	'78	'79	'80	'81	'82	'83	'84	'85	'86	'87	'88	'89	'90	'91	'92	'93	'94	'95
名無しの探偵シリーズ											緒形拳12								
女検事・霞夕子									桃井かおり10									鷲尾いさ子20	
監察医・室生亜季子										浜木綿子37									
弁護士・高林鮎子										眞野あずさ34									
六月の花嫁																			
浅見光彦／朝比奈周平／立花陽介／三上雄太											水谷豊35								
弁護士・朝日岳之助													小林桂樹23						
小京都ミステリー													片平なぎさ・船越英一郎30						
フルムーン（四季）旅情ミステリー													二谷英明・白川由美9						
山岳ミステリー													伊藤かずえ・露口茂5						
京都殺人街道												坂口良子9						若村麻由美6	
わが町																渡辺謙10			
刑事鬼貫八郎																	大地康雄18		
盲人探偵・松永礼三郎																	古谷一行13		
九門法律相談所																	山崎努11		
取調室																		いかりや長介19	
検事霧島三郎																		北大路欣也7	
犯罪心理分析官																		松方弘樹4	
当番弁護士																			坂口良子8
警部補　佃次郎																			
警視庁鑑識班																			
身辺警護																			
臨床心理士																			
だます女・だまされる女																			
軽井沢ミステリー																			
下町銭湯騒動記																			

主な人気シリーズ作品・放送一覧表

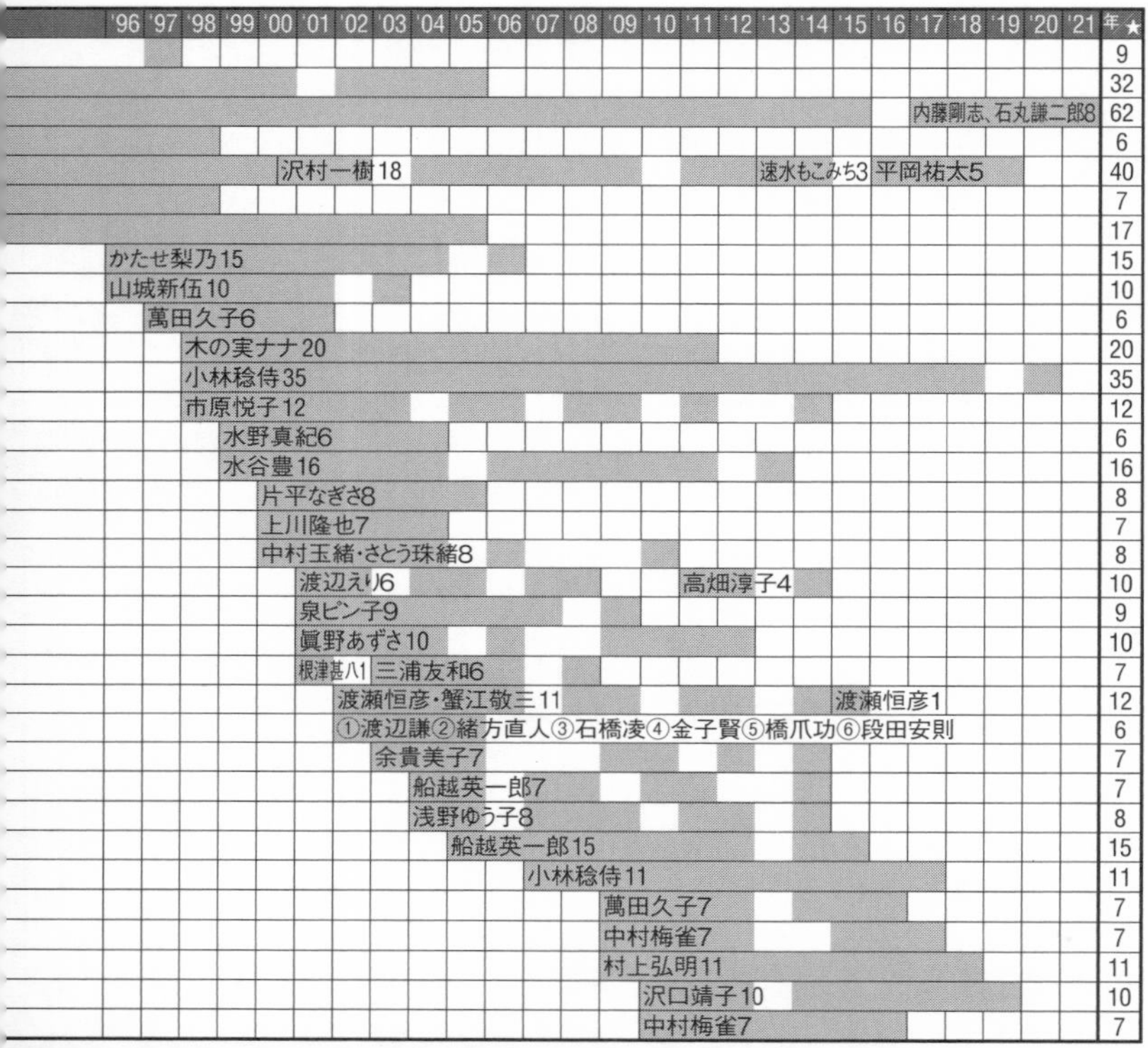

	'96	'97	'98	'99	'00	'01	'02	'03	'04	'05	'06	'07	'08	'09	'10	'11	'12	'13	'14	'15	'16	'17	'18	'19	'20	'21	年★
																											9
																											32
																						内藤剛志、石丸謙二郎8					62
																											6
					沢村一樹18													速水もこみち3			平岡祐太5						40
																											7
																											17
	かたせ梨乃15																										15
	山城新伍10																										10
		萬田久子6																									6
			木の実ナナ20																								20
			小林稔侍35																								35
			市原悦子12																								12
				水野真紀6																							6
				水谷豊16																							16
					片平なぎさ8																						8
					上川隆也7																						7
					中村玉緒・さとう珠緒8																						8
						渡辺えり6										高畑淳子4											10
						泉ピン子9																					9
						眞野あずさ10																					10
						根津甚八1		三浦友和6																			7
							渡瀬恒彦・蟹江敬三11													渡瀬恒彦1							12
							①渡辺謙②緒方直人③石橋凌④金子賢⑤橋爪功⑥段田安則																				6
								余貴美子7																			7
									船越英一郎7																		7
									浅野ゆう子8																		8
										船越英一郎15																	15
												小林稔侍11															11
														萬田久子7													7
														中村梅雀7													7
														村上弘明11													11
															沢口靖子10												10
															中村梅雀7												7

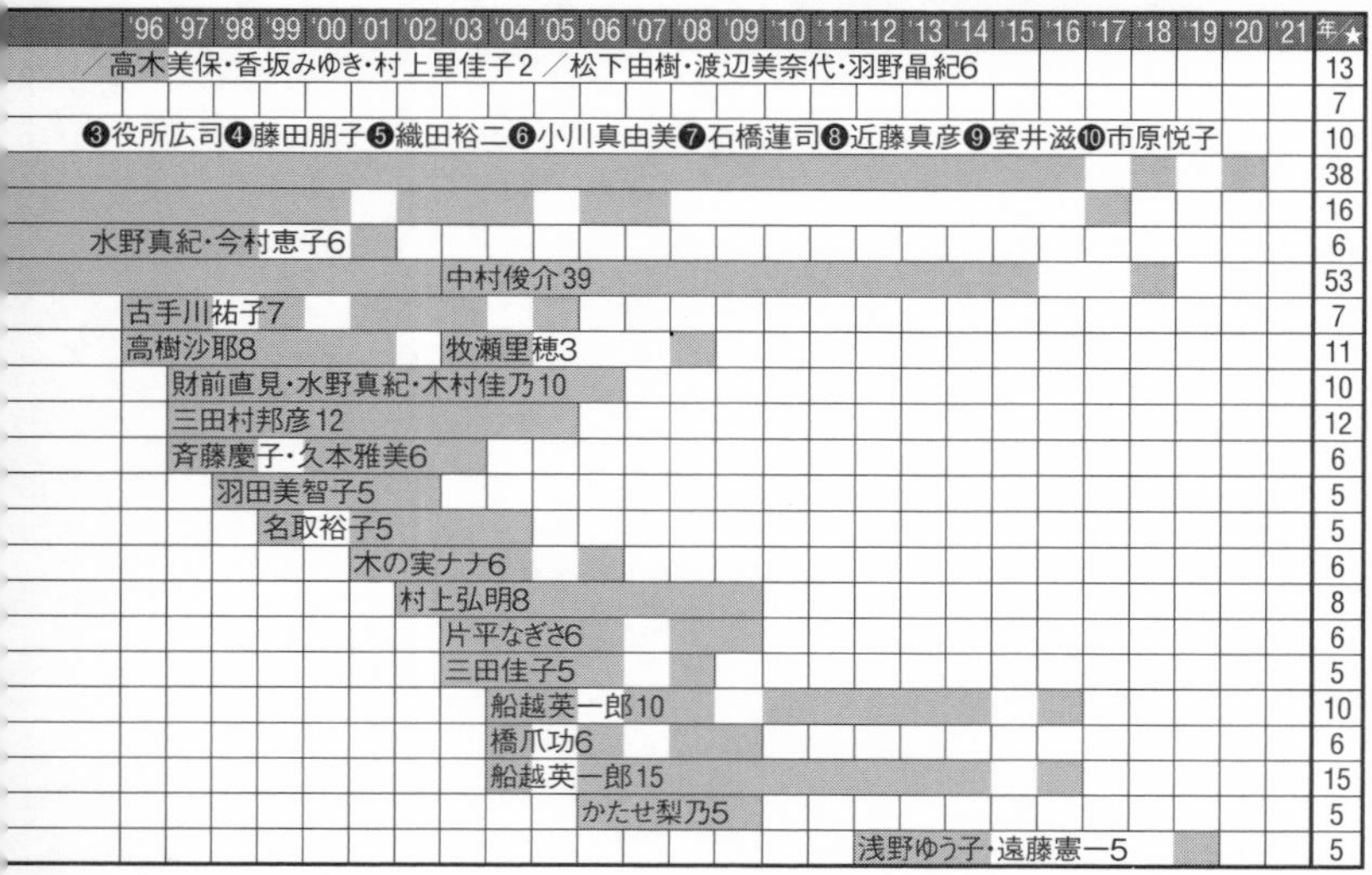

	'96	'97	'98	'99	'00	'01	'02	'03	'04	'05	'06	'07	'08	'09	'10	'11	'12	'13	'14	'15	'16	'17	'18	'19	'20	'21	年★
／高木美保・香坂みゆき・村上里佳子2／松下由樹・渡辺美奈代・羽野晶紀6																											13
																											7
❸役所広司❹藤田朋子❺織田裕二❻小川真由美❼石橋蓮司❽近藤真彦❾室井滋❿市原悦子																											10
																											38
																											16
水野真紀・今村恵子6																											6
								中村俊介39																			53
	古手川祐子7																										7
	高樹沙耶8							牧瀬里穂3																			11
		財前直見・水野真紀・木村佳乃10																									10
		三田村邦彦12																									12
		斉藤慶子・久本雅美6																									6
			羽田美智子5																								5
				名取裕子5																							5
					木の実ナナ6																						6
						村上弘明8																					8
								片平なぎさ6																			6
								三田佳子5																			5
									船越英一郎10																		10
									橋爪功6																		6
									船越英一郎15																		15
										かたせ梨乃5																	5
																浅野ゆう子・遠藤憲一5											5

※人物名のあとの数字は、シリーズ主演回数。★…放送回数。

ザ・サスペンス/月曜ドラマ/月曜名作劇場

シリーズ作品名	'77	'78	'79	'80	'81	'82	'83	'84	'85	'86	'87	'88	'89	'90	'91	'92	'93	'94	'95
モモ子						竹下景子8(3作目は前後編)													
金田一耕助							古谷一行32												
トラベルサスペンス・十津川警部シリーズ																渡瀬恒彦・伊東四朗54			
退職刑事																		大滝秀治6	
浅見光彦																		辰巳琢郎13	
一色京太郎事件ノート																			里見浩太朗7
早乙女千春の添乗報告書																			名取裕子17
名探偵キャサリン																			
監察医　薮野善次郎																			
検視官　江夏冬子																			
万引きGメン・二階堂雪																			
税務調査官・窓際太郎の事件簿																			
弁護士　高見沢響子																			
ホステス探偵																			
探偵 左文字進																			
カードGメン・小早川茜																			
陰の季節																			
おばさん会長・紫の犯罪清掃日記！ゴミは殺しを知っている																			
示談交渉人　裏ファイル																			
自治会長 糸井緋芽子 社宅の事件簿																			
上条麗子の事件推理																			
森村誠一 サスペンス																			
世直し公務員　ザ・公証人																			
横山秀夫サスペンス(山梨県警捜査一課)																			
女タクシードライバーの事件日誌																			
捜し屋★諸星光介が走る！																			
財務捜査官・雨宮瑠璃子																			
狩矢警部																			
駅弁刑事・神保徳之助																			
湯けむりバスツアー 桜庭さやかの事件簿																			
赤かぶ検事 奮戦記																			
警視庁南平班～七人の刑事～																			
警視庁機動捜査隊216																			
釣り刑事																			

金曜エンター/プレステージ/プレミアム

シリーズ作品名	'77	'78	'79	'80	'81	'82	'83	'84	'85	'86	'87	'88	'89	'90	'91	'92	'93	'94	'95
OL三人旅										萬田久子・長谷直美・(美保純4／生田智子1)5									
女優 夏木みどり												篠ひろ子7							
実録犯罪史															❶ビートたけし❷片岡鶴太郎				
赤い霊柩車																片平なぎさ38			
おばさんデカ 桜乙女の事件帖																		市原悦子16	
美人三姉妹温泉芸者が行く！																			斉藤由貴・
浅見光彦																			榎木孝明14
音の犯罪捜査官・響奈津子																			
京都祇園芸妓シリーズ																			
スチュワーデス刑事																			
京都祇園入り婿刑事事件簿																			
お局探偵 亜木子＆みどりの旅情事件帳																			
ニュースキャスター沢木麻沙子																			
地獄の花嫁																			
温泉名物女将！湯の町事件簿																			
津軽海峡ミステリー航路																			
ハマの静香は事件がお好き																			
調停委員日向夢子の事件簿																			
所轄刑事																			
ドクター小石の事件カルテ																			
外科医 鳩村周五郎																			
奥さまは警視総監																			
羽田空港殺人事件～黒の滑走路～																			

主な人気シリーズ作品

	'95	'96	'97	'98	'99	'00	'01	'02	'03	'04	'05	'06	'07	'08	'09	'10	'11	'12	'13	'14	'15	'16	'17	'18	'19	'20	'21	年★
池上季実子14							■	■	■	■	■	■	■	■			■	■	■	■								14
高嶋政宏11							■	■	■	■	■	■	■	■	■													11
橋爪功13							■	■	■	■	■	■	■	■			■	■	■	■		■						13
伊東四朗13							■	■	■	■	■	■	■	■				■	■	■		■						13
中村梅雀18							■	■	■	■	■	■	■	■	■										伊藤淳史2	■	■	20
高島礼子15							■	■	■	■	■	■	■	■			■	■	■	■								15
高橋英樹14								■	■	■	■	■	■	■		■	■	■	■									14
北大路欣也14									■	■	■	■	■	■				■	■	■	■		■		■			14
岡江久美子10									■	■	■	■	■		■		■	■	■									10
船越英一郎14										■	■	■	■	■			■	■	■			■						14
小林稔侍11											■	■	■	■		■	■	■	■	■								11
かたせ梨乃7											■	■	■	■			■	■	■									7
村上弘明9														■				■	■	■	■							9

作品・視聴率ランキング

No.	火曜サスペンス劇場	放送日	視聴率	主演
1	松本清張の〝指〟・雨の夜、あの女との出会いから私の運命は狂い始めた	'82・7・27	28.0%	名取裕子
2	白衣の天使殺人事件・嵐の夜、娘たちの悲劇がはじまった!	'82・2・16	27.9%	岸本加世子
3	初夏の女優シリーズ③「最後の抱擁・人妻に恋は許されないのか」	'82・6・15	26.7%	十朱幸代
4	狙われた女教師・校内暴力殺人事件	'82・4・20	26.6%	原日出子
5	フルムーン旅情ミステリー①湯布院殺人事件・お待ちかね新シリーズ・夫婦探偵登場	'89・9・19	26.5%	二谷英明 白川由美
	夏の話題作シリーズ⑤「舞いこんだ死亡診断書・お嬢さんスリが巻きこまれた殺人事件」	'82・8・31	26.5%	多岐川裕美
7	氷の女・私の姉を襲ったレイプ事件が平和な家庭を崩壊させた	'82・2・9	26.2%	坂口良子
8	松本清張の最新作「10万分の1の偶然 激突・東名高速四重衝突を仕組んだ男を私は許さない!!」	'81・12・29	25.9%	関根恵子
9	一年半待て　夫殺しの恐るべきうらがわ	'84・5・22	25.8%	小柳ルミ子
10	となりの女・消えた死体、忍び寄る男、謎の黄色いバラ　ー　孤独な中年女の狂乱の夏	'96・9・3	25.6%	大竹しのぶ

※ビデオサーチ・関東地区発表、本書調べ。

主演回数ランキング

土曜ワイド劇場

男性	
愛川欽也	72
高橋英樹	55
渡瀬恒彦	44
片岡鶴太郎	40
小林桂樹	39
藤田まこと	38
古谷一行	36
小野寺昭	29
天知茂	27
橋爪功	27
三浦友和	27
北大路欣也	23
近藤正臣	21
水谷豊	19
伊東四朗	16
船越英一郎	16
小林稔侍	15
西郷輝彦	12
中村梅雀	12
高橋克典	12
高嶋政伸	12

女性	
片平なぎさ	47
名取裕子	43
市原悦子	30
東ちづる	26
松尾嘉代	24
眞野あずさ	22
浅野ゆう子	21
松下由樹	21
森口瑤子	18
藤谷美紀	18
萬田久子	17
水野真紀	17
沢口靖子	16
とよた真帆	16
渡辺えり(子)	15
十朱幸代	13
岡江久美子	13
栗原小巻	12
市毛良枝	12
叶和貴子	12
賀来千香子	12

火曜サスペンス劇場

男性	
水谷豊	37
古谷一行	36
小林桂樹	26
西郷輝彦	23
いかりや長介	19
西村和彦	19
大地康雄	18
緒形拳	15
勝野洋	14
渡辺謙	14
山崎努	13
高橋英樹	13
二谷英明	10
北大路欣也	10
渡瀬恒彦	7
露口茂	6
藤田まこと	6
近藤正臣	6
鹿賀丈史	6
中村雅俊	6
内藤剛志	6

女性	
浜木綿子	42
眞野あずさ	35
片平なぎさ	32
坂口良子	30
鷲尾いさ子	21
丘みつ子	20
池上季実子	17
賀来千香子	16
市原悦子	15
沢田亜矢子	15
伊藤蘭	13
桃井かおり	12
市毛良枝	11
斉藤由貴	11
若村麻由美	11
十朱幸代	10
泉ピン子	10
小川知子	10
浅野ゆう子	10
木の実ナナ	9
山本陽子	8
岸本加世子	8
伊藤かずえ	8

※数字は主演回数。

	シリーズ作品名	'77	'78	'79	'80	'81	'82	'83	'84	'85	'86	'87	'88	'89	'90	'91	'92	'93	'94
水曜ミステリー／月曜プレミア8 女と愛とミステリー／	不倫調査員・片山由美																		
	北アルプス山岳救助隊・紫門一鬼																		
	旅行作家・茶屋次郎																		
	多摩南署・近松丙吉																		
	信濃のコロンボ																		
	監察医・篠宮葉月 死体は語る																		
	捜査検事・近松茂道																		
	さすらい署長 風間昭平																		
	密会の宿																		
	刑事吉永誠一 涙の事件簿																		
	鉄道警察官・清村公三郎																		
	湯けむりドクター華岡万里子の温泉事件簿																		
	刑事の証明																		

No.	土曜ワイド劇場	放送日	視聴率	主演
1	家政婦は見た！②エリート家庭の浮気の秘密〝みだれて…〟	'84・10・13	30.9%	市原悦子
2	家政婦は見た！③エリート家庭のアラ探し・結婚スキャンダルの秘密	'85・6・29	29.1%	市原悦子
3	混浴露天風呂連続殺人・湯けむりに消えた女三人旅・田沢湖から乳頭温泉へ…	'86・9・20	28.6%	古谷一行
4	松本清張の山峡の章　みちのく偽装心中	'81・10・10	28.0%	音無美紀子
5	松本清張の熱い空気・家政婦は見た！夫婦の秘密〝焦げた〟	'83・7・2	27.7%	市原悦子
6	特急北アルプス殺人事件・新名古屋―下呂―高山、飛騨路で連続殺人事件！赤い帽子の女	'86・2・1	26.7 %	愛川欽也
7	さよなら青函連絡船・特別企画　津軽海峡おんな殺人行　青函連絡船に仕込まれたトリックの謎	'88・3・5	26.6%	高橋英樹
8	さよなら天知茂　黒真珠の美女・ニセ名画殺人！令嬢の白い肌が襲われる…江戸川乱歩の「心理試験」	'85・8・3	26.3 %	天知茂
	円周率πの殺人　胃と腸…切断トリックの怪？疑惑のクランケ	'89・9・9	26.3 %	三浦友和
	西村京太郎トラベルミステリー 寝台特急八分停車　東京―京都―出雲　殺人予告列車が走る	'89・9・30	26.3 %	愛川欽也

サブタイトル・使用ワードランキング&傾向

使用ワードの傾向

土曜ワイド劇場 %	土曜ワイド劇場 使用回数	使用ワード	火曜サスペンス劇場 使用回数	火曜サスペンス劇場 %
1.5%	27	湯けむり	0	0.0%
1.8%	33	露天風呂	0	0.0%
1.4%	26	混浴	1	0.1%
7.9%	146	温泉	8	0.7%
1.1%	21	新幹線	4	0.4%
2.2%	40	みちのく	4	0.4%
6.7%	124	旅行/旅	17	1.5%
9.0%	167	京都/祇園	31	2.7%
0.1%	2	小京都	30	2.6%
1.7%	31	おかみ	0	0.0%
0.8%	14	女将	1	0.1%
5.7%	105	美女	10	0.9%
9.5%	175	美人	15	1.3%
5.5%	102	男	159	14.0%
4.7%	87	夫	106	9.3%
3.7%	68	愛	102	9.0%
2.9%	54	母	85	7.5%
0.4%	7	地獄	19	1.7%
0.1%	1	血染め	17	1.5%
1.9%	35	華麗	3	0.3%
1.4%	26	豪華	1	0.1%
1.8%	34	妖しい	2	0.2%
21.9%	404	謎	55	4.8%
9.6%	177	トリック	6	0.5%
3.7%	69	VS	1	0.1%
7.6%	140	捜査	16	1.4%

使用ワードベスト20

土曜ワイド劇場

使用ワード	使用回数
殺人	1186
女	687
事件	507
謎	404
連続	298
刑事	288
死体	213
殺す	178
トリック	177
美人	175
殺意	160
秘密	158
推理	157
京都	156
消える	147
温泉	146
妻	144
捜査	140
犯罪	111
美女	105

火曜サスペンス劇場

使用ワード	使用回数
女	505
殺人	404
事件	229
男	159
妻	116
殺す	107
夫	106
愛	102
母	85
死体	76
弁護士	74
娘	69
暴く	67
死	65
殺意	63
ミステリー	62
年	60
刑事	58
消える	57
花嫁	55

※土曜ワイド劇場1846作品中、
火曜サスペンス劇場1136作品中での使用ワード。

2時間ドラマ・番組タイトルの変遷

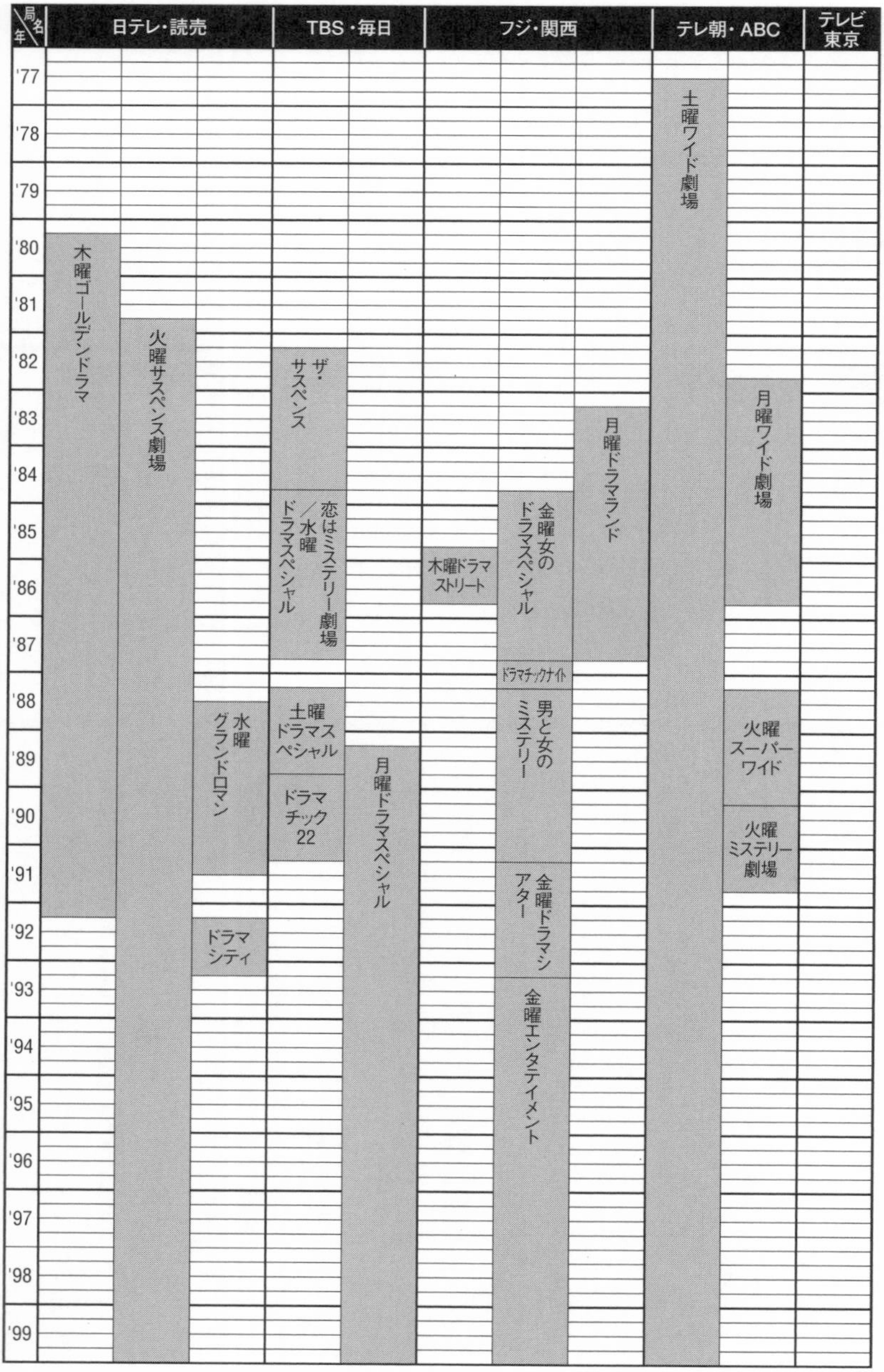

局名＼年	日テレ・読売	TBS・毎日	フジ・関西	テレ朝・ABC	テレビ東京
	木曜ゴールデンドラマ	ザ・サスペンス	木曜ドラマストリート	土曜ワイド劇場	
	火曜サスペンス劇場	恋はミステリー劇場／水曜ドラマスペシャル	金曜女のドラマスペシャル	月曜ワイド劇場	
	水曜グランドロマン	土曜ドラマスペシャル	ドラマチックナイト	火曜スーパーワイド	
	ドラマシティ	ドラマチック22	男と女のミステリー	火曜ミステリー劇場	
		月曜ドラマスペシャル	金曜ドラマシアター		
			金曜エンタテイメント		
			月曜ドラマランド		

'77 '78 '79 '80 '81 '82 '83 '84 '85 '86 '87 '88 '89 '90 '91 '92 '93 '94 '95 '96 '97 '98 '99

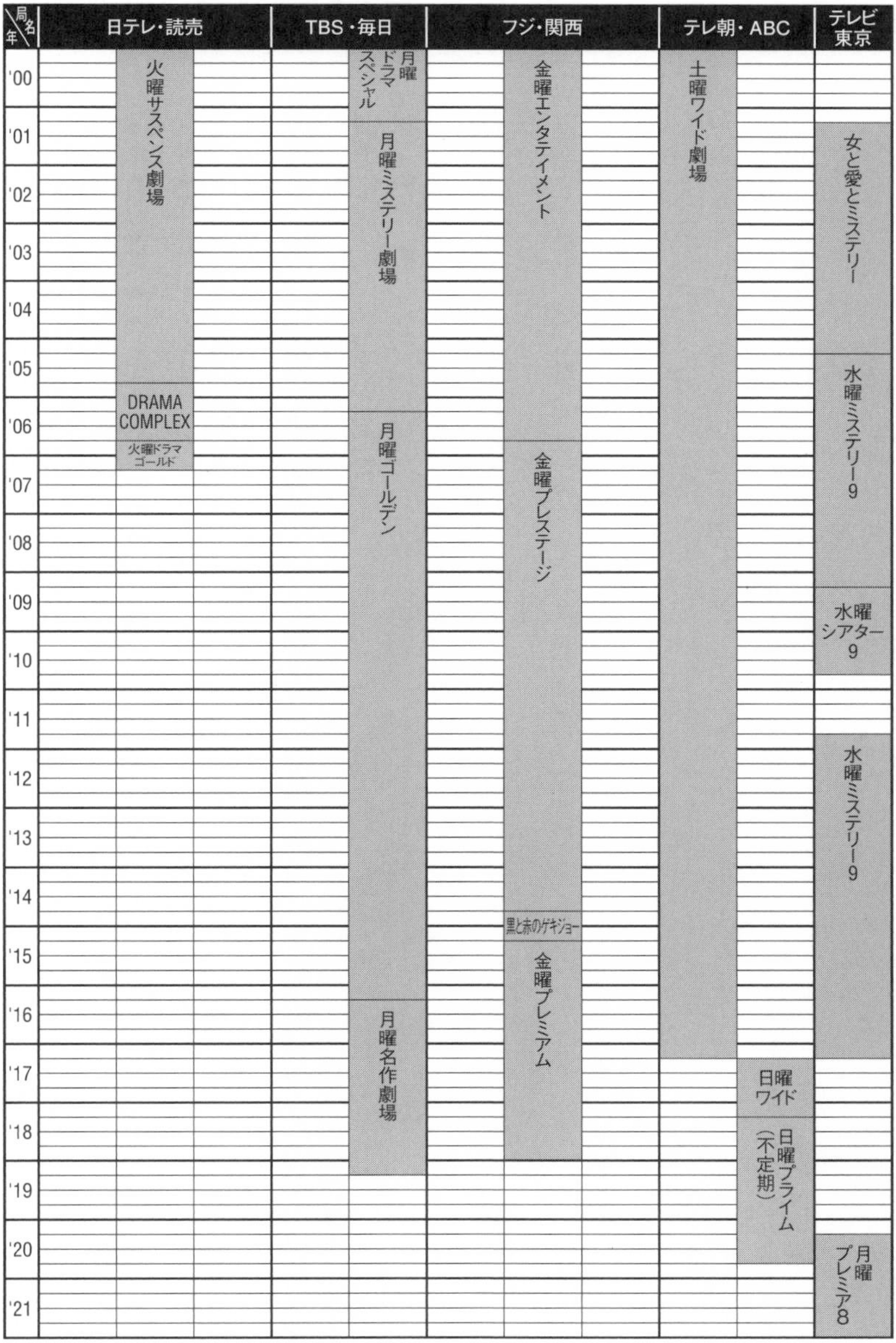

年＼局名	日テレ・読売	TBS・毎日	フジ・関西	テレ朝・ABC	テレ朝・ABC	テレビ東京
'00	火曜サスペンス劇場	月曜ドラマスペシャル	金曜エンタテイメント	土曜ワイド劇場		
'01		月曜ミステリー劇場				女と愛とミステリー
'02						
'03						
'04						
'05	DRAMA COMPLEX					水曜ミステリー9
'06	火曜ドラマゴールド	月曜ゴールデン	金曜プレステージ			
'07						
'08						
'09						水曜シアター9
'10						
'11						水曜ミステリー9
'12						
'13						
'14			黒と赤のゲキジョー			
'15			金曜プレミアム			
'16		月曜名作劇場				
'17					日曜ワイド	
'18					日曜プライム（不定期）	
'19						
'20						月曜プレミア8
'21						

※それぞれの年のマス目上から、冬クール・春クール・夏クール・秋クール。

あとがき

本書の執筆の間、ずっと念頭に置いていた二冊の本がある。一つは馬場康夫著『「エンタメ」の夜明け』である。取材した内容を人々にどう分かりやすく、活き活きと伝えるか、お手本のような「おもしろくて、ためになる」一冊だ。エンタメビジネスのドキュメントの最高峰だと思う。そしてもう一つ、指南役著『「朝ドラ」一人勝ちの法則』は、日本のテレビドラマに対する明快な視点を私に教えてくれた。2時間ドラマの歴史は、連続ドラマの歴史とコインの裏／表のような関係にある。同じものを互いに反対側から観察している感じだ。本書と併せて読むと、日本のテレビドラマ史の骨格のようなものが見えてくるのではないかと思う。ぜひ一読をおすすめしたい。

そもそもはTVガイドで有名な東京ニュース通信社の地下倉庫の資料整理が始まり。担当だった関根禎嘉さんと資料を掘りまくり、2時間ドラマの面白さにあらためて気づいた。その軌跡をたどれたのも、ひとえに本文中に登場された多くの先輩が取材に応じてくださったおかげだ。

日本民間放送連盟の協力や放送文化基金、高橋信三記念放送文化振興基金の支援を得て、本書の旧版を世に出したのが'18年。それからも、たくさんのメディア関係者や著名人にお世話になった。'19年、地上波から2時間ドラマの定時枠が一時消滅したときは、逆に朝日・毎日・東京など新聞各紙が特集記事を組んでくれた。ピンチはチャンスなり、2ドラは結構しぶといのである。コメントを求められた私は「2時間ドラマのDNAは形を変えて連ドラに引き継がれている」「一周回ってまた中身の面白さが注目される時が来る」と主張し続けた。そのせいかどうか、雑誌CREAより『なぜ温泉は2時間ドラマの舞台になるのか』、さらに週刊文春よりグラビア12頁にわたる『2時間ドラマに愛を込めて・サスペンスな女たち』の構成や執筆を仰せつかった。

BSスカパー!の特番でご一緒したタレントの友近さんは、西村京太郎作品で主演の経験もあるだけに、その2時間ドラマ愛の深さに溺れそうになった。文筆家の速水健朗さんにはCREAウェブ『2時間ドラマの歴史を探る』で対談し、考現学的な見地から多くのことを学んだ。女優で作家の中江有里さんには書評でたびたび取り上げていただき、過分なお褒めの言葉を頂戴した。原稿が進まぬとき口ずさむ『男達のメロディー』の作詞家・喜多條忠さんは、NHKで制作した『神田川』の番組がご縁で励ましの声をかけていただいて以来、勝手に心の師と仰いでいる。

発刊にあたり機智に富んだ帯文をお寄せくださったデーブ・スペクターさん、田中泰延さん、巻頭にもご登場の高橋英樹さん、このご恩は忘れません。編集の菅野大輔さん、武内朗さん、櫻木愛子さんに最大級の感謝。最後に2時間ドラマすべての関係者へ心から、ありがとうございます。

2021年11月　きょうもテレビの中の京都府警は忙しそうだ…　祇園・白梅にて　大野茂

カバーイラスト／岡田成生
デザイン／長谷部デザイン室

2時間ドラマ40年の軌跡 増補版

第1刷　2021年12月20日

著　者　大野茂
発行者　田中賢一
発　行　株式会社東京ニュース通信社
〒104-8415　東京都中央区銀座7-16-3
電話　03-6367-8023
発　売　株式会社講談社
〒112-8001　東京都文京区音羽2-12-21
電話　03-5395-3606

印刷・製本　株式会社シナノ

ISBN 978-4-06-526573-4